Knaur.

Knaur.

Über die Autoren:
Walter Tilemann wurde 1932 in Berlin geboren. Seine Kindheit verbrachte er in der Sowjetunion. 1942 kehrte er zur Familie seiner Mutter zurück, wurde Architekt und lebt heute im Rheinland.

Erich Schaake, 1942 in Bonn geboren, war lange Jahre Chefreporter und berichtete für verschiedene Medien über das politische Zeitgeschehen. Als Buchautor hat er Biografien (u. a. über Ingrid Bergman) und Sachbücher (*Hitlers Frauen, Die Frauen der Diktatoren*) veröffentlicht. Er lebt bei Bordeaux in Frankreich.

Walter Tilemann

Ich, das Soldatenkind

Aufgezeichnet von Erich Schaake

Knaur Taschenbuch Verlag

Besuchen Sie uns im Internet:
www.knaur.de

Vollständige Taschenbuchausgabe April 2005
Knaur Taschenbuch
Ein Unternehmen der Droemerschen Verlagsanstalt
Th. Knaur Nachf. GmbH & Co. KG, München
Copyright © 2003 by Langen Müller in der
F. A. Herbig Verlagsbuchhandlung GmbH, München
Alle Rechte vorbehalten. Das Werk darf – auch teilweise –
nur mit Genehmigung des Verlags wiedergegeben werden.
Umschlaggestaltung: ZERO Werbeagentur, München
Satz: Ventura Publisher im Verlag
Druck und Bindung: Clausen & Bosse, Leck
Printed in Germany
ISBN 3-426-77799-1

2 4 5 3 1

Gewidmet Willy Heine

Inhalt

ERSTER TEIL

Der Auftrag 13
Die Minenfalle 22
Das Verhör 34
Die Familie der Maler und Juristen 39
Brotbücher und Schwarzmarkt 41
Der Edelkommunist 45
Die Wanderjahre 49
Das »bönnsche Mädche« 58
Die braune Pest 63
Flucht nach Moskau 70

Inhalt

ZWEITER TEIL

Terror im Exil 79
Deportation 85
Die russischen Nachbarn 88
Der deutsche Angriff 93
Verhaftung der Mutter 102
Angst im Kinderheim 109
Erziehung zum Bolschewiken 112
Partisanenjunge Wolodja 121
Als Spion gegen die Wehrmacht 129
Maskottchen der Kompanie 131
Ein neuer Vater 134
Der Kosakenüberfall 137
Unternehmen Taifun 143
Im Visier der Stalinorgeln 148
Der Rückmarsch 152
Weihnachten 1941 158
Kleinkrieg aus dem Dunkel 163
Dolmetscher und Kurier 168
Der Zug nach Hause 174
Endstation Calais 180
An der französischen Kanalküste 184
Entlausung und Quarantäne 186
Bunker, Bomber und Bordelle 189

Inhalt

DRITTER TEIL

Der Karthäuserhof 197
Der Familienclan 202
Hitlerjunge und Lumpenkrämer 206
Das Beethoven-Gymnasium 210
Krieg aus den Wolken 215
Die Amis kommen 227
Maggelkönig und Schnapsbrenner 234
Schulspeisung und Wiederaufbau 241
Ein Brief aus Putschkovo 251
Das Ende einer Odyssee 256
Saklutschonnaja 261
Irrfahrt in den Gulag 267
Im schlafenden Land 274
Die Mennoniten 277
Ein Hoffnungsschimmer 281
Ringen um die Ausreise 286
Liebe und Tod 289

Was ist aus ihnen geworden? 295

Danksagung 299
Literatur zum Buch 301

ERSTER TEIL

Der Auftrag

Ich starrte zum Himmel. Er war mondlos, aber voller Sterne. Im Osten zuckten grelle Blitze. Dann folgte ein dumpfes Rollen wie bei einem heftigen Gewitter. Das war die Front. Die Deutschen griffen wieder an. Sie rückten jeden Tag näher auf Moskau vor. Der Sturm auf die russische Hauptstadt, der politischen Drehscheibe des ganzen Landes, hatte begonnen.

Ich dachte an meinen Einsatz: Am nächsten Tag sollte ich ein Dorf erkunden, das deutsche Truppen besetzt hatten. Ich sollte ihre Stellungen ausspionieren und ermitteln, wie sie bewaffnet waren. Der russische Partisanenchef hatte mich ausgewählt, weil ich ein Kind war. Er meinte, ein Neunjähriger sei für die deutschen Soldaten nicht als Spion erkennbar. Ich sei unverdächtig. Ich war mir da nicht so sicher. Ich dachte an all die widersprüchlichen grausamen Geschichten, die über die Soldaten in Feldgrau kursierten. Es hieß, dass sie mit gefangenen Partisanen kurzen Prozess machten, sie nach kurzem Verhör an Ort und Stelle erschossen, an Bäumen aufhängten oder an Scheunentore nagelten.

Der Partisanenchef trat neben mich. Er hieß Boris und war ein junger, schmächtiger Ex-Student, der leicht humpelte und dessen schmales Gesicht ein dünner, flaumiger Bart zierte. Seine Augen funkelten gespenstisch im diffusen Licht der Sterne. »Jeder von uns muss den Befehl des Genossen Stalin erfüllen und die deutschen Verbrecher aufhalten«, sagte Boris und hielt dabei seine Kalaschnikow fest in der Hand. »Wir müssen versuchen, den Nachschub der Deutschen hinter der kämpfenden Linie durch Einzelvorstöße zu stören.« Er sprach leise und fast singend und blickte mich an: »Wolodja, du gehst morgen in das Dorf, das die Deutschen besetzt haben, und erkundest die Lage.«

Ich spürte einen Augenblick eine scharfe Angst, wie einen Stich im Magen.

»Keine Sorge«, sagte Boris. »Du bist zu jung, als dass man dich für einen russischen Partisanen halten könnte.«

»Aber wenn sie doch Verdacht schöpfen und mich schnappen?«

»Dann darfst du dich auf keinen Fall zu erkennen geben. Kein Wort über deinen Auftrag und woher du kommst. Kapiert?«

»Ja«, erwiderte ich unsicher.

Boris packte mich an den Schultern: »Wolodja, denk immer daran, dass die Deutschen unsere Todfeinde sind. Sie zerstören unser Land und rauben unsere Bevölkerung aus. Sie morden, brennen und schänden. Selbst Frauen und Kinder werden von ihnen exekutiert. Sie sind wie Tiere. Man muss sie töten oder man wird getötet. Wenn sie erfahren, wo wir uns verstecken, werden sie uns mit ihren Flammenwerfern aus dem Wald treiben und uns alle verbrennen.«

Das Rollen und Flackern am Himmel ging weiter. Ich fühlte mein Herz heftig schlagen.

»Geh jetzt schlafen«, sagte Boris.

Der Auftrag

Ich gehorchte und ging in das halb verfallene Holzhaus, das unserer Partisanengruppe als Versteck diente. Dort legte ich mich zu den anderen Kombattanten auf das Strohlager. Sie lagen dicht nebeneinander. Die Truppe bestand aus etwa 15 jungen Russen im Alter von 14 bis 16 Jahren. Ich war der Jüngste unter ihnen. Es roch nach feuchten Klamotten, Schweiß, faulem modrigen Holz und Ungeziefer. Irgendwo raschelte etwas. Wahrscheinlich eine Ratte, die sich in dem Schuppen verirrt hatte. Einsamkeit umgab mich. Sie umschnürte mein Herz und ich musste daran denken, dass ich gerade ein Jahr alt gewesen war, als meine Eltern 1933 nach Hitlers Machtergreifung von Berlin nach Moskau ins Exil geflüchtet waren. Dann hatte mir Stalins Sicherheitsdienst während des »Großen Terrors« meinen Vater geraubt und anschließend auch meine Mutter. Elternlos geworden, hatte ich mich den Partisanen angeschlossen. Wir waren vogelfrei. Russland hatte uns im Oktober 1941 nichts anderes zu bieten, als dass wir morgen schon tot sein konnten. Aber zwei Seelen schlugen in meiner Brust. Nachts war ich Waldemar Tilemann, geboren am 20. Februar 1932 in Berlin, der von Postkarten träumte, die mir meine Mutter gezeigt hatte. Ansichtskarten ihrer deutschen Heimat. Und tagsüber war ich Wolodja, der Partisanenjunge, der mit russischen Freischärlern in einem ehemaligen Holzfällerlager in den Wäldern von Zapovedrik, einem riesigen Wald-, Moor- und Seengebiet 50 Kilometer westlich von Moskau, untergetaucht war und ihnen als Kundschafter diente und auf Patrouille durch den Kessel von Wolokolamsk zu den deutschen Feinden geschickt wurde.

Erster Teil

Nach dem deutschen Überfall hatte Stalin fast alle Zivilisten vor der heranrückenden Front evakuiert, um sie, wie es hieß, vor den »deutschen Bestien« zu schützen. Wir tauchten in dem abgelegenen Forst unter und richteten unser Hauptquartier in einem verlassenen halbverfallenen Blockhaus aus rohen Stämmen ein. Von zurückziehenden russischen Soldaten hatten wir Waffen, Munition und Handgranaten erhalten. Die wenigen Nahrungsmittel, die uns zum Überleben zur Verfügung standen, schnorrten und stibitzten wir in russischen Dörfern der näheren Umgebung. Inzwischen war das Gebiet von der deutschen Armee eingekesselt worden. Ich lauschte auf das Trommelfeuer in der Nacht. Stimmte es wirklich, dass erschossene Partisanen von deutschen Soldaten drei Tage lang an einem öffentlichen Platz zur Abschreckung der Bevölkerung aufgehängt wurden? Oder waren das nur Propagandaberichte? Ich wusste nicht, ob es sich um kommunistische Agitation handelte oder ob die Berichte der Wahrheit entsprachen. Ich war gerade neun Jahre alt und wollte leben, wie alle leben wollten. Aber die deutschen Besatzer konnte ich nicht lieben. Sie kamen zwar aus dem Land, wo ich geboren war, aber mir war immer wieder eingebläut worden, dass sie unsere Feinde sind. Den russischen Berichten zufolge zerstörten sie auf ihrem Vormarsch alles und es erschien mir wie ein Wunder, dass ich die Luftangriffe und den Artilleriebeschuss bisher überlebt hatte. Endlich fielen mir die Augen zu und mir war, als schwebte ich wie ein einsamer Falter schutzlos in der Dunkelheit. Dann schlief ich ein.

Als ich am nächsten Morgen erwachte, war das Rollen von der Front verstummt. Ich stand von meinem Strohlager auf,

Der Auftrag

ging nach draußen und sah, dass es in der Nacht stark gefroren hatte. Die Bäume waren voller Reif und es herrschte eine geheimnisvolle Stille. In den vereisten Baumwipfeln kündigte fahles rotes Licht den neuen Tag an. Ich verrichtete meine Morgentoilette und rieb mir das Gesicht mit eiskaltem Wasser ab. Es war mit Eissplittern durchsetzt und brannte auf der Haut. Boris war auch schon auf. Sein linkes Bein nachziehend, kam er auf mich zu. In seinem flaumigen Bart glitzerten winzige Eiskristalle. Der Himmel spiegelte sich blau in seinen Augen.

»Der russische Winter hat begonnen«, sagte er. »Du musst dich beeilen, wenn du vor dem ersten Schnee in Tschilowo sein willst.«

Tschilowo – so hieß das von deutschen Truppen besetzte Dorf. Es lag in der Nähe von Jaropolec, etwa zwei Tagesmärsche von unserem Lager entfernt, 120 Kilometer westlich von Moskau. Ich kannte das Dorf. Ich hatte dort eine befreundete russische Familie mit meiner Mutter besucht, bevor man mich von ihr gewaltsam getrennt hatte. Aber wahrscheinlich waren die Leute inzwischen evakuiert worden.

»Hier, wärm dich erst mal auf«, sagte Boris und reichte mir einen zerbeulten Becher mit Tschai, russischem Tee, und ein Stück trockenes Brot. Frisches Brot gab es schon seit Wochen keines mehr. Ich tunkte den Kanten in die schwarze Lauge, die mehr nach Blech als nach Tee schmeckte und knabberte an dem Brot. Jetzt kamen auch die anderen Partisanen. Ihre Haare waren fettig und wuchsen über die Kragen ihrer speckig glänzenden Jacken. Ihre Gesichter schimmerten in der aufgehenden Sonne rosig wie die von Kindern.

Erster Teil

»Du musst jetzt gehen«, sagte Boris und gab mir letzte Instruktionen: »Du darfst unterwegs nicht schlappmachen, sonst riskierst du, dass du bei der Kälte am Wegesrand zum Eisblock erfrierst. Klar?«

»Klar!«

»Aber sei vorsichtig. Die ganze Gegend ist eine Falle.«

Ich nickte.

Boris sah mir in die Augen: »Deinen Auftrag kennst du. Stell fest, in welcher Stärke die deutschen Soldaten das Dorf besetzt haben und wie sie bewaffnet sind. Und dann komm schleunigst wieder zurück. Wir brauchen diese Informationen dringend. Sie sind äußerst wichtig zur Bekämpfung des Feindes. Sie entscheiden über Leben und Tod. Kapiert?«

»Jawohl.«

Boris grinste mich kurz an: »Für einen Neunjährigen bist du schon verdammt ausgefuchst.« Dann wurde sein Gesicht wieder ernst und seine Stimme bekam einen anderen Klang: »Und noch etwas: Vergiss niemals, dass du einer von uns bist. Du weißt, was dir bei Verrat blüht.« Er machte eine schnelle Handbewegung zur Kehle: »Mit Kollaborateuren machen wir kurzen Prozess.«

»Ich weiß«, sagte ich und wandte mich um.

»Warte«, sagte Boris und jetzt lächelte er wieder. Er gab mir ein Stück gekochte Hammelkeule und ein Stück trockenes Brot: »Dein Reiseproviant.«

Ich stopfte die Keule in die Tasche meines gefütterten Mantels.

»Mach's gut, Wolodja«, sagte Boris. »In ein paar Tagen sehen wir uns wieder. Das ist nicht lange.«

Ich stapfte wortlos davon. Sobald ich weit genug von dem Lager entfernt war, konnte ich meinem Kohldampf nicht widerstehen und machte mich über die Hammelkeule her, die normalerweise für zwei Mahlzeiten reichen sollte. Auch das Brot aß ich auf. Jetzt besaß ich nur noch eine eiserne Ration: eine Hand voll Weizenkörner in meinem Mantelfutter.

In dem dichten Wald herrschte eine mythische Atmosphäre. Hoch über mir waren die Baumwipfel fast zusammengewachsen und formten sich zu einer Höhle, in die kaum Sonnenlicht drang. Lianenartige Pflanzen hingen wie vereiste Schlangen an den Ästen. Dazwischen lagen zersplitterte und abgestorbene Stämme wie die Knochen von Fabeltieren. Es herrschte absolute Stille. Außer meinen Atemzügen hörte ich nichts. Aber irgendwie fühlte ich mich in dem Wald geborgen. Die von Boris angelegten Wegmarkierungen auf der Strecke zum etwa einen Kilometer entfernten Waldweg kannte ich wie im Schlaf. Ich kam zu einem Unterstand, wo zwei meiner Kumpane völlig durchgefroren Wache hielten. Als ich das schützende Waldgebiet nach ungefähr einer Stunde verließ, tat sich vor mir eine weite Ebene auf. Sie kam mir kahl und trostlos und trügerisch vor. Ohne Grenzen und fremd. Kein Laut war zu vernehmen. Ich stapfte durch die Einsamkeit und blies von Zeit zu Zeit in meine steifgefrorenen Hände. Gegen Mittag fing es an zu schneien. Plötzlich roch ich Rauch: Es war kein Schornsteinrauch. Auch kein Holzfeuer. Es war Brandgeruch. Dann erblickte ich von einer Anhöhe das Dorf. Es lag wie ein verkohltes Skelett im frischen Schnee. Über den Ruinen schwelte weißlicher Dunst. Vor wenigen Tagen mussten hier noch russische Familien gelebt haben. Jetzt war das Dorf verlassen, die Holzhäuser abgebrannt wie trockene Späne. Statt Menschen sah ich Krähen, die auf verkohlten Balken hockten. Sie flatterten nicht einmal auf, während ich an ihnen vorbei stolperte. Nur eine Hütte, die etwas abgelegen lag, schien unzerstört zu sein. Ich war erleichtert. Vielleicht fand ich hier etwas zu essen und einen Schlafplatz für die Nacht. Jetzt erst spürte ich, wie ausgehungert, durstig und durchgefroren ich war.

Die Hüttentür war verschlossen. Als ich klopfte, ertönten schlurfende Schritte. Die Tür öffnete sich einen Spalt breit und ich sah das Gesicht einer alten Frau.

Die Russin betrachtete mich misstrauisch: »Was hast du hier verloren?«

»Ich bin unterwegs nach Tschilowo zu einer befreundeten Familie.«

»Das ist noch weit«, sagte die alte Frau. »Du möchtest wohl hier die Nacht verbringen?«

Ich nickte.

»Komm herein.« Die Russin führte mich in den einzigen Raum, der von einem Steinofen erwärmt wurde. Daneben gab es einen einfachen Altar mit bunten Papierblumen und einem Heiligenbild. Ein Greis saß davor und starrte mit irrem Blick auf eine kleine rote Schale, in der das ewige Licht brannte.

»Alle Menschen sind aus dem Dorf geflohen«, erklärte die Frau. »Sie haben ihre Häuser verbrannt, als wäre die Pest gekommen. Nur mein Mann und ich sind geblieben. Wir sind zu alt, um woanders zu leben.«

Der Greis rührte sich nicht. Die Russin brachte mir ein

Stück feuchtes Brot und einen Becher Tee: »Das ist alles, was wir haben.«

Während ich aß, richtete die Frau auf der Bank neben dem Steinofen ein Lager für mich her. In der Nacht wurde ich ein paar Mal wach und betrachtete die flackernden Schatten, die das ewige Licht auf die Wände zeichnete.

Die Minenfalle

Nachdem ich den alten Leuten für ihre Gastfreundschaft gedankt hatte, brach ich am nächsten Morgen früh auf. Ich war froh, das Dorf zu verlassen, aus dem die Menschen geflohen waren. Hier gab es kein Bleiben. Ich begann nach Fußspuren im Schnee zu suchen, konnte aber keine Abdrücke entdecken. Das Land schien tot zu sein.

Die Sonne stand schon tief, als ich am zweiten Tag das Dorf Tschilowo erreichte. Im frischen Schnee war der Weg kaum zu erkennen. Zuerst sah ich den Rauch, der senkrecht aus Schornsteinen über den Dächern aufstieg. Dann sah ich die flachen Holzhäuser. Sie schienen so etwas wie einen Ruheplatz und Heimat zu signalisieren.

Plötzlich bildete ich mir ein, den Geruch von Erbsensuppe wahrzunehmen. Ich ging schneller. Das Schneetreiben wurde stärker.

Plötzlich ertönte eine Stimme: »Stoi! Rucki ver! – Halt! Hände hoch!«

In einem Schützengraben, etwa dreißig Meter von mir entfernt, tauchten zwei deutsche Landser auf. Sie trugen weiß getarnte Stahlhelme. Ich sah, wie einer der Wachposten den Kolben seines Gewehres in die Schulter drückte. Er war jung und kräftig.

Ich blieb stehen und hob die Hände.

Die Minenfalle

»Nicht schießen!«, sagte der andere Soldat. Er schien älter zu sein und hatte offenbar das Kommando. »Das ist nur ein russischer Junge.«

»Könnte trotzdem eine Falle sein«, sagte der Jüngere und legte den Sicherungsflügel seiner Waffe um.

»Kamerad, lass den Quatsch«, sagte der Ältere. »Du siehst doch, dass es ein Kind ist.«

Der Jüngere ließ das Gewehr sinken: »Wo mag der herkommen?«

»Weiß der Himmel.«

Die Soldaten starrten mich wie eine Erscheinung an. Obwohl ich in Russland zur Schule gegangen und russisch erzogen worden war, verstand ich so viel Deutsch, dass ich ihr Gespräch verstehen konnte.

»Was hat der hier bloß verloren?«, fragte der Jüngere.

»Sieht aus wie ein entlaufener Köter, der Futter sucht«, sagte der Ältere.

»Glaubst du, dass er deswegen gekommen ist?«

»Warum sonst?«

»Was sollen wir mit dem machen?«

»Wir können ihn nicht da draußen in der Kälte mitten im Minenfeld stehen lassen!«

»Werd nur nicht sentimental. Es ist Krieg.«

»Die russischen Kinder können nichts dafür.«

»Das stimmt.«

»Ich kann ein paar Brocken Russisch und werde versuchen, ihm den Weg zu erklären.«

»Hoffentlich kann er dich verstehen. Stell dir vor, er tritt auf eine Mine.«

»Verflucht, dann können wir auch nichts machen. Ich bin nicht der liebe Gott.«

»Wir sollten besser in Deckung gehen.«

»Hast du Schiss?«

Der Jüngere antwortete nicht.

Der ältere Soldat gab mir ein Zeichen und lächelte mir mit einer Seite seines Gesichts zu. Erst jetzt sah ich, dass die andere Hälfte durch eine Narbe entstellt war. In kaum verständlichem Russisch erklärte er mir den vom Weg abweichenden Zickzackkurs durch das dem Dorf vorgelagerte Minenfeld.

»Ponimei – verstanden?«

Ich nickte.

»Dawai – vorwärts!«

Ich starrte die Soldaten an und dann das Minenfeld, das mich von ihnen trennte. Aber ich konnte keine frischen Spuren im Schnee entdecken, an denen ich mich hätte orientieren können. Ich schien der erste Mensch zu sein, der in das verminte Dorf wollte.

Der ältere Soldat winkte mir zu: »Also los. Komm hierher, aber langsam. Die Arme hoch.«

Ich setzte mich in Bewegung. In diesem Augenblick wusste ich nicht, welches Gefühl stärker war, die Angst oder der bohrende Hunger in meinem Bauch.

»Stopp!«, schrie der Soldat, »nach rechts, dawai.«

Ich stolperte und sah, wie der andere Posten sich duckte. Der Ältere blieb ruhig und befahl: »Weitergehen!«

Obwohl meine Füße schwer wie Blei waren, gehorchten sie instinktiv. Meter um Meter stakte ich weiter. Aber jeden

Augenblick glaubte ich, dass die Erde aufspritzen würde. Schweiß rann mir in die Augen.

»Mein Gott, gleich fliegen wir alle in die Luft«, ertönte die heisere Stimme des Jüngeren aus dem Graben. Auch der Ältere drückte sich tiefer in den Graben. Ich konnte jetzt nur noch seinen Stahlhelm und sein Gesicht sehen.

»Stopp!«, befahl er jetzt.

Ich blieb stehen und biss mir auf die Lippen.

»Nur nicht nervös werden«, sagte er dann. »Verstanden?«

Ich nickte.

»Geh weiter nach rechts. Zehn Schritte.«

Ich ging weiter und zählte bis zehn. Dann blieb ich stehen.

»Brav gemacht«, sagte der Soldat. »Jetzt geradeaus. Noch fünfzehn Meter, dann hast du es geschafft. Weitergehen.«

Ich gehorchte und setzte vorsichtig einen Fuß vor. Dann den nächsten. Aber die Angst war kaum noch zu ertragen. Ich schloss die Augen. Der Schnee knirschte bei jedem Schritt. In meinen Ohren sauste das Blut. Als ich die Augen wieder öffnete, stand ich vor dem Graben. Der Soldat mit der Narbe streckte mir eine Hand entgegen. Ich fühlte mich, als käme ich aus einem Alptraum, wo der Tod mich gestreift hatte. Die Hand bedeutete Leben.

»Alles in Ordnung?«

Ich nickte schwach.

»Schwein gehabt«, sagte der Soldat. Dann gab er mir durch eine Handbewegung zu verstehen, dass ich die Arme wieder hochnehmen sollte und tastete mich routinemäßig nach Waffen ab. Aber er fand nichts Verdächtiges an mir. Nur die Weizenkörner in meinem Mantelfutter.

»Armes Kind«, sagte er und musterte mich von oben bis unten. »Wie heißt du?«

Ich spürte wieder ein dumpfes Gefühl im Magen. Hoffentlich hielten sie mich nicht für einen Partisanen. Jetzt nur keinen Fehler machen! Ich musste den russischen Jungen spielen. Ich durfte mich nicht zu erkennen geben und auf keinen Fall sagen, woher ich wirklich kam. Nichts über die Mission, die mir die russischen Partisanen aufgetragen hatten. Nichts über ihr Versteck. Kein falsches Wort. Es wäre vermutlich mein Todesurteil gewesen.

»Dein Name«, wiederholte der Jüngere ungeduldig. Er war aus dem Graben herausgeklettert. An seinem Tarnanzug klebte Schnee.

»Wolodja«, antwortete ich.

Die Landser nickten mir freundlich zu. Ich spürte Erleichterung. Sie schienen nichts mit den »marodierenden Nazis« gemein zu haben, die ich auf russischen Flugblättern gesehen hatte. Sahen so Männer aus, die angeblich in den besetzten sowjetischen Gebieten jeden erschossen, der verdächtig war? Die planmäßig die Vernichtung von ganzen Dörfern vornahmen und sie bis auf die Grundmauern niederbrannten? Die der Bevölkerung Lebensmittel und Bekleidung raubten? Die laut Hitlers Befehl bei der Partisanenbekämpfung berechtigt und verpflichtet waren, ohne Einschränkung auch gegen Frauen und Kinder jedes Mittel anzuwenden? Die für jeden durch Partisanen getöteten deutschen Soldaten zehn Geiseln erschießen durften?

Der Ältere tippte gegen meine Brust: »Wo kommst du her?«

»Borodino«, log ich.

Die Minenfalle

»Was hast du hier in Tschilowo verloren?«

»Slobodan«, sagte ich. So hieß eine russische Familie, die ich kannte.

»Die Slobodan kenne ich«, sagte der jüngere Soldat, »eine Russin. Sie wäscht mir die Klamotten.«

»In Ordnung«, stimmte der ältere Soldat zu. »Dann bring den Jungen zu der Frau, damit er was zu futtern kriegt. Kann er gebrauchen.«

»Müssen wir nicht erst Meldung machen?«

»Das können wir später erledigen«, sagte der Ältere.

Mir fiel ein Stein vom Herzen. Die Landser hatten kein Misstrauen geschöpft.

Der Jüngere hängte sich das Gewehr um. »Also los«, sagte er. Ich stapfte hinter ihm her. Plötzlich sah ich den Galgen auf der Dorfstraße. Ein junger Mann baumelte daran an einem langen Strick. Sein Körper war steif gefroren, das Gesicht wie aus grauem Wachs, der offene Mund mit frischem Schnee gefüllt, die vereisten Augen weit geöffnet, und wie um Hilfe flehend streckte er mir eine verkrampfte Hand entgegen.

Ich blieb entsetzt stehen.

Der Soldat drehte sich zu mir um: »Was ist los?«

Ich starrte wortlos zu dem Galgen empor.

»Ein dreckiger Partisan«, sagte der Soldat verächtlich.

Panische Angst erfasste mich. Es war der erste tote Partisan, den ich sah. Ein Vogelfreier wie ich.

»Der hat nichts Besseres verdient«, fügte der Soldat hinzu.

Ich starrte noch immer den Toten an. Drohte mir das gleiche Schicksal? Würden die deutschen Soldaten auch mich hängen?

»Komm weiter«, drängte der Soldat.

Ich gehorchte, obwohl ich am liebsten weggerannt wäre. Aber wohin? Zurück zu meinen russischen Kameraden? Dazu war es jetzt zu spät. Meine Zähne schlugen aufeinander. Ich durfte jetzt nicht die Nerven verlieren. Ich wollte doch nur leben, ein bisschen Wärme und etwas zu essen. Wir hatten jetzt das Haus der Slobodans erreicht. Ich klopfte an die Tür. Eine Frau öffnete. Es war Galina Slobodan. Sie war kräftig und hatte vier Kinder: drei Töchter im Alter von einem, drei und vier Jahren sowie einen siebenjährigen Sohn.

Der Soldat sah die Frau forschend an: »Kennen Sie den Jungen?«

Galina blickte mich ruhig an, dann huschte ein erstauntes Lächeln über ihr Gesicht. »Wolodja, an dich hätte ich ganz bestimmt nicht gedacht.«

»Sie kennen den Jungen also«, versicherte sich der Soldat.

»Aber natürlich.«

»Dann ist alles in Ordnung«, sagte der Soldat. »Ich denke, er kann eine Mahlzeit vertragen.«

»Ja, ja«, sagte Galina. »Komm herein, Wolodja.«

»Du hast Glück!«, sagte der Soldat und ging.

Galina schloss die Tür hinter mir und führte mich in den Gemeinschaftsraum, in dem ein großer Steinofen stand, der das ganze Haus beheizte. Es war bullig warm. Die Kinder begrüßten mich freundlich.

»Zieh deinen Mantel aus und setz dich«, sagte Galina. »Ich hole dir etwas zu essen.«

Sie ging zum Herd und brachte mir selbst gebackenes Chlebber, warmes Brot, Möhren und heißen Tee. Ich aß gie-

Die Minenfalle

rig und wärmte meine Hände an dem Becher. Es war die erste ordentliche Mahlzeit seit Tagen. Sie schmeckte herrlich.

»Wir haben uns lange nicht gesehen«, sagte Galina. »Mindestens zwölf Monate. Wieso bist du allein? Wo ist deine Mutter?«

»Verhaftet«, sagte ich.

Galina blickte mich erschrocken an: »Was ist passiert?«

»Sie wissen doch, dass mein Vater vor vier Jahren in Moskau festgenommen wurde«, begann ich.

Galina nickte.

»Sie wissen auch, dass Mutter und ich damals nach Jaropolec evakuiert wurden. Bis der Krieg begann, hat man uns dort gut behandelt. Im Juni kamen plötzlich Männer von der Geheimpolizei und durchsuchten unsere Wohnung. Sie nahmen meine Mutter mit nach Wolokolamsk. Angeblich zum Verhör. Sie kam nicht mehr zurück.«

»Und was ist mit dir passiert?«

»Ich bin nach Wolokolamsk zur Polizeistation gelaufen und habe meine Mutter überall gesucht. Man sagte mir, dass man sie zum Verhör nach Moskau gebracht habe und dass es länger dauern würde. Haben Sie nichts von ihr gehört?«

Galina schüttelte den Kopf: »Durch den Krieg sind wir total von der Außenwelt isoliert. Wir wissen nicht genau, was draußen passiert. Von den Landsern erfahren wir nichts. Sie haben zwei Wohnräume unseres ohnehin schon kleinen Blockhauses besetzt. Wie du sehen kannst, wohnen wir jetzt äußerst beengt. Und auch unsere Nahrungsvorräte sind knapp. Sie reichen gerade für den kommenden Winter.« Sie sah mich betrübt an: »Mein Mann ist direkt zu Beginn des

Krieges eingezogen worden. Ich habe seitdem keine Nachricht mehr von ihm erhalten. Ich weiß nicht, ob er noch lebt.« Ihre Worte verloren sich zu einem Flüstern: »Und was ist aus deinem Vater geworden?«

Ich schluckte: »Ich weiß nicht. Angeblich wurde er wegen Spionage verurteilt. Zehn Jahre Gefängnis mit Schreibverbot. Wir sahen ihn nie wieder und hörten auch nichts mehr von ihm.«

»Wolodja, es tut mir Leid«, sagte Galina. In ihrem Gesicht mischten sich Mitleid und Furcht. »Du kannst natürlich bei uns bleiben.«

»Danke«, sagte ich. »Glauben Sie, dass meine Eltern tot sind?«

»Tot«, wiederholte sie, »deine Eltern sind nicht tot. Wahrscheinlich hat man sie nur vorübergehend eingesperrt. Sie kommen bestimmt bald wieder frei.« Galina musterte mich schweigend, während ich aß. Dann fragte sie: »Wo hast du dich denn die ganze Zeit herumgetrieben?«

»Nachdem meine Mutter verhaftet wurde, haben mich Leute von der Geheimpolizei in ein Kinderheim bei Wolokolamsk gesteckt. Eines Tages bin ich abgehauen.«

»Wohin denn?«

»Zurück nach Jaropolec. Aber es waren nur noch wenige Familien da. Die meisten waren geflohen. Da habe ich mich einer Gruppe von jungen Russen angeschlossen.«

Galina senkte die Stimme zu einem Flüstern: »Partisanen?«

Ich schwieg.

Ihre Augen glitten rasch und ängstlich durch den Raum, als wolle sie sich vergewissern, dass niemand – auch die Kinder nicht – unser Gespräch hören konnte. »Bist du etwa in ihrem Auftrag hier?«

Ich sagte nichts.

»Mein Gott, Wolodja, du scheinst von allen guten Geistern verlassen zu sein«, flüsterte sie. »Wenn das die Deutschen erfahren, hängen sie uns alle am nächsten Baum auf.«

»Verzeihen Sie«, stammelte ich, »ich wollte Ihnen keine Schwierigkeiten machen.« Ich nahm meine Mütze und stand auf: »Danke für das Essen.«

Sie starrte mich an: »Wohin willst du?«

Ich zuckte mit den Achseln.

Galina schüttelte den Kopf und nahm mir die Mütze aus der Hand: »Wolodja, du bist noch ein Kind und hast nichts im schmutzigen Partisanenkrieg verloren. Du bleibst hier und kannst mit den Kindern auf dem großen Steinofen schlafen. Morgen sehen wir weiter.«

Sie gab mir eine Decke. Ich legte mich zu den Kindern und spürte, wie die Wärme angenehm durch meinen Körper pulsierte. Galina schlief in dem einzigen Bett und die einjährige Tochter in einer Wiege, die mit einer Federaufhängung an der Decke befestigt war, sodass die Wiege dicht über dem Boden schwebte. Ich sah eine Zeit lang zu, wie Galina vom Bett aus mit dem Fuß die Wiege schaukelte. Das Gemurmel der Soldaten in den Räumen nebenan war noch eine Weile zu hören. Dann schlief ich erschöpft ein.

Am nächsten Morgen schickte mich Galina zum Dorfbrunnen, um Wasser zu holen. Es war bitterkalt. Ich begegnete mehreren Landsern in langen kommisgrünen Mänteln, die damit wesentlich wärmer ausstaffiert waren als ich. Zwischen den Häusern standen einige gummibereifte Gefechtswagen, das Gehäuse aus dunkelblau lackiertem Blech mit einer Sitzbank für den Kutscher. Nur wenige Russen, die ich nicht kannte, begegneten mir. Am Brunnen musste ich länger unter russischen Kriegsgefangenen, die den Deutschen als Zwangsarbeiter dienten, anstehen. Sie tauschten die letzten Frontnachrichten aus und meinten, dass der weitere Vormarsch der Deutschen auf Moskau offenbar unmittelbar bevorstand. Einige Russen erzählten, dass ein großer Teil der Bevölkerung wie auch der Regierung und Verwaltung evakuiert worden sei. Die Menschen würden die Züge in Richtung Osten stürmen. Moskau werde zur Verteidigung ausgebaut und sei Luftangriffen ausgesetzt. Am meisten schockierte mich aber die Geschichte über einen russischen Jungen, der von den Deutschen verdächtigt wurde, einen Sattel gestohlen zu haben. Obwohl er beim Verhör immer wieder geschworen hatte, nichts über den Diebstahl zu wissen, schlugen die Soldaten auf ihn ein, bis er ohnmächtig zusammenbrach. Als er wieder zu sich kam, drohten sie mit vorgehaltener Pistole, ihn zu erschießen. Mir war klar, dass ich noch lange nicht in Sicherheit war. Auf dem Rückweg kam ich am Nachbarhaus an einer Feldküche vorbei. In einer riesigen, rechteckigen Kasserolle, die halb mit siedendem Fett gefüllt war, brutzelten, fast ganz untergetaucht, kinderhandgroße Frikadellen. Ich atmete den herrlichen Bratenduft tief ein und dachte an meine Mutter. Sie hatte oft für mich wunderbare rheinische Frikadellen zubereitet. Wo war sie jetzt? Was hatten die NKWD-Leute nach dem Verhör mit ihr gemacht? Und ich dachte auch an meinen Vater. Wohin hatte man ihn verschleppt?

Die Minenfalle

Die nächsten Tage verliefen ohne besondere Vorkommnisse. Aber es wurde täglich kälter und ich verließ nur zum Wasserholen das Haus. Der Dorfbrunnen war morgens immer wieder vereist. Täglich kam ein Hauptfeldwebel kurz zu Besuch: Otto Schmidt, der Spieß der Kompanie. Ich habe ihn als alten Haudegen in der Erinnerung behalten. Er hatte schon im Frankreichfeldzug gekämpft, war verwundet worden und hatte zwei steife Finger behalten. Otto kontrollierte die Landser in unserem Haus. Aber anscheinend interessierte er sich auch für Galina. Sie schien ihn ebenfalls sympathisch zu finden und ihm zu vertrauen. Jedenfalls erzählte sie ihm am dritten Tag, was sie von meiner Familiengeschichte wusste: dass ich ein deutscher Junge war und meine Eltern vom NKWD verhaftet worden waren. Ich vermutete, sie erhoffte sich davon irgendwelche Vergünstigungen und Zuwendungen.

Ihr Schachzug zahlte sich in der Tat aus. Schon am nächsten Abend brachte Otto eine volle Ration Verpflegung: Es gab Wurst, Käse, Butter, Brot und sogar Schokolade. Wir teilten die Rationen auf mehrere Mahlzeiten auf.

Das Verhör

Einen Tag später kam der Spieß in Begleitung mehrerer Soldaten. Der Uniform und den Schulterklappen nach handelte es sich um höhere Offiziere. Galina flüsterte mir zu, dass die Männer wissen wollten, ob ich wirklich ein deutscher Junge sei. Mein Herz begann schneller zu schlagen. Hatte mich jemand verraten? Oder interessierten sich die Offiziere wirklich für meine deutsche Herkunft? Einen Augenblick spielte ich mit dem Gedanken, wegzulaufen. Aber wohin? Zurück zu den russischen Partisanen? Zurück durch das Minenfeld? Unmöglich! Die Offiziere versammelten sich in dem größeren Zimmer des Hauses. Die Bohlen knarrten unter ihren Stiefeln. Ich musste mich ihnen gegenüber an das Fenster stellen. Es war zersplittert und mit Pappe geflickt.

Dann begann die Befragung. Sie lief aber eher wie ein Verhör ab. Ein Offizier mit grauen Haaren blickte mich streng an: »Ich werde dir jetzt ein paar Fragen stellen.« Der Dolmetscher übersetzte.

»Hast du verstanden?«, fragte der Offizier.

Ich nickte.

»Gut, also fangen wir an«, sagte der Offizier. »Wie heißt du?«

»Wolodja Tilemann.«

»Wie alt?«

»Neun Jahre.«
»Geburtsort?«
»Berlin.«
»Wie heißt dein Vater?«
»Karl Gustav Tilemann.«
»Beruf?«
»Bibliothekar.«
»Name der Mutter?«
»Helene Tilemann.«
»Geburtsort?«

Ich war in diesem Augenblick völlig verunsichert, weil ich die verschiedenen Ortsnamen, die mir meine Mutter im Zusammenhang mit anderen Schilderungen genannt hatte, der Frage nicht zuordnen konnte. Sie hatte mir häufig von Köln, Bonn, Godesberg, Königswinter und Andernach erzählt. Ich wusste nicht, was ich sagen sollte.

Der Offizier blickte mich misstrauisch an. »Wie bist du denn nach Russland gekommen?«

»Meine Eltern haben 1933 Deutschland verlassen.«

»Warum?«

Ich spürte, dass es besser war, diese Frage nicht zu beantworten. Mein Vater, ein engagierter Kommunist, war bereits 1932 nach Moskau gegangen und hatte in einem Verlag als Lektor gearbeitet. Am Abend nach Hitlers Machtergreifung hatte er meine Mutter angerufen und sie gebeten, schnellstmöglich mit mir nach Moskau zu kommen. Sie hatte von Bonn den nächsten Zug genommen.

Ich zögerte einen Augenblick mit der Antwort: »Ich weiß nicht. Ich war damals ein Jahr alt.«

Der Offizier starrte mich scharf an: »Aber du wirst uns doch sagen können, was dein Vater in Moskau gemacht hat.«

»Er hat bei einem Verlag gearbeitet.«

»Was für einen Verlag?«

»Das weiß ich nicht.«

»Und weiter?«

»1936 wurde mein Vater verhaftet.«

»Warum?«

»Er wurde als Spion verdächtigt.«

»Was geschah dann?«

»Vor einigen Monaten wurde meine Mutter verhaftet. Ich kam in ein Waisenhaus.«

»Und was geschah dann?«

»Ich bin aus dem Heim weggerannt, weil ich als Deutscher misshandelt wurde.«

»Verrückte Geschichte«, sagte der Offizier zweifelnd. »Wer soll das glauben?«

Nach einer Pause räusperte sich der Spieß: »Was soll mit dem Jungen geschehen?«

»Ich schlage vor, er bleibt zunächst erst mal hier im Haus«, sagte der Offizier. »Und sorgen Sie dafür, dass die Familie ein paar Sonderrationen bekommt.«

»Jawohl«, sagte der Spieß.

Dann gingen die Soldaten. Später brachte der Spieß tatsächlich eine Extraration für mich. Am nächsten Vormittag kam er wie üblich und unterhielt sich kurz mit Galina. Dann winkte er mich heran: »Edler von Daniels, der Regimentskommandeur, hat den Befehl gegeben, dich bei der Kompanie aufzunehmen. Zunächst wirst du in einem Soldatenquar-

Das Verhör

tier untergebracht. Später sollst du nach Deutschland zurückgeschickt werden.«

Ich verabschiedete mich von Galina. Der Abschied fiel ihr scheinbar leichter als mir. Sie hatte jetzt einen Esser weniger.

Der Spieß brachte mich in ein anderes Haus am anderen Ende des Dorfes, wo sechs deutsche Landser untergebracht waren. Sie waren über mein Eintreffen informiert, schienen aber nicht sonderlich erfreut zu sein. Ich fühlte mich unter ihnen zunächst wie ein Fremdkörper. Aber schon bald erkannte ich, dass die Landser keine Unmenschen waren. Sie besorgten mir warme Kleidung und auch Unterwäsche, was bei meiner Kindergröße nicht so einfach war. Meine Oberbekleidung und meine Filzstiefel behielt ich. Sie waren noch ganz in Ordnung. Zum ersten Mal schlief ich mit fremden Soldaten zusammen in einem Raum. Auf dem Boden war ein Strohlager mit reichlich warmen Wolldecken ausgebreitet. Wir lagen alle in einer Reihe, ich mittendrin. Die Soldaten hielten noch kleine Schwätzchen und schliefen dann schnarchend ein.

Ich lag noch eine Weile wach. Einerseits fühlte ich mich unter den Landsern geborgen. Andererseits drohte mir permanent die Gefahr, dass mich jemand als Partisan denunzierte und sei es nur, um eine Belohnung zu bekommen. Was Partisanen blühte, hatte ich ja bei meiner Ankunft in dem Dorf gesehen. Ich konnte den Galgen mit dem Gehängten nicht vergessen. Auch drohte mir von meinen eigenen Leuten Gefahr. Ich hatte meinen Auftrag als Kundschafter nicht erfüllt. In ihren Augen war ich ein Kollaborateur, der sich auf die Seite der Deutschen geschlagen hatte. Ich wusste, dass die

Partisanen mit Verrätern kurzen Prozess machten. Überläufer wurden liquidiert. In dieser Nacht war ich so verzweifelt wie nie zuvor. Ich musste an Helene, meine Mutter, denken. Sie entstammte einer alteingesessenen bürgerlichen Familie aus Kessenich. Auf einem Karnevalsball in der Beethovenhalle hatte sie meinen Vater kennen gelernt. Das »bönnsche Mädche« den »Edelkommunisten«. Ironie des Schicksals: Sie war ihm aufgefallen, weil sie ein Russenkostüm trug. Es war der Beginn einer Liebe, die stärker war als alle konventionellen Familienbande. Helene war bereit gewesen, meinem Vater in das kommunistische Moskau zu folgen. Und ich musste an meinen Vater denken, der von einer besseren Welt träumte. Ohne Konkurrenzneid und persönlichen Profit. Der für diesen Glauben bitter bestraft wurde und jetzt verschollen war.

Zum ersten Mal, seit ich von meinen Eltern getrennt worden war, musste ich weinen. Ich konnte die Tränen nicht länger zurückhalten.

Was, wenn wir am Rhein geblieben wären?

Die Familie der Maler und Juristen

Mein Vater, Karl Gustav Tilemann, wurde 1901 in Limburg an der Lahn geboren. Er war der älteste Sohn des Landgerichtsdirektors Rudolf Tilemann aus Koblenz und seiner Frau Emilie, geb. Kreiß aus Krefeld. Über die Vorfahren der Tilemanns weiß ich nur so viel, dass in alten Chroniken ihr Name zum ersten Mal im 17. Jahrhundert genannt wird.

Mein Vater? Er hatte eine zwei Jahre jüngere Schwester und einen sieben Jahre jüngeren Bruder, Thea und Dieter. Nach Theas Aufzeichnungen wuchsen die Kinder in einem harmonischen Elternhaus auf. Mein Großvater Rudolf Tilemann war Chorstudent, Reserveoffizier und Richter: Er hatte einen markanten Kopf wie der alte Reichspräsident Hindenburg. Obendrein war er ein Kavalier der alten Schule, der seine Frau Emilie sehr verehrte. 1907 zog die Familie nach Bonn, in ein schönes altes Mietshaus auf der Mozartstraße mit Garten.

Dahinter staffelten sich andere Gärten, die durch breite mannshohe Ziegelmauern getrennt waren. Man sagt, diese Bauweise ging auf Napoleon III. zurück. In diesen verwilderten Gärten spielte mein Vater mit seinen Geschwistern Räuber und Gendarm. Sie gingen auf Entdeckungsreise, kletterten über die Mauern und sammelten alle möglichen Beeren. Manchmal stibitzten sie auch von der Mauer aus Obst bei den Nachbarn.

Das herrliche Gartengelände bot außerdem eine weitere Attraktion. In der Mitte befand sich ein riesiges Grundstück, dass Dr. Krantz gehörte, der das bekannte Bonner »Mineralien-Kontor« betrieb. Seine Arbeiter sammelten dort rohe Steine und klopften sie für die Sammlungen zurecht. Dabei fielen auch allemal ein paar rheinische »Rohdiamanten« für die Kinder ab. So lernten sie viel über die verschiedenen Gesteine und Mineralien. Die besseren Stücke kamen allerdings im stattlichen Geschäftshaus der Familie Krantz unter Verschluss. Mein Vater hat viel später dann als Übersetzer für die Mineralienfirma gearbeitet. Und auch Thea war ein Jahr als Sekretärin in der Firma Krantz tätig. Von ihr weiß ich, dass mein Vater schon als Kind sehr talentiert und beliebt war. Er galt als besonders sprachbegabt und musikalisch. Allerdings war er von Geburt an durch ein auffallendes Muttermal im Gesicht gezeichnet. Thea hatte zu ihm leider ein gespanntes Verhältnis und sie berichtete mir, dass sie sich als Kinder oft mit »aller Kraft verkloppt« hätten. Einer meiner Ahnherren, Simon Peter Tilemann, war ein bekannter Hofmaler.

Musik gehörte zum guten Ton in der Familie Tilemann. Mein Vater spielte Cello, seine Mutter begleitete ihn auf dem Klavier und mein Großvater auf der Geige. Zum beliebten Repertoire zählten vor allem Schubert'sche Lieder. Manchmal kam auch Cousine Lilli Koch aus Koblenz zu Besuch und begleitete das Familientrio mit ihrer hübschen Altstimme.

Brotbücher und Schwarzmarkt

Die glücklichen Tage der Kindheit endeten für meinen Vater, als nach den Schüssen von Sarajewo der Erste Weltkrieg ausbrach. Er war damals knapp dreizehn Jahre alt. Der Ernst der Situation war bereits vor der offiziellen Verhängung des Kriegszustandes in Bonn zu spüren. Uniformen beherrschten Straßen, Plätze und Bahnhöfe. Bewaffnete Beamte sicherten Unterführungen gegen eventuelle Sabotageakte, eiserne Sperrtore die scharf kontrollierte Rheinbrücke. Auch hielten Gerüchte über einen angeblichen Goldtransport die Bonner in Atem; er sollte auf seinem Weg von Frankreich nach Russland die Stadt passieren. Die am Samstag, dem 1. August 1914 gegen 17 Uhr eintreffende Nachricht von der Mobilmachung nahmen die Bürger begeistert auf. Gestellungspflichtige eilten mit Paketen und Koffern zu ihren militärischen Dienststellen. In der ganzen Stadt organisierte sich ein Hilfsdienst. Die Bonner bejubelten den Auszug des Infanterieregiments Nr. 160 und des Husarenregiments König Wilhelm »Lehm ops«. Man steckte den Soldaten Zigarren und dergleichen zu. Dann fuhren die Krieger mit vaterländischen Gesängen und blumengeschmückten Gewehren an die Front. Sie waren tatsächlich davon überzeugt, Weihnachten wieder siegreich zu Hause zu sein.

Zunächst sah es fast danach aus und in den ersten Kriegs-

Erster Teil

monaten feierten auch die Bonner die Siegesmeldungen bei Mokka und Schlagsahne. Doch sehr bald wendete sich das Kriegsblatt. In Godesberg reisten die Kurgäste ab, denn der Wahnsinn feierte Triumphe: Fast zwei Millionen Soldaten verloren im Granatfeuer des Jahres 1916 an der Westfront ihr Leben, davon eine halbe Million Deutsche. In Bonn waren inzwischen die Kliniken und Krankenhäuser mit Verwundeten überfüllt. Größere Säle, die Beethovenhalle und selbst Kloster dienten als Lazarett. Lebensmittel und Rohstoffe wurden knapp.

So genannte Brotbücher wurden an jede Familie verteilt. Sie enthielten Namen, Wohnung und die eigenhändige Unterschrift des Haushalt-Vorstandes. In jedem Buch war vermerkt, wie viel Brot einer Familie von einer bis zwölf Personen zustand: Danach erhielt jeder Bonner, gleich welchen Alters, wöchentlich 3 1/2 Pfund Brot oder zwei Pfund Mehl oder zwei Pfund Zwieback für Kranke. Die Bäckereien waren verpflichtet, die ausgegebenen Mengen jedes Mal handschriftlich mit Tinte in das Brotbuch einzutragen. Dafür erhielt jeder Bäcker kostenlos ein kleines Lineal und einen Tintenstift. Ohne Vorlage des Brotbuches durfte nichts ausgegeben werden. Trotzdem: Der Hunger nahm von Tag zu Tag zu, denn niemand hatte vor dem Krieg Vorsorge dagegen getroffen. Der Hofgarten diente als Heuwiese für die Kühe der »Städtischen Abmelkställe«. Die tägliche Kalorienzahl im Frieden von 2500 bis 4000 Kalorien am Tag sank auf 1200. 1000 Kalorien pro Tag braucht der Mensch in Untätigkeit zum Überleben. 1918 sollte diese Zahl unterschritten werden. Nur mit Essenhilfe aus der Kriegsküche, die mein Vater mittags auf dem Heimweg von der Schule in einem großen Eimer abholen musste, kam die Familie damals durch. Auch wurde die Jagd für sie lebenswichtig. Da man sich in armseligen Kriegszeiten aber keinen Jagdhund halten konnte, mussten mein Vater und seine Geschwister diese Rolle übernehmen. Nicht ohne Erfolg: Im letzten Kriegswinter erledigten sie immerhin 22 Hasen. Mein Vater musste sie abziehen. Dennoch: Seine Eltern nahmen in den Kriegsjahren damals beide 30 Pfund ab. In Bonn starben Hunderte von Menschen an Unterernährung. Wer konnte, hamsterte, schob und kungelte. Der Schwarzmarkt blühte und die Zeit der Raffkes und Kriegsgewinnler brach an. Aber die Eltern meines Vaters gehörten nicht zu den Gewinnern. Sie trugen keine pelzbesetzten Mäntel. Sie rauchten auch keine dicken Zigarren. Sie zählten wie Millionen andere zu den Verlierern. Das kleine Vermögen der Familie von 80000 Reichsmark, das Emilie als Waise mit in die Ehe gebracht hatte, war als Kriegsanleihe verloren gegangen. Eine galoppierende Inflation raste durch das Land. Geld war weniger wert als ein Papierschnitzel. Fünf Kilo Kartoffeln kosteten auf dem Schwarzmarkt 200 Millionen, ein halbes Pfund Fleisch 400 Milliarden. Inzwischen hatten englische Truppen das Rheinland besetzt. 1920 wurden sie von französischer Besatzung abgelöst und Bonn in die Separatistenbewegung hineingezogen. Ziel der Separatisten war es, eine an Frankreich angelehnte »Rheinische Republik« zu schaffen. Unter dem Schutz der französischen Besatzungsmacht besetzten sie die umliegenden Rathäuser. Doch die Separatisten stießen auf den bewaffneten Widerstand von Arbeitern und erlebten bei der »Siebengebirgsschlacht« in Aegidienberg ihr politisches Waterloo.

Erster Teil

Am 30. Januar 1926 zogen die französischen Besatzungstruppen die »Tricolore« ein und verließen Bonn. Um Mitternacht läuteten die Kirchenglocken und Studenten veranstalteten einen Fackelzug. Nach sieben Jahren Besetzung feierte die Stadt ihre neue Freiheit und in den nächsten Monaten begann sich das gesellschaftliche und kulturelle Leben in Bonn langsam von den Kriegswirren zu erholen.

Mein Vater hingegen war schwer krank geworden. Er hatte sich in einem Bergwerk in Aachen als Praktikant eine Kinderlähmung geholt und außerdem waren ihm im Winter durch Übernachtungen im Wald die Füße erfroren. Er musste operiert werden und war monatelang bettlägerig. Seine Mutter hat ihn damals aufopfernd gepflegt. Auf fast wundersame Weise erholte er sich von diesem Schicksalsschlag, aber die Tätigkeit im Bergwerk hatte ihn nachhaltig beeinflusst. Sie sollte seinen weiteren Lebensweg entscheidend prägen. Er, der aus einer privilegierten deutschliberalen bürgerlichen Familie kam, war zum ersten Mal mit dem Arbeitermilieu in Kontakt gekommen. Der harte Arbeitsalltag, Streiks um einen halben Pfennig mehr Lohn, die drohende Arbeitslosigkeit, der tägliche Kampf um ein Stück Brot veränderten sein Denken. Er traf Menschen, die ihm einen anderen Weg aufzeigten und er begann für die kommunistische Idee zu schwärmen. Er träumte von Gleichheit, Brüderlichkeit und Gerechtigkeit. Dass dieser Traum im Land des Gulag und der Eiseskälte enden sollte, konnte er damals nicht ahnen.

Der Edelkommunist

Als mein Vater sich in den 20er Jahren für die Idee des Kommunismus zu interessieren begann, war die Universitätsstadt Bonn alles andere als eine proletarische Hochburg. Es existierte allerdings eine starke kommunistische Jugendgruppe, die jede Woche durch die Stadt zog und mit Tanz und Gesang gegen den Kapitalismus protestierte. Aber die meisten Bonner waren streng katholisch – ihnen war eingepaukt worden: Der Kommunismus nimmt euch euer Hab und Gut weg. Auch mein Vater führte zunächst weiterhin das Leben eines verwöhnten Sohnes aus gutem Hause. Er schrieb sich an der Bonner Universität ein, begann Russisch zu lernen und zunächst sah alles danach aus, als würde er an der Hochschule Karriere machen. Durch das schnelle Anwachsen der Studentenzahlen waren an der Alma Mater damals allerdings Stimmen laut geworden, die vor einem »gelehrten Proletariat« warnten. Aber die Befürchtung war unbegründet: Die meisten Studentenkorps und Burschenschaften waren national eingestellt. Das berühmteste Studentenlokal war das Haus der »Lindenwirtin« Aennchen Schumacher in Godesberg, wo auch mein Vater verkehrte. Während seiner Studienzeit geriet er allerdings ziemlich schnell in den Bann der russischen Sprache, der Literatur und der Musik. Er pflegte damals einen regen Briefverkehr mit seiner Tante Rösel und schwärmte ihr euphorisch von seiner neuen Passion vor:

Die russische Saison ist jetzt stärker als je (...) das Russische übe ich wie für eine Parade ein (...) Erstens schleppt mir die »Beerlein«, meine Lehrerin, Bücher herbei, stellt mir schriftliche Aufgaben. Zweitens befriedige ich meine Privatinteressen. Zum Beispiel habe ich ein schönes altes Liederbuch. Es enthält 150 Lieder mit russischen Noten und russischen Märchen. Ich werde im Winter 1923 ein Kolleg hören: russische Literatur im XX. Jahrhundert, russische Volkslieder, russische Volksmärchen (...) Bei meinem Professor für slawische Sprachen habe ich einen Besuch gemacht und dieser hat mich lange beraten, fünf Bücher geliehen, die ich bald durcharbeiten soll ...

In einem anderen Brief berichtete er:

Zu Weihnachten habe ich sechs Bände des größten russischen Klassikers bekommen: Puschkin, einen »goethischen« Universaldichter, den ich mit großem Genuss lese.

Seine Leidenschaft galt jedoch nicht nur der russischen Kultur und Literatur. Er nahm auch an geselligen literarischen Abenden teil, bei denen Ibsen, Wildgans, Björson und Grabbe gelesen wurden. Doch seine Lieblingslektüre war Don Quijotte, Cervantes' ritterlicher Held, der in einer Traumwelt lebt. Häufig wurde mein Vater auch zu Hauskonzerten eingeladen, die damals bei den Bonner Honoratioren und in der oberen Mittelschicht besonders beliebt waren. So beschreibt er in einem weiteren Brief ein typisches »Musikkränzchen« bei einem Professor, der in einer herrlichen Villa an der Koblenzer Straße wohnte:

Wir beschränkten uns auf ein paar leichte Stücke, schöne Haydn und Mozarttrios, denn unser Können ist gering, meines sogar lächerlich mi-

nimal. Ich verdanke meine Teilnahme nur dem hervorragenden Cello, das ein besseres Spiel verdient. Dies ist das erste Mal, dass ich Kammermusik richtig mache.

Dank seiner außergewöhnlichen Sprachbegabung beherrschte mein Vater im Handumdrehen auch Serbokroatisch, Türkisch, Englisch und Französisch. Zur gleichen Zeit lernte er an der Universität einen jungen russischen Medizinstudenten kennen, mit dem er sich anfreundete.

In den Manieren ruppig wie ein Tatare, so beschrieb er den neuen Freund. *Aber ein schlauer Kopf. Er kommt fast jeden Tag ins Haus, um mit Dieter Briefmarken zu tauschen oder um mich im Schachspielen eins, zwei, drei kaltzustellen. Er spielt raffiniert und gehört einem Schachclub an.*

Auch pflegte mein Vater engen Kontakt zu einer deutsch-russischen Familie, die aus Tiflis geflohen war und jetzt zwei Häuser weiter von seinem Elternhaus entfernt eine neue Bleibe gefunden hatte. Einerseits war Russland sein »Traumland«, andererseits wurde er jetzt zum ersten Mal mit der Tatsache konfrontiert, dass Kommunisten auch massiv die Menschenrechte brachen. Schockiert notierte er:

Übrigens glaubt man nicht, dass die politischen Verhältnisse in Russland sich wesentlich verbessert haben (...) dass seit der Revolution alle Jahre hindurch und jetzt noch jeder kleinste Anlass benutzt wird, um Hunderte von Menschen hinzumetzeln (...) dass die Gebildeten soweit sie nicht geflohen und getötet sind einen furchtbaren seelischen Druck haben, dass wir uns selbst in Deutschland nicht mit diesen vergleichen können.

Dennoch: Trotz dieser Erkenntnis war er sich anscheinend bereits zu diesem Zeitpunkt der kommunistischen Sache ganz sicher und ließ sich nicht von seinem Glauben an eine gerechtere Welt abbringen. Zu seinem Unglück, wie sich viel später herausstellen sollte. Mittlerweile hatte er auch seine Leidenschaft fürs Reisen entdeckt. Das Geld für die Lehr- und Wanderjahre verdiente er sich nebenbei als Hauslehrer und als vereidigter Übersetzer am Bonner Landgericht. Berlin, Paris, Lissabon waren wichtige Stationen auf seinem weiteren Weg: Die Einblicke in das mondäne und politische Leben der Millionen-Metropolen einerseits und seine Begegnungen mit gleichgesinnten Genossen andererseits übten einen nachhaltigen Einfluss auf ihn aus.

Die Wanderjahre

An einem Freitag im Mai 1926 brach er zum ersten Mal aus dem engen Bonn aus. Er kaufte sich eine Fahrkarte vierter Klasse und fuhr mit einem beschleunigten Personenzug nach Berlin, ins »Babylon der goldenen Zwanziger«. Die deutsche Hauptstadt war damals die Lieblingsstadt russischer Emigranten. Dieser Aspekt hat vermutlich auf meinen Vater eine zusätzliche Anziehungskraft ausgelöst. In Berlin wimmelte es von Russen. Die russische Kolonie begann am Nollendorfplatz. Wenn die Buslinie 8 sich dem Platz näherte, rief der Schaffner: »Nächste Haltestelle Russland.« Auch kursierten viele Russenwitze. Am bekanntesten ist wohl jener über einen Deutschen, der sich aus Sehnsucht nach seiner Muttersprache am Kurfürstendamm aufhängt. Der Reiseführer durch das Berlin der russischen Emigranten führte damals über einhundert verschiedene Einrichtungen auf. Es erschienen viele russische Zeitungen und in zahlreichen Verlagen wurden mehr Bücher produziert als in Petrograd und Moskau. Die Künstlerszene war in den Goldenen Zwanzigern besonders dynamisch. Goldene Zwanziger? Mein Vater war begierig zu erfahren, was es mit diesem Mythos auf sich hatte. Die Berliner hatten aus der Not der Inflation ein Vergnügen gemacht. Ihr Witz und Humor blühte wie nie zuvor. *Da wird alles durch den Kakao gezogen*, stellte mein Vater schon kurz nach seiner Ankunft fest. *Die Tarzan-Bücher, Mussolini etc.*

Jedenfalls waren die Berliner verrückt nach Leben und die Nacht in dieser überhitzten, von Wirtschaftskrise und galoppierender Inflation gebeutelten Stadt war eindeutig nicht zum Schlafen da. An jeder Ecke lockte ein anderer Amüsiertempel: Theater, Künstlerlokale, Kabaretts, Kleinkunstbühnen, Kinos, Schwulen- und Lesbenkneipen. Schlepper lockten Besucher zu privaten Clubs in Hinterhöfe, wo es keine Sperrstunde gab. In Ballsälen und Nachtclubs tanzten elegante Herren und selbstbewusste Damen zu amerikanischer Jazzmusik oder Saisonschlagern. Ständig wurden neue Tänze kreiert: vom Shimmy über den Black Bottom bis zum Charleston. Kunst, Wissenschaft und Theater hatten Hochkonjunktur. Berlin wurde zur Quelle der Inspiration für einige der begabtesten und produktivsten deutschen Künstler dieses Jahrhunderts. Da waren Klabund und Ringelnatz im Romanischen Café. Da erprobten geniale Regisseure wie Max Reinhardt und Fritz Lang neue Formen. Da trafen Bertolt Brechts politische Lehrstücke und Erich Maria Remarques »Im Westen nichts Neues« den Zeitgeist. Und die jungen Frauen der jungen Weimarer Republik schnitten sich die provinziellen Zöpfe der alten Zeit ab. Sie ersetzten das freiheitsraubende Korsett durch kniekurze Röcke oder Hosen, Samt und Federn, schwarze Seidenhandschuhe und Tüll-Abendkappen. Mit einem Mal lebten sie alle Tabus aus, die sie über Jahrhunderte hatten erdulden müssen. Als feministische Avantgarde rebellierten sie wie die Skandaltänzerin Anita Berber und die damals noch unbekannte Schauspielerin Marlene Dietrich mit Monokel, Zigarettenspitze und

Schlips gegen alles Bürgerliche und gegen brutale Ehemänner. Sie lebten Lust und Laster fröhlich aus. Die neuen Frauen trugen Vamp-Make-up, Bubikopf oder die Haare glatt mit einer Locke über der linken Augenbraue. Damals schwärmte die Tänzerin Josephine Baker über Berlin: »Abends glänzt die Stadt in einer Pracht, wie Paris sie nicht kennt.«

Goldene Zwanziger? Golden aber nur für die Promis und Reichen. Außerhalb der extravaganten und zumeist recht versnobten Hautevolee der Szene lernte mein Vater ein anderes Berlin kennen: *Wenn man dort lebt, braucht man Geld, um sich geistige Genüsse zu verschaffen.*

Für drei Mark quartierte er sich im »Christlichen Hospiz« in der Wilhelmstraße ein. Nach dem Mittagessen (eine Mark) brach er zu seiner ersten Stadtrundfahrt auf. Zunächst fuhr er mit der Untergrundbahn zum Zoo, wo er um vier Uhr die Raubtierfütterung erlebte. Danach ging es durch den Tiergarten zum Brandenburger Tor. Berlins Prachtarchitektur, die Denkmäler und der kolossale Reichstag beeindruckten ihn absolut nicht. Er fand die Bauten protzig und geschmacklos. Abends besuchte er ein »Bumslokal« in der Friedrichstraße und aß serbisches Rindfleisch. Dann ging er ins Deutsche Theater, wo er »drei glänzende Aufführungen« sah. Danach kehrte er in sein Hospiz zurück. Am nächsten Tag traf er sich in Charlottenburg mit einem kommunistischen Gesinnungsgenossen. Der zeigte ihm seine gute Radioanlage. Anschließend bummelten sie über den Kurfürstendamm, setzten sich auf das Oberdeck eines Busses und fuhren durch den Tiergarten nach der Friedrichstadt, wo sie in einem der neuen »Automatenrestaurants« zu Mittag aßen.

Mein Vater war verblüfft:

In so einem Automaten sieht es aus wie im feudalsten Hotel, alles geräumig und in Marmor, alle Arten von Restaurant sind dort vereint; ein Raum, wo man sich selbst bedient, ein anderes Café und Restaurant, oben sind Dielen und Bars. Da holt man sich dick belegte Brötchen mit dem feinsten Aufschnitt, Wurst, Schinken, Käse, Crevetten etc. Für 10 bis 20 Pfennig trinkt man dazu Limonade oder Bier und hat eine gediegene Mahlzeit für 70 Pfennig.

Abends besuchte er dann eine Revue der »Original Tiller Girls«, die ihre Beine im damals enthusiastisch gefeierten Synchrontanz schwangen. Aber er konnte sich dafür nicht richtig begeistern. Sein Kommentar:

Riesenreklame großer Ausstattungsfirmen, oft wenig Geschmack, aber Zeitgeist, durchaus amerikanisch, hervorragende Jazz-Musik, die vier Stunden hindurch den neuen Rhythmus einhämmerte (...) einstweilen sind es nur öde Schlager, die von diesen Revuen aus in die Welt gehen und mit der Mode stehen und fallen. Das Hauptthema der Revuen waren erotische Utopien und überhaupt die Erfindungswut.

Den Rest des Abends verbrachte er auf der Bude seines kommunistischen Freundes. Sie diskutierten die politische Lage in Berlin und sie waren sich einig darin, dass der Mythos von den Goldenen Zwanzigern zahlreiche Schrammen hatte. Der Alexanderplatz glich einem schwitzenden, dampfenden menschlichen Ameisenhaufen. Die Einwohnerzahl Berlins explodierte und das Elend nahm parallel zu der extravaganten irgendwie abgehobenen Berliner Szene zu. Acht Jahre seit dem Ende des Ersten Weltkrieges und der blutigen Niederschlagung der Novemberrevolution, drei Jahre seit der großen Inflation von 1923/24 herrschte immer noch Massenarbeitslosigkeit. In zahlreichen Betrieben wurde die Arbeitslosigkeit von den Unternehmern schamlos ausgenutzt, um die Arbeiter zu erpressen. Und die Hausbesitzer stopften die Häuser bis zum Bersten voll. Wer nicht zahlen konnte, wurde gnadenlos rausgeschmissen. Mein Vater erkannte, dass die Berliner Schlager und Revuen, die die Welt eroberten, nichts mit dem Leben in den Berliner Hinterhöfen zu tun hatten. In der Ackerstraße, die sich durch den trostlosen Norden der Stadt zog und im proletarischen Wohnviertel des »roten Wedding« lag, lebten schlecht bezahlte Arbeiter, geplagte Tagelöhner, Huren und Zuhälter, zusammengepfercht in verwanzten Löchern, Wand an Wand. Wer eine Tochter hatte, vermietete »Zimmer mit Familienanschluss«. In ganzen Straßenzügen bekannten sich Kommunisten zum Mietboykott. Es kam zu Aufständen und Straßenkämpfen. Ungeachtet der Niederlage der Novemberrevolution wuchs der Enthusiasmus für die Russische Revolution. Die Kommunistische Partei hatte großen Zulauf. Gleichzeitig wurde Joseph Goebbels zum Gauleiter der NSDAP in Berlin Brandenburg ernannt. Er sollte da für die Nationalsozialisten gewinnen. Vom SA-Sturmlokal in der Usedomer Straße wurden Überfälle auf Kommunisten organisiert, die den Stadtteil Wedding für sich beanspruchten. Faschisten und Kommunisten begannen sich blutige Straßenschlachten zu liefern.

Mit diesen Berlin-Erfahrungen im Gepäck kehrte mein Vater nach Bonn zurück. Auf der Rückfahrt machte er die Bekanntschaft eines Grusinier aus Tiflis, der über Moskau, Riga, Berlin, Halifax nach Alaska fuhr, anstatt über Sibirien in sechs Tagen. Aber die Grenzen waren gesperrt. Der Mann war Mohammedaner, trug russische Nationaltracht und hielt meinem Vater eine interessante Rede über den Bolschewismus. In Bonn sah mein Vater noch zweimal Gastspiele der Berliner Reinhardtbühnen, auch das berühmte Moskauer Künstlertheater war da und spielte in russischer Sprache. Im Sommer unterrichtete er dann als Hauslehrer einen jungen Holländer, bei dem durch unregelmäßige Schulausbildung und Krankheit viel im Argen lag. Auch traf er sich regelmäßig mit anderen Genossen zu Ausflügen auf den Rodderberg. Dabei erzählte ihm ein »Kreisbruder« von Palästina, dem neuen Judäa, wo er ein halbes Jahr wissenschaftlich gearbeitet hatte.

Kurz darauf packte meinen Vater wieder das Fernweh. Im Frühjahr 1927 reiste er in die portugiesische Universitätsstadt Coimbra. Sein Hauptgepäck bestand aus einer dicken Bücherkiste. Ein Graf hatte ihn als Hauslehrer für seinen vierzehnjährigen Sohn engagiert.

Der feudale Lebensstil seines Arbeitgebers amüsierte und irritierte meinen Vater von Anfang an. Als die Grafenfamilie in den Osterferien nach Turin verreiste, notierte er:

Dort wird ein Galamobil (Firma Lancia) gekauft. Mit diesem wird ganz Ober- und Mittelitalien befahren. Ostern wird eine Benediktion beim Papst in drei Minuten (bitte einen Augenblick freundlich) eingeholt. Der Graf fährt selbst das Auto. Er fährt ausgezeichnet. Trotzdem ist ihm am letzten Tag (unfreiwillig) vor der Abreise das frühere Auto auf der schlechten Straße gründlich havariert worden.

Für meinen Vater war der Adelsmann offenbar der typische Repräsentant einer Kultur, deren Geist und Stil ihm fremd war. Trotzdem genoss auch er eine Zeit lang das mondäne

Ambiente in Lissabon und dem Seebad Figueira da Foz, wo die Grafenfamilie zwei Monate im Herbst verbrachte.

Es ist nicht die flache Nordsee, sondern der Atlantik, bei dessen Anblick man Lust kriegt wie Columbus einmal hinüberzuschippern, schwärmte er. *Hier ist es so schön, dass man auch nach einem Vierteljahr immer noch das Gefühl hat, im Paradies zu sein. Das Klima ist eigenartig. Nach der langen Regenzeit kam das Aprilwetter und jetzt scheint die Sonne stechend grell, ohne dass es heiß wäre. Abends gibt es herrliche Beleuchtungen wie auf den Postkarten von Ozeanschifffahrtsgesellschaften. Es fehlen nur die Maler, die diese exotischen Violetts und Rosas festhalten.*

Dennoch: Schon nach wenigen Monaten trug er sich mit dem Gedanken, aus dem Haus des Grafen fortzugehen, um nach neuen Ufern Ausschau zu halten. Seine nächste Reise führte ihn nach Paris. Was machte Paris so reizvoll für einen jungen Deutschen in jener Zeit? War es die melancholische Sehnsucht nach dem mythisch aufgeladenen Bild der damaligen französischen Metropole? Die Suche nach unterschiedlichen Stilen, anderen Lebensformen und romantischen Idealen? In Paris gärten alle demokratischen, sozialistischen und kommunistischen Fermente der Epoche.

Einerseits galt Paris als die Geburtsstätte der legendären Pariser Kommune von 1871, der ersten revolutionären Bewegung gegen den Adel und die französische Bourgeoisie. Bekanntlich wurde der Aufstand in der »blutigen Maiwoche« vom 21. bis 28. Mai mit Hilfe des preußischen Militärs niedergeschlagen, 25 000 Kommunarden starben beim Sturm auf Paris. Andererseits war Paris die Stadt rauschender Feste und der unbestrittene Nabel der Kunstwelt. Eine Vielzahl illustrer

Künstler ließ sich hier nieder. Wer aus der Provinz kam und Erfolg, Ruhm und Prestige suchte, musste sich hier zuerst einen Namen machen. Fast alle Realisten, Impressionisten bis zu den Kubisten lancierten ihre Karriere in Paris. Picasso, Matisse, Léger, Braque und Rouault waren die führenden Maler. Auch Hemingway lebte Anfang der 20er Jahre in Paris und beschrieb mit wenigen Worten das Lebensgefühl einer ganzen Generation, der »Lost Generation«. Sie lebten kompromisslos und unkonventionell. Irgendwie gehörte auch mein Vater dazu. Wenigstens wollte er dabei gewesen sein. Oder es war nur eine Sehnsucht. Jedenfalls war er fasziniert von Paris, über das der Satiriker und Dadaist Walter Mehring bereits 1921 schrieb: »Hier öffnet sich nicht nur ein neues Land, sondern die ganze übrige Welt.« Diese neue Welt mit ihren unterschiedlichen schillernden Milieus begeisterte auch meinen Vater. Bei seinen Streifzügen durch die französische Metropole der Moderne besuchte er literarische Cafés, Kaschemmen und Musentempel. Er knüpfte Kontakte mit Kommunisten, Globetrottern und Revuestars. Er nahm Sprachstunden bei der Direktorin eines der besten Theater und besuchte Molière-Aufführungen. Er ging zu Versammlungen der »Le Parti Communiste Français« und begleitete zwei schöne zwanzigjährige amerikanische Globetrotterinnen in die Oper. Er las täglich »L'Humanité«, das Sprachrohr der französischen KP, deren Titel sich sowohl mit »Die Menschheit« als auch mit »Die Menschlichkeit« übersetzen lässt. Namhafte Intellektuelle schrieben in der roten Kultzeitung und Pablo Picasso, der später der KP beitrat, zeichnete dann regelmäßig für die Titelseite. Abends streifte mein Vater durch das Künstlerviertel Montmartre, wo ihm eine Bardame von ihren Weltreisen erzählte. Er entwischte zweimal der Geheimpolizei und machte im »Folies-Bergère« die Bekanntschaft einer türkischen Solotänzerin. Sie erzählte ihm von ihrer Familie und zu seinem Erstaunen kannte sie die modernen russischen Autoren teilweise besser als er.

Aber diese nächtlichen Exkursionen waren keineswegs seine Hauptbeschäftigung. *Die Politik stand an erster Stelle,* schrieb er in einem Brief. Insgesamt verbrachte er vier Wochen in Paris. Wieder zurück in Bonn überraschte er die Familie mit dem provokanten Geständnis: *Ich bin jetzt entgültig Bolschewist geworden.*

Das »bönnsche Mädche«

In der Bonner Beethovenhalle herrschte eine ausgelassene Stimmung. Man schrieb das Jahr 1930, das Rheinland war von den Besatzungstruppen geräumt und die Bonner feierten Karneval: bunt maskiert, lachend und schunkelnd. Als die Kapelle den aktuellen Karnevalsschlager »Bönnsche Mädchen sen su lev un nett« intonierte, gab es für die jungen Männer kein Halten mehr. Auch nicht für meinen Vater. Schon eine ganze Weile hatte er fasziniert eine junge Närrin beobachtet: eine anmutige, schlanke Blondine mit hohen Wangenknochen, blassblauen Augen, gleichmäßig geschwungenen Lippen und hellem Teint. Sie war ihm auf Anhieb sympathisch gewesen, weil sie ein originelles Russenkostüm trug. Er konnte seine Augen nicht von ihr lassen und er sah, dass sie auch »Schlag« bei den anderen Männern hatte. Denn sie war nicht nur hübsch, sondern strahlte obendrein den typischen Frohsinn der »bönnsche Mädchen« aus, würdig einer rheinischen Stadt von so alter karnevalistischer Tradition wie Bonn, berühmt für seine emanzipierten närrischen Frauen.

Die Blondine im Russenkostüm schien die Blicke meines Vaters zu spüren und sah ihm fragend in die Augen. Da fasste er sich ein Herz und forderte sie zum Tanzen auf. Es war der Beginn einer schicksalhaften Begegnung, die man Liebe auf den ersten Blick nennt: jenes extreme Gefühl, das von der Zu-

Das »bönnsche Mädche«

neigung zur bedingungslosen Hingabe führt und auch der Courage, anders zu leben, ohne nach dem Ende zu fragen.

Die Frau seines Lebens hieß Helene Elisabeth Güßgen. Sie war dreißig Jahre alt, von Beruf gelernte Kinderkrankenschwester und entstammte einer alteingesessenen bürgerlichen Familie aus dem südlichen Stadtteil Kessenich, von Spöttern auch das »größte Dorf« in Bonn genannt. Familiensitz war der sagenhafte »Karthäuserhof«, ehemals ein Mönchskloster, dessen einziges Überbleibsel ein zweigeschossiges Fachwerkhaus war. Später wurde es durch einen großen Saal mit Bühnenhaus und vielerlei Nebengebäuden ersetzt. In dem beliebten Wirtshaus fand das gesellschaftliche Leben der Kessenicher statt.

Kessenich, seine alten Familien und der »Karthäuserhof« stehen für eine wechselvolle Geschichte. Schon vor Christi Geburt lebten dort Jäger und Bauern. Später fiel der Ort in die Hand der Römer. Urkundlich wird Kessenich zum ersten Mal 843 in einer Schenkungsurkunde Kaiser Lothar I. genannt. Von seinem Krongut vermachte er 8 Masus an seinen getreuen Grafen Esicho. Später ging das »Kessenicher Gut« an verschiedene Mönchsorden über und Benediktiner, Zisterzienser und die Karthäuser bauten an den Hängen des Venusberges Wein an. Die Kartäuser blieben bis zur Säkularisierung in Kessenich. Dann wurden die Güter von den Preußen verkauft. Käufer waren unter anderem der Kölner Bischof und der Großvater von Berta Krupp, Tochter des Großindustriellen Alfred Krupp.

Anno 1890 hatten Anton und Juliane Güßgen den legendären »Karthäuserhof« übernommen und in »Weinhaus

Güßgen« umgetauft. Meine Mutter wurde am 30. Januar 1900 in dem früheren Mönchskloster am Karthäuserplatz 15 geboren. Sie war das jüngste von elf Kindern, von denen fünf im Babyalter gestorben waren. Als Nachkömmling wurde meine Mutter von ihren Eltern und Geschwistern über alle Maße verwöhnt: Selbst der gestrenge Vater ließ dem »Lehnchen«, wie sie genannt wurde, manche Unfolgsamkeit durchgehen. Normalerweise bestand er darauf, dass alles, was auf den Tisch kam, auch von allen gegessen wurde. Nur dem »Lehnchen« wurde ausnahmsweise zugelassen, dass es seinen Teller nicht leer essen musste. Auch in der Schule hatte Helene keine Probleme. Alles lief nach Plan. Ihre Hobbys waren Rollschuhlaufen und Zitherspielen. Mit den älteren Geschwistern, den Brüdern Toni, Gerhard und Peter sowie den beiden Schwestern Trautchen und Grete, kam sie gut aus. Die drei Schwestern waren keine Kinder von Traurigkeit. Frohsinn und Lebensfreude waren ihnen in die Wiege gelegt. Nicht zuletzt dieser Charme führte dazu, dass der »Karthäuserhof« bei den jungen Burschen in Kessenich auch als das »Dreimädelhaus« bekannt und beliebt war. Meine Mutter stand schon früh mit beiden Beinen im Leben: Mehrere Jahre versorgte sie mit ihrer besten Freundin Käthe Esser zusammen eine sehr reiche allein stehende Holländerin in einem kleinen Ort an der Maas in den Niederlanden. Käthe erledigte die Küchenarbeit, meine Mutter fuhr die Kranke täglich im Rollstuhl spazieren und betreute sie auch auf Reisen. Aber die alte Dame muss eine ziemliche Nervensäge gewesen sein. Denn schließlich konnte Käthe die Schikanen nicht länger ertragen und forderte meine Mutter auf: »Fahr das Aas in die Maas.« Es kam freilich nicht so weit. Meine Mutter kündigte die Stelle und kehrte nach Bonn zurück. Dann kam der Karneval, der Maskenball in der Beethovenhalle und sie war zum ersten Mal richtig verliebt. Mein Vater ging mit ihr ins vornehme Café Metropol. Sie tranken Mokka aus kleinen Tassen und er philosophierte über Gott und die Welt. Er erzählte ihr von seinen Wanderjahren, von seinen Idealen und von seinen politischen Träumen. Er berichtete ihr von den Abenteuern, die er erlebt hatte und der anderen Welt, die er gesehen hatte, den Weltstädten Berlin, Paris, Lissabon. Und er erzählte ihr von der jungen Sowjetunion, dem »Vaterland der Werktätigen, dem Land der Hoffnung auf eine bessere, klassenlose Zukunft, dem Paradies auf Erden«.

War es da ein Wunder, dass meine Mutter von solchen Zukunftsträumen fasziniert war? Sie, das »bönnsche Mädchen«, das im beschaulichen Kessenich aufgewachsen war, in der idyllischen Welt bodenständiger Familien, einfacher Wirtsleute und kleiner Gewerbetreibender, Handwerker und Kaufleute, die hier teilweise seit Jahrhunderten vertreten waren. Erst fünfzig Jahre vor dem Ersten Weltkrieg hatte Kessenich den Sprung zum »städtischen Wohnort« geschafft. Fabrikarbeiterschaften, Handwerksberufe und der Bau von Neubaugebieten versprachen eine moderne Lebensqualität. Aber erst durch meinen Vater lernte »Lehnchen« eine andere Welt kennen: den Reiz von Ferne und Fremde, den Drang auf etwas Neues und Unbekanntes, die Begeisterung für die Literatur, die Magie der Sprachen, den Zauber phantastischer Ideen, die These, dass man keinen Luxus braucht, um glücklich zu sein, die Träume von einer Zukunft, in der alle Menschen Brüder und Schwestern sind. Meine Mutter war ihm eine aufmerksame Zuhörerin. Er hatte eine hohe Stirn und einen energischen Mund und es war ihr nie langweilig mit ihm. Ihr gefiel, dass er die Menschen mochte und so vieles wusste. Sie wollte von ihm wissen, wie Spanisch und Russisch klingt. Durch ihn lernte sie Don Quijotte und Puschkin kennen. Für sie waren es Geschichten wie aus »Tausendundeiner Nacht« und seine Sehnsucht paarte sich mit ihrer Sehnsucht.

Andererseits: Seine Herkunft und sein Weltbild stürzten sie auch in ein Wechselbad der Gefühle. Er erzählte ihr, dass er aus einer konservativen evangelischen Familie stamme und das »rote Schaf« der Familie sei. Er hatte seinen Eltern erklärt, dass er nach Moskau gehen werde. Sie könnten alle seine Sachen verschenken. Er würde nur einen Anzug mitnehmen. Helenes Eltern waren besorgt. Es störte sie nicht nur, dass Karl Gustav »Edelkommunist« war, evangelisch war er dazu auch noch. Und seine Eltern waren nicht sonderlich davon erbaut, dass er mit einer katholischen Wirtstochter aus Kessenich liiert war. Aber für beide war es bereits zu spät. Er hatte sie und sie hatte ihn gewählt. Wenn sie sich trotzdem manchmal mit ihm stritt und ihr Zweifel an seinen Thesen kam, las sie die Briefe, die er ihr schrieb. Sie waren lebendig und klug und zeugten davon, dass er die Welt mit anderen Augen sah. Dann lösten sich alle ihre Bedenken in Wohlgefallen auf und sie wusste, dass sie ihm bis ans Ende der Welt folgen würde und nichts konnte sie davon abbringen.

Die braune Pest

Inzwischen begann sich auch im überwiegend katholischen Bonn die braune Pest auszubreiten. Die erste Ortsgruppe der Nationalsozialisten war bereits im November 1925 gegründet worden: 1926 sprach Adolf Hitler vor 700 Anhängern in der Beethovenhalle. Er war im Rheinhotel Dreesen abgestiegen. Im Jahr 1936 kam auch seine Geliebte Eva Braun. Sie war mit den Besitzern befreundet. Das Hotel verfügte später über eine direkte Telefonleitung zur Reichskanzlei in Berlin und Eva pflegte von dort immer lange mit Hitler zu telefonieren. Bei den Reichstagswahlen 1928 verbuchten die Nationalsozialisten ihren ersten großen Erfolg. Sie kamen in Bonn unerwartet in den Stadtrat und lagen mit 13 Prozent weit über dem Reichsdurchschnitt. Die Hitler-Wähler stammten, wie später Analysen ergaben, vor allem aus evangelischen Schichten und national gesinnten Kreisen der Innenstadt und den südlichen Wohngebieten, zu denen auch Kessenich gehörte. Aber: Bonner Geschäftsleute, deren Name schon damals auf einer Liste von 150 nichtjüdischen Unternehmen auf der Rückseite eines NS-Flugblattes standen, verwahrten sich zu jener Zeit noch gegen diese Art der Propaganda. Sie solidarisierten sich mit ihren jüdischen Kollegen, konnten aber die »braune Gefahr« nicht stoppen.

Erster Teil

Mein Vater war Zeuge, wie sich das lokale politische Leben in Bonn immer mehr radikalisierte. 1929 kam die SA hinzu, aus der später der »Bonner Sturm« und die »Standarte 160« hervorgingen. An der Universität wurde unter Mithilfe von Gauleiter Ley die NS-Hochschulgruppe gegründet.

Kommunisten und Nationalsozialisten begannen sich heftige Kämpfe zu liefern. Die SA hatte schon straff organisierte Schlägertrupps, die bewaffnet waren. Die Bonner Kommunisten trafen sich in einer Wirtschaft in der Heisterbacherhofstraße, die von dem in Dänemark geborenen Gastwirt Niels Petersen geführt wurde. Im September 1930 zog die NSDAP als zweitstärkste Fraktion nach der SPD in den Reichstag ein. Die als »Erwerbslosenpartei« apostrophierten Kommunisten hatten keine Chance. Auch in Bonn nicht. Der politische Terror von links und rechts eskalierte in blutigen Auseinandersetzungen. Der 7. Dezember 1930 ging als blutiger Sonntag in die Annalen der Bonner Geschichte ein. Mein Vater erlebte hautnah, wie zum ersten Mal geschossen und gestochen wurde. Er entschloss sich, als Lektor nach Berlin zu gehen. Er glaubte, dass er sich im Zentrum der Politik stärker gegen die drohende Naziherrschaft engagieren könne. Am Tag seiner Abreise erklärte er meiner Mutter: »Ich möchte, dass du meine Frau wirst. Komm nach Berlin und lass uns dort heiraten.«

Ihre Hände zitterten beim Abschied. Aber sonderbar: nicht aus Angst, sondern vor Aufregung. Bonn war zwar ihre Heimat, aber sie war bereit, die Geborgenheit ihrer Familie aufzugeben und meinem Vater in die Reichshauptstadt zu folgen. Sie lief nach Hause und jubelte: »Mutter, Karl will, dass ich nach Berlin komme!«

Juliane Güßgen sah sie mit der Angst der Mütter an, die ihre Töchter nicht verlieren wollen: »Was willst du in Berlin?«
»Karl und ich wollen dort heiraten.«
»Hast du dir das auch gut überlegt?«
»Mutter, ich bin kein Kind mehr.«
Julianes Blick kehrte sich nach innen und sie faltete die Hände übereinander auf den Tisch: »In diesen turbulenten Zeiten bist du hier in Bonn besser aufgehoben.«
»Mama, du brauchst dir keine Sorgen zu machen«, sagte meine Mutter. »Karl und ich sind uns unserer Sache sicher. Wir gehören zusammen. Er wird dir einen Brief schreiben, dann wirst du alles verstehen.«
Der Brief hatte folgenden Wortlaut:
Liebe Frau Güßgen,
bevor Ihre Tochter Leni zu mir reist, um mit mir die bürgerliche Ehe einzugehen und damit einen Wunsch zu erfüllen, der von Anfang an unser beider festes Ziel war, möchte ich nicht verfehlen, an Sie diese Zeilen zu richten: Während der Zeit, die ich meine geliebte Leni kenne, habe ich auch von Ihnen sehr viel Güte erfahren, ohne dass zwischen Ihnen und mir viel Worte gewechselt worden wären. So kommt es, dass ich Sie, liebe Frau Güßgen, mit »Sie« anrede, obwohl ich doch längst die Freundschaft Ihrer Familie genießen durfte und auch fühlte, dass mich etwas mit Ihnen verband. Ich hoffe und werde mich nach Kräften bemühen, dass ich den gemeinsamen Lebensweg mit Leni so gehe, dass die Beziehung zu ihrem Haus durch die Trennung nicht unterbrochen wird, dass im Gegenteil das verwandtschaftliche Verhältnis gepflegt wird, wenn wir auch einen selbstständigen Platz im Leben uns einrichten wollen. Sie werden als Mutter Leni schweren Herzens gehen lassen. Vielleicht machen Sie sich auch große Sorgen um unsere Verhältnisse. Zu Ihrer Beruhigung

muss ich wenigstens sagen, dass eine Existenzmöglichkeit unbedingt vorhanden ist und ich mir die Lage wohl überlegt habe. Und dann, wenn wir noch weiter warten würden, würde das Leben auch nicht viel sicherer werden. Wir vertrauen darauf, dass wir junge Menschen sind und durchkommen. Den Nachteilen meiner Stellung stehen unbedingt Vorteile gegenüber. Es ist mein einziger Wunsch, Leni das Leben so leicht wie möglich und sie glücklich zu machen. Unser Verhältnis, für das Sie so großes und liebes Verstehen hatten, ist ein erlebter Beweis, dass ich mich mit Leni das ganze Leben freuen und gut vertragen werde. Leni und ich sind jetzt ungefähr 30 Jahre alt und wissen, dass wir jetzt oder nie uns auf einen gedeihlichen Lebensweg einstellen müssen. Leni und ich vertrauen aufeinander, dass wir gemeinsam allen Schwierigkeiten Herr werden. Wie wir hier fertig werden, das ist unsere Sache und Aufgabe. Ich denke mir das Leben mit Leni sehr schön und weiß schon jetzt, dass sie sich an Berlin gut gewöhnt und kein Heimweh bekommt, trotzdem sie jahrlang mit ihren Geschwistern zu Haus glücklich lebte. Ich glaube bestimmt, dass wir im Sommer mal einen Besuch an den Rhein machen können, wenigstens Leni, damit Sie sich von unserem Dasein und Glück überzeugen können. Leni wird Ihnen auch gleich alles schreiben, wie es hier aussieht. Und wenn uns jemand von der Familie besucht, werden wir uns herzlich freuen. Die Menschen, unter denen ich hier tätig bin, sind von einer Sorte, wie Sie vielleicht nicht kennen gelernt haben. Es ist ein neues, besseres Verhältnis unter diesen Menschen, es sind ernste und gute Menschen, man verkehrt wie mit Brüdern und Schwestern mit ihnen. Ein Glauben an eine bessere Zukunft durch gemeinsame Arbeit und Anstrengung, nicht mehr Konkurrenzneid und persönlicher Profit regiert diese Menschen. Diese Menschen wollen auch nichts mehr von der Kirche wissen. Ich will Ihre Meinung gewiss respektieren, aber Leni und ich sind auf unserem Lebensweg nicht gezwungen, anderen Leuten zu Liebe etwas mit-

zumachen, was uns gegen unsere Überzeugung geht. An manchen Orten muss man sich nach alter Sitte beugen, um nicht »aufzufallen«. Wir lassen uns nicht kirchlich trauen und wissen, dass wir gut daran tun. Es kommt bald die Zeit, dass man nicht mehr zur Kirche geht, dann wird es bessere Christen geben. In diesen Sachen gehen die Meinungen vielleicht auseinander, uns sind andere Sachen wichtiger, in Sachen unserer Liebe und unserer Lebensziele haben wir bis jetzt immer mit Ihrer Güte und mütterlichen Sorge rechnen dürfen. Hoffentlich darf Leni und ich als Ihr Schwiegersohn Sie recht lange als gute, geliebte Mutter behalten.
Die gesetzliche Trauung ist auf den 29. Dezember 1930 verabredet.
Mit herzlichen Grüßen
Ihr Karl Gustav

Als meine Eltern sich das Jawort gaben, herrschte in Berlin die Ruhe vor dem großen Sturm. Von den Bonner Familienangehörigen war niemand zur Hochzeit gekommen. Trauzeugen waren Berliner Freunde meines Vaters. Sie besorgten meinen Eltern auch eine möblierte Wohnung. Meine Mutter war schon bald darauf mit mir schwanger. Am 20. Februar 1932 wurde ich als Karl Waldemar Tilemann in die Geburtsurkunde eingetragen. Aber mein Vater nannte mich Wolodja. Dies war der Kosename von Wladimir Lenin, dessen Schriften mein Vater begeistert gelesen hatte.

Nach meiner Geburt bekam meine Mutter eine Brustentzündung. Da mein Vater sie nicht pflegen konnte, sprang ihre ältere Schwester, meine Tante Grete, ein. Sie kam nach Berlin und betreute meine Mutter.

Inzwischen war die Reichshauptstadt immer mehr zum Mittelpunkt des Nazi-Terrors geworden. Am jüdischen Neujahrstag 1931 demolierten Berliner SA-Männer jüdische Geschäfte und griffen Passanten an, die sie für Juden hielten. Spitzel überprüften Häuser und legten schwarze Listen an. Auch die Wohnung meiner Eltern wurde von der SA ins Visier genommen. Unter entrollten Fahnen marschierten »braune Kolonnen« vorbei, sangen ihre »Kampflieder« und skandierten die Parolen der »Bewegung«, von denen das »Juda verrecke« meinen Vater Schlimmes ahnen ließ. Da die Gefahr bestand, dass auch wir über kurz oder lang in die Mühlen der Kommunisten-Hatz geraten könnten, schlug mein Vater meiner Mutter vor: »Wir packen unsere Koffer. Du kehrst mit Wolodja zu deiner Familie nach Bonn zurück. Da bist du am sichersten. Ich werde in der Zwischenzeit nach Moskau reisen und mich dort nach einer Arbeitsstelle und einer Bleibe für uns umsehen.«

Er sah in der jungen Sowjetunion seine ideologische Heimat. Sie war für ihn das Land der Hoffnung auf eine bessere, klassenlose Zukunft. Bereits seit den 20er Jahren waren einige tausend so genannte »Spezialisten« auf Einladung der Sowjetunion in das Vaterland der Werktätigen übergesiedelt. Und als der Exodus vor Hitler begann, war kaum ein anderes Land bei den politischen Asylanten mit so großen Hoffnungen besetzt.

Während mein Vater nach Moskau reiste, kehrte meine Mutter mit mir nach Bonn zurück. Wir wurden von ihrem älteren Bruder Toni aufgenommen. Er wohnte mit seiner Tochter Maria auf der Nordseite über dem großen Saal des Karthäuserhofes mit Blick nach Westen zum Venusberghang, wo sich unterhalb der Rosenburg bis zur Holzgasse verwilderte Obstgärten staffelten. Früher hatten Mönche hier Wein angebaut. Später hatte die Reblausplage im ganzen Rheinland den Weinanbau ruiniert. Inzwischen war die schmale Holzgasse asphaltiert worden und unterhalb der mit Dornenbüschen und Efeu und Farn überwucherten Obstgärten wurden Villen gebaut.

Aber die Idylle täuschte. Die braunen Sturmwolken, die über Deutschland aufzogen, warfen auch ihre Schatten auf den Karthäuserhof.

Flucht nach Moskau

Der Anruf kam abends am 30. Januar 1933. Meine Mutter hörte gerade im Radio eine Reportage aus Berlin. Hindenburg hatte Hitler zum Reichskanzler ernannt, den Reichstag aufgelöst und Neuwahlen auf den 5. März 1933 angesetzt. Sie stellte das Radio leiser und nahm den Telefonhörer ab. Es knackte ein paar Mal in der Leitung, dann vernahm sie die Stimme meines Vaters. Sie klang besorgt. »Bitte komm sofort mit Wolodja nach Moskau«, sagte er. »Ich kann nicht zurück nach Deutschland kommen und du kannst jetzt nicht länger dort bleiben. Mit der Machtübernahme der Nazis wird der Terror alltäglich.«

»Aber was soll ich in einem Land machen, das mir vollkommen fremd ist, dessen Sprache ich nicht verstehe«, fragte sie.

»Es leben bereits viele deutsche Emigranten hier«, sagte mein Vater. »Es gibt sogar eine deutsche Zeitung. Ich arbeite bei einem Verlag und habe auch eine Wohnung für uns gefunden. Es wird dir gut in Moskau gefallen. Wolodja kann hier zur Schule gehen. Glaube mir, es ist besser so. Nur hier sind wir vor den Nazis sicher. Hitler bedeutet Krieg.«

»Gut, ich komme«, stimmte meine Mutter zu, obwohl ihre Eltern, Schwestern und Brüder vehement von der Reise in die Sowjetunion abrieten. Vor allem ihr Schwager Paul, der weitgereist und welterfahren war, warnte sie vor den möglichen Gefahren.

»Helene, du träumst«, sagte ihre Mutter. »Deine Heimat ist Bonn, der Karthäuserhof und nicht Moskau. Du gehörst hierhin.«

Natürlich war der Karthäuserhof ihre Heimat. Sie war hier erzogen worden und aufgewachsen. Fröhlichkeit hatte man sie gelehrt, von klein auf, Liebe zu allen natürlichen Dingen. Aber etwas fehlte ihr jetzt: Karl Gustav. Von ihm hatte sie bisher nur Gutes über die Sowjetunion gehört. Die Vorstellung, ihn auf unbestimmte Zeit nicht wiederzusehen, war ihr unerträglich. Trotzig sagte sie: »Meine Heimat ist da, wo Karl Gustav ist.«

»Wenn du unbedingt in dein Unglück rennen willst, lass wenigstens Waldemar hier«, sagte Juliane. »Der Junge ist bei uns in Bonn besser aufgehoben als unter Stalins roten Pionieren.«

»Das kommt gar nicht in Frage«, protestierte meine Mutter. »Ohne Waldi gehe ich nicht.«

Ich war damals ein Jahr alt, konnte einigermaßen laufen und begann die ersten Worte zu sprechen. Meine Mutter nahm mich auf ihren Arm und sagte entschieden: »Wir fahren nach Moskau.«

Sie war jetzt nicht mehr zu bremsen. In den nächsten Tagen packte sie unsere Koffer. Dann kam der Tag der Abreise. Mit einer Kutsche fuhren wir zum Bahnhof und die ganze Familie begleitete uns.

»Auf Wiedersehen«, riefen sie zum Abschied. Und: »Viel Glück in Moskau.« Aber es klang besorgt. Meine Mutter kurbelte das Fenster herunter, winkte und rief: »Auf Wiedersehen, auf Wiedersehen.« Dann setzte sie mich neben sich in Fahrtrichtung und sagte: »Waldi, man soll immer nach vorne schauen.«

Es war ein sehr mutiger Entschluss: Sie verließ ihre vertraute Heimat und fuhr in ein fremdes Land, von dem sie wenig wusste. Aber sie glaubte, dass sie dort beim Aufbau einer besseren Welt mithelfen könne. Dass es eine Reise in eine tödliche Menschenfalle wurde, konnte sie in diesem Augenblick nicht ahnen.

24 Stunden später kamen wir in Moskau an, das nun unser Exil wurde. Mein Vater holte uns am Bahnhof ab und wir fuhren mit der Straßenbahn zu unserer neuen Wohnung: Sie befand sich in einem größeren Wohnblock im Zentrum Moskaus, in der Nähe der deutschen Botschaft. In dem für die damaligen Verhältnisse modernem Appartementhaus mit Gemeinschaftsküche lebten sehr viele russische Familien. Unsere Kommunalwohnung lag im zweiten Obergeschoss und bestand aus zwei Zimmern: einem größeren Raum, geteilt durch einen Schrank mit einer Schlafnische für mich und dem Bett meiner Eltern davor, sowie einem weiteren Zimmer, durch eine Verbindungstür getrennt, das gleichzeitig als Wohn- und Arbeitszimmer diente. Außerdem gab es einen Balkon.

Gut in Moskau angekommen wurden wir als Gäste, die aus dem Ausland kamen und beim Aufbau des Landes mithelfen wollten, sehr positiv und freundlich von unseren russischen Nachbarn behandelt. Meine Eltern waren zunächst fasziniert von der euphorischen Aufbruchstimmung, dem neuen Lebensgefühl, das damals in Moskau herrschte. Die Menschen wollten die hoffnungslose zaristische Vergangenheit zugunsten einer modernen, unabhängigen sozialistischen Zukunft zum Wohlergehen aller abstreifen. Moskau sollte in eine moderne Stadt verwandelt werden, die dem stetigen Bevölkerungszuwachs Rechnung trug. Stalin hatte 1929 die Alleinherrschaft über Partei und Staat errungen und im Rahmen des so genannten Fünfjahresplans mit der Verjüngung Moskaus begonnen. Moderne Appartementhäuser, Arbeiterclubs und großzügige Parks bestimmten das Bild der Innenstadt. Kantinen sorgten für das leibliche Wohl der Arbeiter und riesige Theater und Bibliotheken boten geistige Genüsse. Damals wurde gerade auch mit dem Bau der Metro begonnen. Die Moskauer Untergrundbahn war zweifelsohne das Prestigeprojekt des Kommunismus. Die Jugend des Landes wurde mit Aufrufen wie »Lasst uns die Metro bauen« zur Mithilfe motiviert und aus allen Ecken der Sowjetunion strömten begeisterte junge Leute nach Moskau, um an dem Großprojekt mitzuwirken. Die Metro wurde mit Leidenschaft gebaut, nicht zuletzt, um mit dem Westen gleichzuziehen. 500 Betriebe stellten sich der technischen Herausforderung. Am 15. Mai 1935 wurden die ersten 13 Stationen der neuen Metrolinie in Betrieb genommen. Bei der ersten Testfahrt wurden Fahrkarten als Preis für errungene Verdienste um die Heimat vergeben.

Wenn ich heute in eine U-Bahn steige, erinnert mich der Geruch immer noch an die Metro in Moskau. Als kleiner Junge bin ich oft mit meiner Mutter mit der U-Bahn gefahren. Die Sitze der Waggons waren mit Rosshaar gefüllt, als Beleuchtung dienten Wandleuchten. Die majestätischen Stationen sind mir wie prunkvolle orientalische Paläste in Erinnerung geblieben, Wände und Fußböden waren kunstvoll mit phantasievollen Bemalungen und Ornamenten dekoriert. Pracht für das Volk: Die in einfachen Kommunalwohnungen lebenden Moskauer sollten stolz sein auf die neue Errungenschaft. Die für den Bau der Metro zuständige Gesellschaft »Metrostroj« wurde mit zahlreichen Orden ausgezeichnet, in Liedern besungen und in Romanen und Erzählungen verherrlicht. Diese sollte ich später während meiner Schulzeit als kleiner »Sowjetbürger« kennen lernen. Als Hitler im Zweiten Weltkrieg Moskau belagerte, dienten die riesigen unterirdischen Hallen und U-Bahn-Schächte Stalin als Regierungssitz und der Bevölkerung als Bombenkeller und Werkstätten. Man stellte dort Munition und Kriegsgerät her. Nicht nur in jener Zeit war es geradezu Pflicht und ein besonderes Erlebnis, das Lenin-Mausoleum zu besichtigen. Ich erinnere mich, dass meine Mutter an einem Winterabend mit mir zum Roten Platz ging. Frischer Schnee war gefallen und wir reihten uns in eine lange Schlange wartender Menschen ein, die bis in den Alexander-Garten hinter dem Kreml reichte. Äußerlich gleicht das Mausoleum einem terrassenförmig abgestuften Bau, der einmalig in der Welt ist. Meine Mutter erklärte mir, dass der Mann, der unten in der Gruft in einem gläsernen Sarkophag lag, ein Revolutionär war, der Vater der Sowjetunion: »Wladimir Lenin hat die kommunistische Lehre mitbegründet und er ist auch der Grund, warum dein Vater unbedingt nach Moskau wollte.« Flüsternd erzählte sie mir, dass Lenin als Sohn eines adligen hohen Staatsbeamten und einer Gutsbesitzertochter an der Wolga geboren wurde. Wegen revolutionärer

Agitation war er zunächst nach Sibirien verbannt worden, später lebte er in London und in der Schweiz in der Emigration. Nach seiner Rückkehr führte er die Oktoberrevolution an und stürzte das Zarenregime. 1924 war Lenin nach mehreren Schlaganfällen gestorben.

Ich blickte zu dem monumentalen Grabmahl. Zu Säulen erstarrte Wachposten standen am Eingang. Sie flößten nicht nur mir Respekt ein. Die Menschen in der sich langsam fortbewegenden Besucherschlange wagten nicht zu sprechen und eine feierliche Stille lag über dem Roten Platz. Als wir in das Mausoleum hinein gingen, kam es mir vor, als würden wir ein Heiligtum betreten. Ich setzte unwillkürlich meine Mütze ab und nahm meine Hände aus den Hosentaschen. Dann folgte ich meiner Mutter durch enge Gänge hinab in den nur in Schwarz und Purpur gehaltenen Trauersaal. Unten in der Gruft stand ein von drei Seiten matt erleuchteter gläserner Sarg mit dem einbalsamierten Führer des Weltproletariats: Ich sah einen kleinen Mann im schwarzen Anzug mit gut konserviertem Gesicht und es kam mir in diesem Augenblick unglaublich vor, dass er schon so viele Jahre tot war. Ich beobachtete, dass die Menschen in kurzer Andacht und Ehrfurcht wie vor einer Ikone verweilten. Die irreale und zugleich düstere Prozession wurde noch dadurch verstärkt, dass der Mann im Glassarg von Milizionären bewacht wurde, die mir mit ihren starren Blicken mehr tot als lebendig erschienen. So war ich froh, als wir nach einer Weile wieder auf dem Roten Platz standen.

Bekanntlich liegt der Leichnam des Gründers der Sowjetunion auch heute noch in dem Sarkophag. Zweimal pro

Woche wird der Sarg geöffnet, das Gesicht des Toten mit speziellem Balsam behandelt und sein schwarzer Anzug gereinigt. Laut Professor Waleri Bykow, der im Institut für Mikrostrukturen unter dem Lenin-Mausoleum für den Erhalt der einbalsamierten Leiche zuständig ist, sollen alle Gewebe in bestem Zustand sein. Die Wunderlösung, die den Erhalt des bekanntesten Toten Russlands über Jahrhunderte gewährleisten soll, wird streng geheim gehalten. Inzwischen sollen nach diesem Verfahren bereits andere verstorbene Kommunistenführer in Bulgarien, der Tschechoslowakei und Nordkorea konserviert worden sein. Angeblich gab es auch schon Anfragen von russischen Mafia-Bossen, die sich nach Lenin-Art nach ihrem Tod für einige tausend Rubel mumifizieren lassen wollen. So lebt Lenins Mythos weiter, obwohl ihm zeit seines Lebens jeglicher Kult um die eigene Person zuwider war. Pläne, den Kommunistenführer in der Familiengruft auf den Wolkow-Friedhof in St. Petersburg nach christlicher Sitte neben seiner Mutter zu beerdigen und auf dem Roten Platz eine Gedenkstätte für die Opfer der politischen Wirren des 20. Jahrhunderts zu errichten, scheiterten bisher. Lenin blieb in seinem gläsernen Sarkophag, streng bewacht. Seine Nichte Olga Uljanowa sprach aus, was auch heute noch viele Kommunisten denken: »Sein Körper ist mit dem Willen der Völker konserviert worden und muss über Generationen im Mausoleum bleiben.«

ZWEITER TEIL

Terror im Exil

Der Beginn unseres Exils hatte hoffnungsvoll begonnen. Meine Eltern fühlten sich vor dem nationalsozialistischen Terror in Sicherheit und trotz der einfachen Unterbringung verbrachten wir fünf relativ unbeschwerte Jahre in Moskau. Die Lebensmittelrationierung wurde abgeschafft. Mein Vater war als Übersetzer und Redakteur des Verlags der ausländischen Arbeiter in der UdSSR tätig. Meine Mutter fand eine Anstellung als Aushilfskraft. Große Sprünge konnten wir uns vom Einkommen meiner Eltern nicht erlauben, aber es reichte für ein bescheidenes Leben. Ich kam in den Kindergarten und lernte die ersten russischen Worte sprechen.

Aber bereits ein paar Jahre später sollte der Traum von einer besseren Zukunft platzen. Es begann damit, dass von der euphorischen Stimmung meiner Eltern täglich etwas abbröckelte. Ich war damals noch zu klein, um zu verstehen, was da vor sich ging.

Meine Mutter erklärte mir später den Grund für diese bedrückende Wende. »Dein Vater war deprimiert«, sagte sie. »Er musste erkennen, dass die sozialistische Wirklichkeit weit von seinen Idealen entfernt war.«

Ihm ging es wie vielen Exilanten: Der revolutionäre Staat, der ihre Hoffnungen trug, entfernte sich unter der stalinistischen Bürokratie immer weiter von einer besseren Zukunft für alle. Eine Schicht von Karrieristen und Bürokraten drängte in die gehobenen Positionen. Für sie, und nicht für das einfache Volk, gab es Kaviar und Krimsekt. Wer viele Rubel besaß, konnte schon damals in Moskauer Prominentengeschäften einkaufen. Vor allem aber wurde der sozialistische Alltag von einem ineffektiven Apparat, Spießigkeit, politischer Zensur, der Geheimpolizei NKWD und einem penetranten Personenkult um Stalin geprägt. Wer etwas verändern wollte, wurde zu einer Behörde geschickt, um dort seine »Bumaschka« (Empfehlung) vorzulegen. Wenn er diese bürokratische Hürde genommen hatte, wurde er zum nächsten Amt weiter gereicht. Wieder war ein neues Formular fällig. Und so ging das immer weiter. Von einer Behörde zur anderen. Alles Neue wurde kritisch beäugt, öffentliche Kritik unterdrückt. Dazu kam ein Klima der Angst und der Ohnmacht vor Stalins allgegenwärtiger Geheimpolizei NKWD. Jeder begann jedem zu misstrauen und musste um seine eigene Sicherheit bangen. Die Menschen hörten auf, einander zu besuchen und die Angst vor Kontrollen und Bespitzelung begann sich in Moskau wie ein Krebsgeschwür auszubreiten. Man konnte nie wissen, wer morgen als »Volksfeind« verhaftet wurde.

Diese alles durchdringende, lähmende Angst demoralisierte auch meine Eltern und begann unser Leben zu bestimmen. Sie hatten gehofft, in Moskau Zuflucht vor der Bedrohung durch die Nazis zu finden. Sie waren vor dem Wolf (Hitler) geflohen und an den Bären (Stalin) geraten, der wie Hitler Kritiker und Oppositionelle als »Sündenböcke« für alle Fehler und Mängel in Staat, Wirtschaft und Verwaltung abstempelte und aus dem Weg räumen ließ. Wer sich durch unüberlegte Äußerungen politisch verdächtig machte, geriet ins Fadenkreuz der Geheimpolizei und musste täglich mit einer »Überraschung« rechnen: Verhaftung, Deportation, Hinrichtung.

Am 25. Juli 1937 eröffnete das NKWD mit seinem berüchtigten operativen Befehl Nr. 00439 die Treibjagd auf die deutschen »Gastarbeiter«. Durch Agentur- und Untersuchungsmaterial der letzten Zeit, so wurde behauptet, sei bewiesen, dass der deutsche Generalstab und die Gestapo in breitem Maße Spionage und Spionagetätigkeit in den wichtigsten und vor allem in den Betrieben der Verteidigungsindustrie betrieben und zu diesem Zweck die dort sesshaft gewordenen deutschen Staatsangehörigen nutzten. Unabhängig von ihrer Arbeitsstelle seien die deutschen Agenten und Spione unverzüglich zu verhaften.

Dieser NKWD-Befehl führte zu einer Flut von Denunziationen, mit denen deutsche Emigranten ihre ideologische Treue und Zuverlässigkeit unter Beweis stellen wollten. Meine Eltern waren von den vielen Verhaftungen erschüttert. Emigranten wie sie, die beim Aufbau der jungen Sowjetunion helfen wollten, wurden plötzlich als »Saboteure« und »Terroristen« diskriminiert. Denunziationsberichte bildeten die Grundlage für »Dossiers« und »schwarze Listen«. Von jetzt an mussten auch sie in der ständigen Angst leben, dass sie jemand ans Messer liefern würde. Sie erlebten die Nachtseiten des Terrors, wie sie ein russisches Sprichwort beschreibt: »Wenn die Seele schwarz ist, kann man sie auch mit Seife nicht reinwaschen.« Jeder fürchtete jeden. Wem konnte man noch trauen? Freunde und Mitarbeiter verschwanden spurlos. Dem Morgen konnte keiner entkommen.

Sie sahen, was in Moskau los war und sie hörten die Gerüchte, die aus Gefängnissen und Lagern nach außen drangen. Aber an eine Flucht war nicht zu denken. Nach Bonn konnten wir nicht zurück. Dort wären wir ebenfalls nicht in Sicherheit gewesen. Bereits im März 1933 hatte Hitler im Rahmen der »Schutzhaftaktion« damit begonnen, alle Kommunisten verhaften zu lassen. Die meisten verschwanden in Gefängnissen und KZs. Mein Vater hatte inzwischen die sowjetische Staatsbürgerschaft angenommen. Aber kaum war die große Verhaftungswelle angelaufen, geriet auch er in die Mühlen der Geheimpolizei. Ob er wie viele andere denunziert worden ist, konnte nie geklärt werden.

65 Jahre später fand der Hamburger Historiker Reinhard Müller bei Recherchen für ein Buch über Stalins Terror gegen Exilanten in Moskauer Archiven ein Schlüsseldokument: einen 20 Seiten umfassenden und von NKWD-Chef Nikolai Jeschow unterzeichneten »Direktbrief« vom 14. Februar 1937 »Über die terroristische Diversions- und Spionagetätigkeit deutscher Trotzkisten auf dem Territorium der Union der Sozialistischen Sowjetrepubliken«.

Müller glaubt, dass der Befehl der stalinistischen Geheimpolizei gegen deutsche Emigranten »nur und zum großen Teil« auf Informationen des 1990 mit 83 Jahren verstorbenen früheren SPD-Fraktionschefs, Herbert Wehner, beruhen könnte. Er befand sich zwischen 1937 und 1941 im Moskauer Exil.

Noch zu Lebzeiten hatte Wehner in Interviews eingeräumt, »zweieinhalb Jahre durch Untersuchungen gegangen« zu sein, die ihn »auch in die Lubjanka«, die Zentrale des gefürchteten sowjetischen Geheimdienstes NKWD geführt hätte. Insgesamt viermal war der von deutschen KPD-Genossen selbst denunzierte Wehner vom NKWD einvernommen worden. Jedes Mal war er wieder ins legendäre Hotel »Lux« zurückgebracht worden, dem Sammelpunkt prominenter deutscher KP-Emigranten. Er wohnte hier bis 1941.

Mein Vater kehrte nicht zurück. An den Tag seiner Festnahme kann ich mich noch sehr gut erinnern. Es war der 8. Oktober 1937, als an unsere Wohnungstür geklopft wurde. Er öffnete die Tür. Im Flur standen mehrere Männer in Zivil.

»NKWD«, hörte ich einen der Männer sagen. »Sind Sie Karl Gustav Tilemann?«

»Jawohl, das bin ich«, sagte mein Vater. »Um was handelt es sich?«

»Nur eine Routineuntersuchung«, sagte der Mann auf Russisch.

Seine Helfer begannen damit, unsere Wohnung zu inspizieren. Einer nahm alle Papiere an sich, die auf dem Schreibtisch meines Vaters lagen.

»Sind das alle Schriftstücke, die Sie hier haben?«

Mein Vater nickte.

Der NKWD-Fahnder sah sich die Dokumente kurz an, dann stopfte er sie in eine Aktentasche. »Sie bekommen die Papiere selbstverständlich wieder«, sagte er. »Aber zunächst müssen noch ein paar Fragen geklärt werden. Am besten kommen Sie mit auf unsere Dienststelle.«

Die Aufforderung klang weder streng noch bedrohlich.

»Was für Fragen?«, wandte meine Mutter ein.

»Routinefragen«, beruhigte sie der NKWD-Mann. »Machen Sie sich keine Sorgen. Es wird nicht lange dauern.«

Mein Vater folgte den NKWD-Leuten ohne Widerstand zu leisten. Er hatte ja ein reines Gewissen. Vom Balkon aus sahen ich und meine Mutter, wie er zu einem bereitstehenden grünen Fahrzeug geführt wurde. Wohin er gebracht wurde, hatte man uns nicht gesagt. Auch nicht, wann wir ihn wiedersehen würden.

Deportation

Heute wissen wir: Stalins Geheimpolizei arbeitete damals pausenlos, fast fließbandartig. Einer der Schreibtischtäter war G. Jakubowitsch. Er saß an der Spitze des Apparats der Moskauer Verwaltung für Staatssicherheit. Wurde ihm ein Stapel Haftbefehle vorgelegt, legte er seine Armbanduhr auf den Tisch und sagte: »Schaut, wie viele Haftbefehle ich in einer Minute unterschreibe.« Und dann begann er seine Unterschrift darunter zu setzen, ohne die Protokolle zu lesen.

Allein in der Periode 1936 bis 1939 fielen Stalins Terrormaschine annähernd 3000 deutsche Emigranten von insgesamt 4600 zum Opfer. Sie wurden in zermürbenden Nachtverhören mit Schlägen und Erpressungen gezwungen, »Todsünden« zu gestehen, die sie niemals begangen hatten. Welche »Todsünde« wurde meinem Vater vorgeworfen? Wir wussten es nicht. Verzweifelt bemühte sich meine Mutter, in den nächsten Tagen herauszufinden, wohin man ihn verschleppt hatte. Sie lief von Behörde zu Behörde, um ein Lebenszeichen von ihm zu bekommen. Manchmal musste sie stundenlang auf eine Auskunft warten. Immer wieder wurde sie vertröstet und es hieß, dass er bald frei kommen werde. Sie war hilflos und wartete niedergedrückt auf einen Brief meines Vaters oder einen Behördenbescheid, der seinen

Verbleib erklärte. Sie konnte nur vermuten, wo er sich befand: Wahrscheinlich hatte man ihn in die »Lubjanka« gebracht. Es war damals allgemein bekannt, dass dort die »Feinde des Kommunismus« verhört wurden. Der Schreckensort diente zugleich als Gefängnis und Richtstätte. Aber mein Vater war doch kein Feind des Kommunismus. Warum hielt man ihn solange fest? Was wurde ihm vorgeworfen? Die Ungewissheit war schrecklich. Meine Mutter wusste nicht, was sie tun sollte.

Der Nervenkrieg dauerte ein paar Wochen. Dann erhielt sie die Nachricht, dass mein Vater durch das Militärkollegium des Obersten Gerichtshofes zu zehn Jahren Schreibverbot und zehn Jahren Arbeitslager verurteilt worden sei. Eine Begründung für dieses Urteil wurde ihr nicht zugestellt. Auch keine Mitteilung, wohin man meinen Vater verbannt hatte. Das so häufige Schicksal, als Angehörige ebenfalls verhaftet und in ein Lager nach Sibirien deportiert zu werden, blieb uns erspart. Aber wir waren jetzt als Angehörige eines »Volksfeindes« abgestempelt. Was sollten wir in Russland ohne meinen Vater machen? Wir standen plötzlich vor einem Nichts. Ich war fünf Jahre alt und meine Zukunft sah düster aus. Was sollte aus mir werden? Schon kurze Zeit nach der Verurteilung meines Vaters wurde angeordnet, dass wir als Deutsche nicht länger in Moskau bleiben durften. Wir mussten unsere Wohnung räumen und wurden nach Jaropolec deportiert, ein kleiner Ort ca. 120 Kilometer westlich von Moskau entfernt.

Zuerst wurden wir in einem längeren einstöckigen Steingebäude einquartiert und bekamen ein großes Zimmer zugeteilt. Die Möbel waren äußerst einfach. Zwei Betten, ein großer Schrank, ein großer Tisch mit vier Stühlen. Die Nachbarn und ihre Kinder, die wir gelegentlich in der Gemeinschaftsküche trafen, ähnlich wie in der Moskauer Etage, waren alle sehr nett zu uns. Mit uns wohnten hier Lehrer und Lehrerinnen sowie Ärzte und Krankenschwestern des Sanatoriums.

Die russischen Nachbarn

Meine Mutter fand zunächst eine Stelle in der Wäscherei, wo sie mit zwei anderen Frauen die Wäsche bügeln und falten musste, eine sehr anstrengende Arbeit, sodass sie abends fix und fertig war. Hier konnte ich sie gelegentlich besuchen, was aber für mich sehr langweilig war. Die Schule, die ich als Erstklässler in Jaropolec besuchte, fand ich viel interessanter. Ich sprach inzwischen perfekt Russisch. Deutsch konnte ich nur sehr mühselig und kümmerlich. Ich konnte zwar meine Mutter verstehen, aber sie unterhielt sich mit mir ausschließlich im rheinischen Dialekt. Nach ein paar Wochen mussten wir erneut in ein anderes Haus umziehen. Es war ein großes, einstöckiges Blockhaus mit einem kleinen vorgebauten Windfang. Man betrat zuerst eine geräumige Gemeinschaftsküche mit einer Fenstertür zu einer Veranda. Rechts und links ging es über je einen kleinen Flur in jeweils zwei Wohnungen. Während die Wände der Gemeinschaftsküche wie die Außenwände aus dicken Rundhölzern bestanden, waren die Wände zwischen den Wohnungen und den Zimmern wie auch die Türen nur aus etwas dickeren, gehobelten Brettern hergestellt. Wir bezogen die kleine Wohnung auf der linken Seite der Gemeinschaftsküche. Es war eher eine Kammer und die Möbel noch spartanischer als im vorigen Quartier: zwei Betten, dazwischen ein Gang mit einem kleinen

Die russischen Nachbarn

Tisch vor dem Fenster und am Fußende der Betten jeweils ein kleiner Spind. Wir besaßen ja nicht viel. Unser gesamtes Hab und Gut befand sich in zwei mittelgroßen Koffern und einer Aktentasche. Direkt neben uns in der Zweieinhalbzimmerwohnung wohnte ein Ehepaar mit drei Kindern. Der Sohn war vier Jahre älter als ich, also zwölf, die Tochter so alt wie ich. Sie ging in meine Klasse, die kleinste Tochter war erst sieben Jahre alt. Die Eltern arbeiteten in der Kolchose. Auf der anderen Seite der Gemeinschaftsküche lebte ein älteres Ehepaar in zwei Zimmern. Sie arbeiteten ebenfalls in der Kolchose. In einem Einzelzimmer wohnte ein Student. Er hieß Boris und absolvierte eine Art Praktikum in der Kolchose. Als der deutsche Angriff auf die Sowjetunion begann, folgte er Stalins »Fackelmänner-Befehl« und organisierte als Partisanenchef in den nahe gelegenen Wäldern eine Widerstandsgruppe, zu der auch ich stoßen sollte.

Bald nach unserem Umzug bekam meine Mutter eine Stelle im Kindersanatorium als Garderobenaufsicht. In diesem ehemaligen Fürstenschloss mit einer Unzahl von Räumen und Sälen und einem wunderschönen Park wurden vornehmlich Stadtkinder aus den verschiedenen Regionen Russlands in einer Art Genesungsferien gesundheitlich wieder aufgebaut. Kinder zwischen neun und fünfzehn Jahren, Mädchen und Jungen. Offenbar handelte es sich um die Sprösslinge höherer Funktionäre, denn sie wurden ungewöhnlich gut untergebracht. Die Versorgung mit Kleidung und Verpflegung war hervorragend, das Lehrpersonal qualifiziert. Gelegentlich und nur ausnahmsweise durfte ich an dem Unterhaltungs- und Spielprogramm teilnehmen, ab und zu auch an den Mahlzeiten. Sogar Filmvorführungen wurden den Kindern geboten, was es in Jaropolec überhaupt nicht gab. In dem Park lernte ich im Winter Skilaufen.

Meine Mutter musste zwar alleine unseren Lebensunterhalt verdienen, aber unser Überleben war gesichert. Die einfachen russischen Menschen besaßen auch nicht mehr als wir. Alt und Jung lebte in einfachen Hütten unter einem Dach zusammen. Manchmal gehörte auch eine Kuh oder eine Ziege dazu. Mittelpunkt der Unterkünfte war der riesige Steinofen. Auf ihm wurde gekocht, gebacken und heißes Wasser aufbereitet. Außerdem diente der Ofen im Winter als Schlaf- und Ruhestätte: Hier wurde geliebt, geboren und gestorben. Ich kann mich erinnern, dass es in den Hütten immer nach Sonnenblumenöl, Sauerkraut und Samahonka, dem typischen russischen Schnaps der Bauern roch. Dieser wurde von den Frauen gebrannt. Die Männer waren es gewohnt, in den Morgenstunden vor dem Gang zur Arbeit gleich einen zur Stärkung zu nehmen. Im Sommer kochten die Frauen meistens draußen. Das Wasser wurde mit Eimern aus tiefen Brunnen geschöpft, die auch im Winter selten zufroren. Auch Gott spielte eine wichtige Rolle im einfachen Leben der Menschen. In fast jeder Stube gab es einen kleinen Altar. Dort hingen die schönsten Heiligenbilder und kostbare Ikonen. Ich sah, dass die Menschen nicht nur gottesfürchtig waren, sondern ebenso die Erinnerung an ihre Vorfahren hochhielten. Trotz der Armut war Hilfsbereitschaft kein Fremdwort. Es herrschte das Prinzip: Alle sind gleich und niemand wird bevorzugt. Jeder hatte eine Bleibe, auch wenn sie noch so einfach war, eine Arbeit und warme Kleidung für den Winter. Und niemand musste hungern. Brot und Milch, Reis und Kartoffeln waren ausreichend vorhanden. Der Kontakt zu unseren russischen Nachbarn war gut. Sie hatten keine Ressentiments gegen uns und betrachteten uns nicht als Feinde. Nur: Wir waren von der übrigen Welt abgeschnitten. Keine Nachrichten, kein Telefonat, kein Lebenszeichen von meinem Vater. Meine Mutter hoffte immer noch, dass das Urteil gegen ihn revidiert und er früher frei kommen würde. Sie hätte ihn niemals im Stich gelassen und dachte keine Sekunde daran, mit mir nach Bonn zurückzukehren. In der Schule wurde ich zum jungen Sowjetmenschen erzogen. Ich lernte die Geschichte der Sowjetunion und die Biografien Lenins und Stalins kennen. Ich wurde zu Disziplin und Solidarität erzogen. Und ich lernte stolz zu sein auf die Leistungen der Sowjetunion als erstes Land des Sozialismus. Man impfte mir ein, dass in den kapitalistischen Ländern die Arbeiter ausgebeutet und unterdrückt wurden. Da meine Mutter den ganzen Tag arbeitete, war ich nachmittags nach der Schule mir selbst überlassen. Aber wirklich allein war ich nicht. Ich hatte ja meine russischen Freunde. Gegenüber dem Sanatorium befand sich eine Kirche mit einem großen angrenzenden Garten, der uns als Abenteuerspielplatz diente. Wir machten uns einen Spaß daraus, auf die Bäume zu klettern und Krähennester auszuheben. Oder wir bastelten im Kirchengarten Karbid-Bomben. Dann gab es in der Nähe des Ortes auch ein kleines Flüsschen, auf dem wir mit einem Baumstamm fuhren, ein nicht ungefährliches Spiel, da ich nicht schwimmen konnte. In der Nähe befand sich auch die Kolchose mit Reitställen. Dort wurden im Frühjahr die Pferde kastriert. Dieses »Schauspiel« hat uns

Kinder besonders beeindruckt. Über Sexualität war ich bis dahin nicht aufgeklärt worden. Einige meiner Klassenkameraden kannten zwar diverse handfeste Vokabeln, aber mehr wussten sie auch nicht. Eines Tages bekam ich allerdings eine Einladung zu einem ungewöhnlichen Anschauungsunterricht. Ein älterer Junge, der in unserem Haus wohnte, bot mir an, ich könne ihm bei der Liebe zugucken. Unter meinem Bett sei ein Astloch, sagte er, durch das ich ihn im Nebenraum beobachten könne.

Die »Lehrstunde« inspirierte mich dermaßen, dass ich der Versuchung nicht widerstehen konnte und es dem älteren Jungen gleichtun wollte. Er hatte eine hübsche, aufgeweckte Schwester, die auch nicht abgeneigt schien. Als es aber ernst wurde, lief sie nach Hause und schwärzte mich bei ihrem Vater an. Da dieser als brutaler Kerl verschrien war, versteckte ich mich zitternd vor Angst in einer Scheune. Glücklicherweise verfolgte er jedoch mein kläglich gescheitertes Liebesabenteuer nicht weiter.

Der deutsche Angriff

Wenn Barbarossa beginnt«, hatte Hitler gesagt, »wird die Welt den Atem anhalten.« Er sollte mit dieser Ankündigung Recht behalten. Die ganze Welt war bestürzt, als im Morgengrauen des 21. Juni 1941 deutsche Wehrmachtsverbände unter dem Decknamen »Barbarossa« auf breiter Front zwischen der Ostsee und den Karpaten ohne Kriegserklärung die Sowjetunion angriffen. 153 Divisionen, 600 000 motorisierte Fahrzeuge, 3580 Panzer, 2110 Flugzeuge und insgesamt 3 050 000 Soldaten waren an dem Überfall beteiligt. Schon kurz vor Mitternacht flogen deutsche Bombergeschwader los. Sie waren mit Spezialmotoren ausgerüstet, um so hoch fliegen zu können, dass sie für die Sowjets nicht bemerkbar waren. Die Bevölkerung der Sowjetunion, darunter auch meine Mutter und ich, wurden von dem Überfall völlig überrascht. Wir schliefen in jener Nacht arglos in unserer Kammer und die russischen Soldaten in ihren Kasernen. In Jaropolec herrschte eine friedliche Stille. Hier gab es nur Wiesen, Wälder, Weiden und schäbige Bauernhütten. Wir waren weit entfernt von der 1800 Kilometer langen Front und wussten nicht, dass dort die größte Streitmacht der Geschichte auf Hitlers Angriffsbefehl wartete. In der Nacht war nur das Rauschen des Windes zu hören. Doch die Kriegsuhr lief. Um 3.15 Uhr hieß es: Feuer frei! Die deutsche Artillerie begann ihr Trommelfeuer, Panzerverbände überrollten die an der Front stationierten sowjetischen Truppen, stießen weit ins russische Hinterland vor und Bomber begannen ihre tödliche Last über Schitomir, Kaunas, Kiew und Sewastopol abzuwerfen. Der Himmel über Russland färbte sich rot.

Die deutsche Bevölkerung wurde am Morgen des 22. Juni 1941, um 5.30 Uhr mit einer Sondermeldung aus dem Schlaf gerissen. Joseph Goebbels verlas eine Erklärung Hitlers: »Ich habe mich entschlossen, das Schicksal des Deutschen Reiches und unseres Volkes wieder in die Hände unserer Soldaten zu legen.« Der Angriff gegen die Sowjetunion, so hieß es, sei notwendig gewesen, da Stalin einen Angriff auf Deutschland vorbereitet hätte. In Jaropolec traf die Nachricht vom Kriegsbeginn erst Stunden später ein. Im Laufe des Vormittags erfuhren wir, dass Molotow um 12.15 Uhr im Radio eine ganz wichtige Rede halten würde. Gespannt warteten wir mit anderen Familien vor einem Empfangsgerät auf die Übertragung.

Dann ertönte Molotows Stimme. Sie klang ernst, fast ängstlich: »Bürger und Bürgerinnen der Sowjetunion. Heute um vier Uhr früh überfielen deutsche Truppen ohne Kriegserklärung unser Land. Dieser unerhörte Überfall stellt einen in der Geschichte der zivilisierten Völker beispiellosen Treuebruch dar. Dieser Krieg ist uns nicht aufgezwungen worden vom deutschen Volk, von deutschen Arbeitern und Bauern, von der deutschen Intelligenz, deren Leiden wir wohl verstehen, sondern von einer Clique blutrünstiger faschistischer Herrscher, die Franzosen, Tschechen, Polen, Serben, Norweger, Dänen, Griechen und andere Völker unterjocht haben.« Dann erinnerte Molotow an die Niederlage Napoleons im

Jahr 1812: »Es ist nicht das erste Mal, dass es unser Volk mit einem überheblichen feindlichen Angreifer zu tun hat. Seinerzeit hat unser Volk auch den Feldzug Napoleons gegen Russland mit einem Vaterländischen Krieg beantwortet. Napoleon erlitt eine Niederlage, die zu einem völligen Zusammenbruch führte. Dasselbe wird auch mit dem überheblichen Hitler geschehen, der einen neuen Feldzug gegen unser Land begonnen hat. Die Rote Armee und unser ganzes Volk führen erneut einen siegreichen Vaterländischen Krieg für die Heimat, für die Ehre und die Freiheit.« Am Ende seiner Rede rief Molotow das russische Volk zu den Waffen: »Die Regierung ruft euch, Bürger und Bürgerinnen der Sowjetunion, dazu auf, die Reihen noch enger zu schließen um unsere ruhmreiche bolschewistische Partei, unsere Sowjetregierung und unseren Führer, den Genossen Stalin. Unsere Sache ist gerecht, der Feind wird geschlagen. Der Sieg wird unser sein.«

Nach dieser Mitteilung herrschte ungläubiges Schweigen. Wir hatten wie die meisten Russen dem Nichtangriffspakt vertraut, den Hitler und Stalin am 23. August 1939 geschlossen hatten. Heute weiß man: Hitler hat den »Blitzkrieg« gegen die Sowjetunion von langer Hand vorbereitet. Entsprechend der geheimen Führerweisung Nr. 21, genannt »Barbarossa«, waren die strategischen Grundzüge des geplanten Feldzuges gegen Russland bereits am 18. Dezember 1940 festgelegt worden. Aus dem Fall »Fritz«, wie ihn der Wehrmachtsführungsstab zunächst bezeichnet hatte, machte der Diktator den Fall »Barbarossa« – in Anspielung auf den deutschen Kaiser Friedrich I., der im 12. Jahrhundert einen

Kreuzzug gegen die vermeintliche Ungläubigen angeführt hatte. Hitler wollte nicht mit Feuer und Schwert bekehren, sondern mit Kanonen und Panzern ein rassistisches Kolonialreich westlich des Urals schaffen. Der 1. Mai 1941 war in Moskau wie auch in Jaropolec noch im Zeichen der deutsch-sowjetischen Freundschaft gefeiert worden. Wir konnten damals nicht wissen, dass die letzten Tage der Freundschaft angelaufen und die deutschen Soldaten zu diesem Zeitpunkt in ihren Panzern bereits unterwegs waren oder auf den sandigen Wegen Ostpolens zu ihren Aufmarschstellungen marschierten. Als Marschverpflegung hatten sie dreißig Zigaretten und für vier Mann eine Flasche Schnaps erhalten.

Heute ist erwiesen: Der deutsche Truppenaufmarsch konnte nicht vollkommen geheim gehalten werden. Die Nachrichtendienste waren auf dem Laufenden. Und auch Moskau war durch zahlreiche Agentenberichte über einen unmittelbar bevorstehenden Konflikt gewarnt worden. Aber noch acht Tage vor Kriegsbeginn hatte der sowjetische Außenminister Wjatscheslaw Michailowitsch Molotow die Bevölkerung beruhigt. Über die Presseagentur »Tass« ließ er verbreiten: »Die verantwortlichen russischen Stellen halten es für notwendig zu erklären, dass alle Gerüchte über Truppenkonzentrationen und aggressive Absichten von Seiten Deutschlands nur ungeschickte Manöver von Kreisen sind, die ein Interesse an der Ausbreitung und Verlängerung des Krieges haben.« Molotow war es gewesen, der die Vereinbarung mit Hitler paraphiert hatte. Er betonte, dass Gerüchte über die Absichten Deutschlands, den Pakt zu brechen und einen Angriff gegen die UdSSR zu führen, jeder Grundlage entbehrten. Die russische

Regierung werde sich auch weiterhin strikt an den Pakt halten.

Dass jetzt plötzlich Krieg herrschte, konnte zunächst keiner fassen. Überall in Jaropolec standen die Menschen auf den Straßen, mit Ratlosigkeit und Furcht in den Gesichtern, und diskutierten die Lage. Noch am gleichen Tag wurde die Rote Armee mobilisiert. Zwar fielen noch keine Bomben auf Jaropolec. Aber wir fragten uns besorgt, wie lange wir noch in Sicherheit waren. Was würde aus uns werden? Wo sollten wir hin? Meine Mutter meinte, die Deutschen würden der Zivilbevölkerung nichts tun. Ich fühlte mich hin- und hergerissen. Ich war zwar in Deutschland geboren, aber ich hatte keine Erinnerungen an meine Heimat. Ich kannte mein Geburtsland vornehmlich aus den Erzählungen meiner Mutter. Russland war mir viel vertrauter. Hier hatte ich die Schule besucht und die wichtigsten Jahre meiner Kindheit verbracht.

Ich war das Kind eines Kommunisten. Ich sprach russisch und war von der sowjetischen Ideologie infiziert. Die Sowjetunion war für mich zum Vaterland geworden. Meine besten Freunde waren Russen. Ich fühlte mich mit ihnen verbunden und konnte in diesem Augenblick ihren Hass auf die »faschistischen Eindringlinge« verstehen. Auch ich verspürte Wut gegen die Deutschen, die jetzt sowjetische Städte bombardierten. Die wenigen Nachrichten, die während der ersten Kriegstage nach Jaropolec durchsickerten, verdeutlichten den Ernst der Lage. Wir erfuhren, dass die Menschen in Moskau die Lebensmittelgeschäfte leer kauften. Alle Häuser wurden verdunkelt, Keller, Luftschutzräume und die unterirdi-

Zweiter Teil

schen Stationen des U-Bahnnetzes mit Feldbetten und Matratzen auf längere Aufenthalte eingerichtet. Die wichtigsten Moskauer Bauten erhielten einen Tarnanstrich, um die deutschen Flugzeuge in die Irre zu führen. Der Kreml wurde in ein Mietshaus verwandelt und das Bolschoitheater in ein Gewirr von engen Gassen. Aber wo war Stalin? Zwölf Tage lang hörten wir kein Wort von ihm. Es wurde erzählt, er habe nichts vorausgesehen und alle Warnungen in den Wind geschlagen. Heute ist der genaue Ablauf der Ereignisse im Kreml bekannt. Der Kommandeur der Schwarzmeerflotte hatte um 3.15 Uhr in Moskau angerufen und gemeldet: »Deutsche Flugzeuge greifen den Kriegshafen von Sewastopol an.« Verteidigungskommissar Timoschenko und Parteisekretär Malenkow wollten dies zunächst nicht glauben. Erst als weitere Meldungen eintrafen, wurde Stalin informiert. Er befand sich in seiner Villa außerhalb von Moskau. Der wachhabende Offizier klingelte den Staatschef aus dem Schlaf: »Ich rufe auf Befehl des Verteidigungskommissars an. Die Deutschen bombardieren russische Städte.«

Stalin schwieg.

»Haben Sie verstanden?«, fragte der Offizier. Erneutes langes Schweigen. Dann erst reagierte Stalin: »Lassen Sie das Politbüro einberufen.«

Um 4.30 Uhr traf das Politbüro zusammen und Timoschenko fasste die Lage zusammen. Stalin wollte die Nachricht von der Invasion noch immer nicht glauben und fragte, ob es sich nicht um eine Fehlinformation handelte.

»Nein«, sagte Timoschenko. »Alle Zweifel sind ausgeschlossen.«

Der deutsche Angriff

Nachdem Stalin den Befehl gegeben hatte, die Deutschen zu stoppen, zog er sich zurück und tauchte tagelang unter. Was während dieser Tage in ihm vorging, blieb im Dunkeln. Die Gerüchteküche brodelte damals. Mal wurde gemutmaßt, er sei erschossen worden, dann hieß es, er sei in die Türkei oder nach China geflüchtet. Erst am 3. Juli brach der sowjetische Staatschef sein geheimnisvolles Schweigen und wandte sich in einer Rundfunkansprache an die Bevölkerung des Landes. Um 6.30 Uhr unterbrach Radio Moskau seine Frühnachrichten und plötzlich erklang Stalins Stimme aus den Lautsprechern: »Brüder und Schwestern! Durch den uns aufgezwungenen Krieg ist unser Land in einen Kampf auf Leben und Tod mit dem deutschen Faschismus eingetreten (...) Es ist für den Sowjetstaat und für die Völker der Sowjetunion eine Frage auf Leben und Tod, ob die Völker der Sowjetunion frei oder versklavt sein werden. Alles muss den Interessen der Front und der Niederzwingung des Feindes untergeordnet werden.« Dann rief Stalin zum Partisanenkrieg gegen Hitlers Soldaten auf: »Die Rote Armee und Marine, alle Bürger der Sowjetunion müssen jeden Fußbreit des sowjetischen Bodens verteidigen (...) Im Falle eines Rückzuges muss das gesamte Rollmaterial mitgeführt werden (...) Alles von Wert muss unbedingt vernichtet werden, wenn es nicht mitgenommen werden kann (...) In dem vom Feind besetzten Gebiet müssen Partisaneneinheiten zu Fuß und zu Pferd aufgestellt werden. Darüber hinaus müssen Banden von Saboteuren organisiert werden, um feindliche Abteilungen zu bekämpfen (...) um Brücken und Straßen zu sprengen, um Fernseh- und Telegrafenverbindungen zu unterbrechen und um Lager und Depots in Brand zu setzen.« Durch eine Strategie der »Verbrannten Erde«, so forderte Stalin weiter, sollten in den überfallenen Gebieten für den Feind »unerträgliche Verhältnisse« geschaffen werden: Kein einziger Waggon, keine einzige Lokomotive, kein Kilo Getreide und kein Liter Brennstoff sollten in die Hand der Deutschen fallen. Zu Fuß und zu Pferd sollten Partisanen einen Zermürbungskrieg führen, Brücken und Straßen sprengen, Lager, Häuser und Wälder in Brand setzen.

Bis Ende des Monats eroberten die deutschen Verbände die Städte Riga, Minsk und Dünaburg und nahmen nahezu 600 000 russische Soldaten gefangen. Auch in Jaropolec wurden Luftschutz- und Evakuierungsvorkehrungen getroffen. Es gab Hamsterkäufe und die wildesten Gerüchte gingen um. Hitlers Soldateska überkrieche wie ein »Heuschreckenschwarm« das Land und bewege sich unaufhaltsam auf Moskau zu, hieß es. Nichts schien die Eindringlinge stoppen zu können. Weiter wurde uns berichtet, dass der Wehrmacht Einsatztruppen der Sicherheitspolizei und des Sicherheitsdienstes folgten, die planmäßig ganze Dörfer plünderten und verwüsteten, deren wichtigste Aufgabe aber die systematische Ermordung aller Juden sei.

Am 21. Juli sah ich zum ersten Mal deutsche Bomber. Die unheilverkündenden schwarzen Vögel mit ihrer gefährlichen, alles zerstörenden Last flogen in Richtung Moskau. In den folgenden Nächten kamen sie wieder und auch in Jaropolec gingen die Lichter aus. Laut späteren Berichten konnten die deutschen Piloten, die während des Angriffs auf Moskau zuflogen, das Flammenmeer in der russischen Hauptstadt auf einer Distanz von über 140 Kilometer sehen. Die Fliegerabwehr sei sehr heftig gewesen, und inmitten der bereits brennenden Häuser habe man unaufhörlich die Mündungsfeuer der Abwehrgeschütze beobachten können. Goebbels verkündete: »Der Kreml ist ein rauchender Trümmerhaufen.« In Wirklichkeit hatte nur eine Bombe in der Nähe des Kreml einen Krater in den Boden gerissen. Aber: Nachdem nun der Krieg ausgebrochen war, schlug die Sympathie, die man uns Deutschen bisher entgegengebracht hatte, in eine explosive Stimmung um. Für die sowjetische Presse waren wir plötzlich »Spione«, »Mietlinge des Faschismus« und »Verräter der Heimat«. Die Hetzkampagne wirkte auch in Jaropolec. Meine Mutter musste bald darauf auf Anordnung des Direktoriums ihre Stelle im Sanatorium aufgeben. Man versetzte sie in den Kindergarten, wo sie die niedrigsten Arbeiten ausführen musste, Reinemachen und Wäsche waschen. Einige Frauen protestierten gegen ihre Anstellung, weil sie eine Deutsche war. Man beschimpfte sie als »Spionin« und befürchtete, sie könne irgendwelche Sabotageakte ausführen. Aber die Leiterin des Kinderheimes hielt zu meiner Mutter und verfügte, dass sie bleiben durfte. Und mir wurde weiterhin erlaubt, sie während ihrer Dienstzeit zu besuchen.

Verhaftung der Mutter

Es war an einem wunderschönen Vormittag im Juli: Ich spielte mit ein paar Freunden in der Nähe unseres Gemeinschaftshauses, als plötzlich eine Nachbarin auf die Straße gelaufen kam und nach mir rief.

Ich ging zu ihr: »Was ist denn los?«

»Deine Mutter wird von der Polizei abgeholt.«

Bestürzt rannte ich zum Gemeinschaftshaus. Meine Mutter stand mit einem Polizisten in dem kleinen Flur vor unserem primitiven Zimmer. Die Tür war geöffnet und ich sah zwei weitere Beamte in Zivil, offenbar NKWD-Leute, die gründlich den Raum durchsuchten. Sie inspizierten in aller Ruhe unsere wenigen Sachen, legten sie dann aber wieder ordentlich an ihren Platz zurück.

»Mama, was hat das zu bedeuten?«, fragte ich.

Meine Mutter blickte mich ruhig mit ihren hellen Augen an: »Wolodja, ich muss zum Verhör nach Wolokolamsk.« Ihre Stimme klang fast so normal wie immer. Aber zum ersten Mal hatte sie mich mit »Wolodja« angesprochen. Das war ungewöhnlich und beunruhigte mich. Normalerweise nannte sie mich ja »Waldi«.

»Alle Deutschen werden verhört«, fuhr sie fort.

»Warum?«

»Man verdächtigt uns der Spionage und Sabotage.«

Verhaftung der Mutter

»Das verstehe ich nicht.«

»Wenn du groß bist, wirst du die Hintergründe begreifen.«

»Aber ich bin schon groß«, sagte ich.

»Du bist erst neun«, widersprach meine Mutter. »Aber mach dir keine Sorgen. Ich habe nichts Unrechtes getan. Es wird nicht lange dauern, bis meine Unschuld bewiesen ist.«

Der Polizist neben ihr nickte mir freundlich zu: »In ein paar Stunden ist die Angelegenheit geklärt und dann kommt deine Mutter zurück.«

Ich hatte fast den Eindruck, dass ihm die ganze Aktion Leid tat.

»Junge, schließ das Zimmer ab, wenn wir gehen«, sagte er ruhig. Offenbar wollte er so eine Abschiedsszene zwischen mir und meiner Mutter vermeiden, vor allen Dingen, dass ich zuschaute, wie sie abgeführt wurde, in das Auto stieg und davonfuhr.

Auch meine Mutter wollte nicht, dass ich sie nach draußen begleitete. »Auf Wiedersehen, Wolodja«, sagte sie knapp und presste mich kurz an sich. Dann verließ sie mit den Beamten den Flur, ohne sich umzuschauen.

Ich schloss das Zimmer ab. Anschließend rannte ich auf die Straße. Aber ich sah nur noch, wie der letzte Polizist in das Auto stieg. Es stand etwas versteckt um die Ecke in der Nebenstraße, dem Abkürzungsweg zur Hauptstraße nach Wolokolamsk. Meine Mutter sah ich nicht mehr. Nur das Auto, wie es zügig davonfuhr.

Ich rannte hinter dem Auto und rief: »Mama, Mama.«

Der Wagen verschwand in einer Staubwolke. Ich blieb wie

erstarrt stehen. Es war zwar ein sonniger Julitag. Aber er schien mir so dunkel wie ein Novembertag.

Die Stunden verstrichen. Doch meine Mutter kam nicht zurück. In der Nacht schlief ich zum ersten Mal allein in unserem schäbigen Zimmer. Auch in den nächsten Tagen erhielt ich keine Nachricht von ihr. Gott sei Dank kümmerten sich die russischen Nachbarn um mich. Sie gaben mir zu essen und rieten mir schliesslich, zur Polizei nach Wolokolamsk zu gehen. Ich brach früh morgens zu Fuss auf. Bis Wolokolamsk waren es 20 Kilometer. So eine weite Strecke war ich noch nie gelaufen. Aber eine Fahrgelegenheit gab es nicht. Der Weg kam mir unglaublich lang vor und es war bereits später Nachmittag, als ich die Silhouette des berühmten Klosters von Wolokolamsk erblickte. In der tiefstehenden Sonne glänzten die drei Kuppeln wie mit goldener Patina überzogen. Aus dem Schulunterricht wusste ich, dass Pater Josef Wolozky das Männerkloster im 15. Jahrhundert nach einer Vision gegründet hatte. Die Bevölkerung erzählte sich, er habe Glockengeläut gehört und sei ihrem Ruf bis zu diesem Ort gefolgt, der damals noch wilde Taiga war. Als er ankam, verstummte die Glocke. Pater Josef deutete dies als Zeichen Gottes, hier ein Männerkloster zu bauen. Er weihte die Abtei den Aposteln Petrus und Paulus. 1922 wurde das Kloster von den Kommunisten geschlossen, die Mönche vertrieben. Jetzt war in dem Stift ein Kinderheim untergebracht. Aber die alten Wandgemälde in der Kirche erinnerten weiterhin daran, dass dieser Ort für die Menschen, die hier lebten, ein religiöses Zentrum war. Ich sah, dass das Kloster unbeschädigt war. Also waren hier noch keine Bomben gefallen. Auch die Häuser in Wolokolamsk waren heil, aber die Fenster verdunkelt. Luftschutz, dachte ich und blieb einen Augenblick unschlüssig stehen. Dann fragte ich eine Frau, wo sich die Polizeistation befand.

»Was?«, fragte sie verblüfft.

»Zur Polizeiwache.«

Sie machte eine Bewegung: »Da – dort drüben – um die Ecke.«

Ich ging in die angegebene Richtung. Dann sah ich auch schon die Polizeistation: Sie befand sich in einem mehrstöckigen Gebäude, dem riesigen Gefängnis von Wolokolamsk, von außen erkennbar durch die vergitterten Fenster. Ich betrat die Wache mit klopfendem Herzen. In dem größeren Raum hielten sich drei uniformierte Polizisten auf. Die Luft roch muffig.

»Was willst du?«, fragte einer der Beamten. Er hatte ein hageres Gesicht und musterte mich mit hochgewölbten Augenbrauen.

»Ich suche meine Mutter«, antwortete ich.

»Deine Mutter?«

»Ja, sie ist verhaftet worden.« Meine Worte verloren sich zu einem Flüstern. »Aber sie ist unschuldig. Man hat sie bestimmt denunziert.«

Der Beamte musterte mich misstrauisch. »Wer soll denn deine Mutter denunziert haben?«

»Das weiß ich nicht.«

»Wie heißt du?«

»Wolodja Tilemann.«

»Und wo kommst du her?

»Aus Jaropolec.«

»Und wie bist du nach Wolokolamsk gekommen?«
»Zu Fuß.«
»Allein?«
Ich nickte.
Der Beamte blickte mich mit einer Mischung aus Erstaunen und Mitleid an. »Setz dich hierhin«, sagte er und deutete auf einen Stuhl. »Am besten erzählst du mir der Reihe nach, was passiert ist.«
Ich nahm Platz und dann berichtete ich ihm, wie meine Mutter verhaftet worden war. Der Beamte hörte mir aufmerksam zu und machte sich einige Notizen.
»Haben Sie denn meine Mutter nicht gesehen?«, fragte ich schließlich.
Er schüttelte den Kopf.
»Sie müssen doch wissen, wo sie ist.«
»Wieso sollte ich das wissen?«
Ich fühlte mich sehr hilflos: »Können Sie es denn nicht herausfinden?«
Der Beamte zögerte einen Augenblick. Dann griff er zum Telefon und erkundigte sich offenbar bei einem Vorgesetzten, wo meine Mutter sei und was er mit mir anfangen solle.
Endlich legte er den Hörer auf: »Deine Mutter wird noch verhört.«
»Kann ich sie nicht wenigstens sehen?«, bat ich.
Er schüttelte den Kopf: »Sie ist in Moskau.«
»Wann kommt sie denn zurück?«
»In ein paar Tagen.«
Der Beamte nickte mir freundlich zu: »Du kannst auf der Polizeistation übernachten. Morgen wirst du in ein Kinder-

heim gebracht. Dort wird deine Mutter dich in ein paar Tagen abholen.«

Abends wurden die drei Polizisten von einem anderen Beamten abgelöst, der die Wache für die Nacht übernahm. Er brachte mir etwas zu essen, offenbar die Gefängnisration, bestehend aus drei Scheiben Brot und einem Becher heißem Tee. Außerdem bekam ich zwei Wolldecken. Nachdem ich meinen Heißhunger gestillt hatte, machte ich es mir auf der Besucherbank bequem. Ich war müde und schlief sofort ein, obwohl das Licht eingeschaltet blieb und der Polizist auf seiner Schreibmaschine tippte.

Am nächsten Morgen wurde ich durch laute Männerstimmen aus tiefem Schlaf geweckt. Es waren mehrere Gefangene, die durch den Raum ihre Urin- und Kotbottiche schleppten, um sie im Hof zu entleeren und bei der Gelegenheit auch ihre Notdurft zu verrichten. Inzwischen war der für die Nacht wachhabende Beamte wieder durch die drei Polizisten vom Vortag abgelöst worden. Sie kommandierten die Gefangenen in einem relativ freundlichen Ton. Ich bekam das Gefängnisfrühstück und gab die Decken zurück. Kurz darauf kamen zwei Polizisten in Zivil und fuhren mit mir in einem Auto Richtung Jaropolec. Sie erklärten mir, dass es noch dauern könnte, bis meine Mutter aus Moskau zurückkäme. Ich solle für alle Fälle die wichtigsten Papiere aus unserem Zimmer holen, denn es könnte ja eingebrochen werden, anschließend würden sie mich in ein Kinderheim bringen. Die Strecke von Wolokolamsk nach Jaropolec, die mir so lang vorgekommen war, legten wir in einem Bruchteil der Zeit zurück, die ich benötigt hatte. Unser Zimmer war tatsächlich noch verschlossen. Die Polizisten forderten mich freundlich auf, die Dinge einzusammeln, die sie für wichtig hielten: unsere Ausweise, Fotos und das wenige Geld, das meine Mutter gespart hatte. Ich packte alles in eine größere Aktentasche. Meine Bekleidungsstücke schnürte ich zu einem Bündel zusammen. Ich nahm nur die unentbehrlichsten Sachen mit, denn es war Hochsommer und sehr heiß. Dann fuhren wir in Richtung Wolokolamsk zurück. Ich prägte mir die Strecke mit dem Hintergedanken ein, dass mir dieses Wissen später eventuell einmal nützlich sein könnte. Denn ich verspürte ein ungutes Gefühl: es war der beunruhigende Gedanke an das Kinderheim und was mich dort erwartete. Die Fahrt dorthin dauerte um einiges länger, als wir von Wolokolamsk bis Jaropolec gebraucht hatten. Das Heim lag außerhalb einer Ortschaft und schien früher ein Kloster gewesen zu sein: Mehrere zweistöckige Gebäude sowie eine große Kirche, deren Fenster und Türen mit Brettern vernagelt waren, wurden von einer mächtigen Mauer mit einem zweiflügeligen Tor umgeben. In einem der Gebäude war die Verwaltung mit dem Lehrerzimmer, wo wir empfangen wurden. Nach der Einführung wurde mir klar, dass es sich um ein Waisenheim für russische Kinder handelte, überwiegend zwischen neun und sechzehn Jahren, den Kindern verurteilter Krimineller.

Angst im Kinderheim

Ich wurde in einem Schlafsaal mit zehn bis zwölf Zöglingen einquartiert. Sie starrten mich neugierig an, als ich mit einem der Erzieher den Raum betrat. Er stellte mich ihnen als »Neuer« aus Deutschland vor. Dann teilte er mir einen Spind und ein Eisenbett zu. Ich verstaute in dem Schrank meine wenigen Bekleidungsstücke und die Aktentasche mit den Familienfotos. Kaum war der Erzieher gegangen, wurde ich von der Gruppe umringt. Ein Junge, offenbar ihr Anführer, größer und kräftiger als ich, stieß mich mit dem Ellenbogen an.

»Faschist!«, sagte er. Das Wort klatschte an mein Ohr wie ein Peitschenhieb. Es war plötzlich sehr still in dem Raum.

»Ich bin kein Faschist«, sagte ich. »Mein Vater ist Kommunist.«

»Auch noch verlogen«, sagte der Junge und ein gefährliches Grinsen huschte über sein Gesicht.

»Ich lüge nicht«, sagte ich. »Mein Vater und meine Mutter haben niemals etwas gegen die Sowjetunion getan.«

»Du lügst!«, schrie der Junge. »Willst du bestreiten, dass die Deutschen unsere Heimat überfallen haben?«

Ich schwieg.

Der Junge starrte mich hasserfüllt an: »Deutsche hängen russische Männer auf und schänden die russischen Frauen. Mit solchen Verbrechern kann man nicht zusammenleben.« Dann

Zweiter Teil

stieß er mich vor sich her zu meinem Spind. »Mach auf!«, befahl er.

Ich öffnete die Schranktür.

»Was hast du da in der Aktentasche?«

»Nur ein paar Fotos.«

Der Junge stieß mich zur Seite und riss die Tasche heraus. Ich spürte, wie meine Knie zu zittern begannen. Er zog das Foto meiner Eltern heraus und hielt es triumphierend den anderen Jugendlichen entgegen: »So sehen Verbrecher aus, die unser Land aufteilen wollen.«

Ich versuchte, ihm das Foto zu entreißen. Er stieß mich zurück. Ich taumelte gegen einen anderen Jungen. Wieder erhielt ich einen Stoß und flog gegen eine Brust. Die Gruppe um mich herum begann eine Art Ringelreihen zu tanzen. Ich wurde hin und her gestoßen und schaffte es nicht, die Kette zu durchbrechen. Sie schrien und schlugen auf mich ein.

»Nazijunge, Nazijunge, Nazijunge!«

Ich sah, wie ihr Anführer das Foto meiner Eltern zerriss und die Schnipsel in die Luft warf, und versuchte diese aufzufangen. Aber ich wurde festgehalten. Ein heftiger Tritt traf mich und dann ein Schlag am Ohr. Ich sah die Schnipsel wie in einem roten Nebel niederfallen. Ich stürzte zu Boden und meine Hände tasteten nach den Überresten des Fotos. Ein Fuß trat auf meine Hand. Ich fühlte einen starken Schmerz und ließ die Schnipsel wieder los. Spät in der Nacht lag ich zitternd auf meinem Bett. Außer den Schlägen bedrückte mich das Gefühl der Unfähigkeit, das Ganze zu verstehen. Warum hassten mich die anderen so? Ich hatte die gleiche Hautfarbe wie sie, ich atmete die gleiche Luft wie sie, ich lebte auf dem gleichen Planeten wie sie und sprach die gleiche Sprache. In der Schule hatte man mir beigebracht, wie ein junger Sowjetmensch zu denken und zu fühlen. Wo war bloß der Unterschied? Im Dunkel des Raumes dachte ich an meine Eltern. Sie waren die Einzigen, die mir auf meine Fragen eine Antwort hätten geben können. Wo waren sie? Lebten sie überhaupt noch? Ich wusste es nicht. Ich spürte um mich nur die undeutliche Gegenwart der anderen Zöglinge und hörte ihren Atem in der Nacht. Es machte mir Angst. Aber irgendwann wurden meine Lider schwer. Unerbittlich drückte ihr Gewicht auf meine Augen und etwas zog mich fort, immer tiefer in ein schwindelerregendes, schwarzes Loch.

Erziehung zum Bolschewiken

Am nächsten Morgen wurde ich durch den Ton einer Trillerpfeife geweckt. Ich sprang verstört aus dem Bett. Die Jungens um mich herum legten die Decken akkurat zusammen und rannten mit freiem Oberkörper in den Waschraum. Es war fast wie beim Militär. Von diesem Tag an war ich vor ihren versteckten Schlägen und Schikanen nicht mehr sicher. Einmal sperrten sie mich in der Kirche ein. Sie prügelten mich so, dass ich keine sichtbaren Blessuren davontrug, keine Schwellungen und blaue Flecken. Die Erzieher in dem Waisenheim merkten jedenfalls nichts. Ich wagte nicht, mich ihnen anzuvertrauen. Denn ich hatte Angst vor der Rache der Gruppe. Hätte ich sie angezeigt, wäre alles noch viel schlimmer geworden, der Hass und die Hiebe. Davon war ich jedenfalls überzeugt. Morgens war Schule. Wir wurden als Bolschewiken erzogen und mussten Väterchen Stalin anbeten. Die Lehrer behandelten mich absolut korrekt. Ich wurde von ihnen weder geprügelt noch schikaniert. Aber ganz so einfach war der Unterricht nun doch nicht. Täglich machten neue Nachrichten von der Front die Runde. Obwohl die Rote Armee heldenhaft Widerstand leiste, kämen die deutschen Invasoren immer näher, sagte man uns.

Ständig wurde über den »Großen Vaterländischen Krieg« des Sowjetvolkes diskutiert und wir waren der höchst aggressiven antideutschen Propaganda ausgesetzt. Die Deutschen wurden als »Barbaren«, »Schlächter« und »Hitlersche Menschenfresser« dargestellt, die den Krieg mit ungeheurer Grausamkeit führen. Ihr Ziel sei es, das schöne Russland zu vernichten. Patriotismus und die Erziehung zum Hass gegen die deutschen Invasoren gehörten zum täglichen Unterricht. Das russische Volk habe sich wie »ein Mann zur Verteidigung seiner Heimat erhoben«, sagte man uns. Und der russische Soldat sei »im Kampf um seine gerechte Sache unbesiegbar«. In Schaukästen wurden Artikel der Regierungszeitung »Iswestija« und Flugblätter ausgehängt. Dort war zu lesen: »Dieser Krieg gleicht keinem anderen Krieg. Zum ersten Mal stehen unserem Volk keine Menschen gegenüber, sondern bösartige, widerwärtige Kreaturen, auf den Höchststand der Technik gebrachte Wilde, Ungeheuer, die nach Reglement und mit Berufung auf die Wissenschaft wüten.«Die Propagandaschriften machten keinen Unterschied zwischen deutschen Soldaten und deutschen Zivilisten. Alle Deutschen gehörten zur gleichen »Gangsterorganisation«, zur gleichen »Verbrecherbande«, zur gleichen »Horde nomadisierender Piraten« und »hunnischen Soldateska«. Um unseren Hass zu wecken, wurden die angeblichen ungeheuerlichen Grausamkeiten der deutschen Aggressoren mit allen Formen des Schreckens beschrieben: »Die Deutschen foltern unsere Kinder (…) Sie ergreifen russische Mädchen und verschleppen sie in Bordelle (…) Sie hängen Geistliche (…) Sie haben Abzeichen mit dem Motto ›Gott mit uns‹, aber mit solchen Gürteln schlagen sie ihren sterbenden Gefangenen ins Gesicht (…) Mit ihren Füllfedern schreiben sie die Zahl der Mädchen nieder, die sie vergewaltigt haben. Sie benutzen ihre Rasiermesser, um die Nasen, Ohren und Brüste ihrer Opfer abzuschneiden.« Man hämmerte uns ein, dass wir nicht mit den Faschisten auf der gleichen Erde leben könnten. Und man diktierte uns, dass die Rote Armee nicht gegen Menschen kämpfe, sondern gegen »Automaten, die wie Menschen aussehen«. Deutsche seien keine Menschen. Auf Karikaturen wurden sie als zweibeinige Tiere, abscheuliche Geschöpfe, Bestien dargestellt. Sicherlich kam bei den meisten Schülern Hass auf, aber es gab auch diverse Zweifel an der grausamen Berichterstattung. Charakteristisch für die damalige Atmosphäre schien mir, dass die russische Bevölkerung noch bis kurz vor Kriegsbeginn einer prodeutschen Propaganda ausgesetzt war. Sie hatte an den Nichtangriffspakt und das »gute Deutschland« geglaubt. Man hatte ihr das »Dritte Reich« als »zivilisierten Staat« verkauft. Ursprünglich wurden die einmarschierenden deutschen Truppen sogar von der russischen Bevölkerung zum Teil als »Befreier« aus dem »stalinistischen Joch« begrüßt. Als aber die so genannten »Reichskommissare« in den besetzten Gebieten das Kommando übernahmen und damit die rücksichtslose Ausbeutung und Drangsalierung der Bevölkerung begann, schlug die anfängliche Deutschfreundlichkeit in Hass um. Sowjetische Zivilisten wurden als »Zwangsarbeiter« und »Untermenschen« behandelt, die dem »Herrenvolk« zu dienen hatten. Damit verloren die Deutschen jegliche Sympathie. Jetzt hieß es plötzlich, alle Soldaten, die aus meinem Geburtsland kamen, seien »Schlächter«.

Dennoch: Ich konnte es nicht glauben. Ich wusste: Meine Mutter und mein Vater waren keine »wilden Bestien«. Und ich konnte mir auch nicht vorstellen, dass die Verwandten in Bonn, von denen mir meine Mutter oft erzählt hatte, »Räuber« und »Schurken« waren. Aber diese Einsicht änderte nichts daran, dass damals das Wort »Deutscher« für mich der allerschlimmste Fluch war. Mir war klar, dass ich aus dem Waisenhaus wegmusste. Ich hatte inzwischen ausgekundschaftet, dass es in der großen Mauer, die das Anwesen umgab, ein Schlupfloch gab, wo ich raus konnte. Ich musste nur einen günstigen Augenblick abpassen.

Eines Morgens, als die Gruppe mich in der Klasse wie üblich vor Eintreffen des Lehrers in die Mangel nehmen wollte, rannte ich zurück in den Schlafsaal. Ich packte die notwendigsten Sachen zu einem Bündel und kroch dann durch das Loch in der Mauer ins Freie. Ich wollte zurück nach Jaropolec. Es war der einzige Ort, wo ich mich in Sicherheit glaubte und wo ich ein paar russische Familien kannte. Sie hatten mich nach der Verhaftung meiner Mutter gut behandelt. Ich sagte mir, dass ich ihnen vertrauen könnte. Vielleicht hatten sie ja auch Nachrichten von meiner Mutter. Ich spürte eine tiefe Sehnsucht nach ihr. Den Weg nach Jaropolec hatte ich mir bei meiner Überführung in das Kinderheim genau eingeprägt. Jetzt lag die Straße still vor mir. Doch plötzlich ertönten hinter mir Rufe. Es war offenbar die Stimme eines Aufsehers. Ich sprang über einen Zaun neben der Straße und hetzte nach rechts, wo sich ein Wald erstreckte. Mit rasselndem Atem bahnte ich mir einen Weg durch dichtes Gestrüpp. Ich spürte nicht, wie mein Gesicht von Zweigen zerkratzt wurde. Dann hatte ich den Wald erreicht. Ich rannte weiter, so schnell ich konnte. Erst als ich die Stimme nicht mehr hörte, blieb ich keuchend stehen. Rote Blitze zuckten sekundenlang vor meinen Augen. Außer Atem ließ ich mich zu Boden fallen und lauschte. Plötzlich war es still und außer dem Wind, der in den Baumwipfeln rauschte, war nichts zu hören. Hatten die Verfolger aufgegeben? Waren sie umgekehrt? Die Zeit verstrich in quälender Ungewissheit. Ich wagte nicht mein Versteck zu verlassen. Es muss bereits am späten Nachmittag gewesen sein, als ich plötzlich ein Geräusch hörte, das mich frösteln ließ, obwohl die Luft in dem Wald warm und stickig war. Es hörte sich wie ein langgezogenes Heulen an. Plötzlich fielen mir all die Geschichten ein, die davon erzählten, dass in den russischen Wäldern Wölfe lauerten. Jedenfalls war die Angst vor den Wölfen größer als vor meinen Verfolgern. Ich rannte zurück. Nach einer Weile erreichte ich wieder die Straße nach Jaropolec. Plötzlich vernahm ich das Brummen eines Motors. Als ich mich umdrehte, sah ich einen Lastwagen kommen. Ich stellte mich mitten auf die Straße und wartete. Vielleicht konnte ich den Fahrer überreden, mich mit nach Jaropolec zu nehmen. Langsam verringerte das Fahrzeug seine Geschwindigkeit und blieb wenige Meter von mir mit laufendem Motor stehen. Erst jetzt erkannte ich, dass der Fahrer einer der Erzieher aus dem Waisenhaus war. Ich wollte wieder weglaufen. Aber meine Beine wollten nicht mehr. Der Erzieher stieg aus dem Lastwagen und kam auf mich zu. »Wolodja, mach keine Dummheiten«, sagte er. »Komm, steig ein.«

Mein Widerstand war gebrochen. Ich kletterte ins Führerhaus und wir fuhren zurück. Der Aufseher brachte mich zum Direktor des Waisenhauses, einem kleinen Mann mit schmalem Gesicht und kurzgeschnittenen grauen Haaren. »Wolodja, warum bist du weggelaufen?«, fragte er.

Ich schwieg und musste an das ständige Spießrutenlaufen und die versteckte Prügel denken.

»Du kannst mir vertrauen«, sagte der Direktor.

Ich spürte plötzlich, dass er es ernst meinte und begann ihm von den Schikanen der anderen Jugendlichen zu berichten, wie sie mich in der Kirche eingesperrt und verprügelt hatten.

Der Direktor hörte mir zu, ohne mich zu unterbrechen. Als ich mit meinem Bericht fertig war, sagte er: »Das ist keine schöne Sache. Aber warum hast du dich mir nicht schon früher anvertraut?«

»Ich hatte Angst.«

Er nickte: »Ich verstehe. Aber jetzt brauchst du keine Angst mehr zu haben. Ich werde dafür sorgen, dass so etwas nicht wieder passiert.«

Auf Anordnung des Direktors bekam ich ein Einzelzimmer und wurde neu eingekleidet. Die anderen Jugendlichen ließen mich eine Weile in Ruhe. Nachmittags wurden wir zur Kartoffelernte eingesetzt oder mussten Getreide dreschen. Viele Hiobsnachrichten machten die Runde. Sie kamen von Evakuierten und sich zurückziehenden Sowjetsoldaten. Von ihnen erfuhren wir, dass bereits viele russische Städte den Deutschen in die Hände gefallen waren. Ganze russische Regimenter waren zerschlagen worden. Die deutschen Truppen machten riesige Beute. Und es wurde berichtet, dass Hitlers Panzerkolonnen mit großer Geschwindigkeit auf Moskau vorstießen. Russland schien zum Tode verurteilt. Überall machte sich Panik breit. Ich sah einen breiten Strom von ermüdeten Menschen, Männer, Frauen, Kinder, Greise und Kranke, die mit hochbeladenen Pferdefuhrwerken und alten Lastwagen gen Osten flüchteten, wo sie ein ungewisses Schicksal erwartete. Einige schoben Handkarren und Kinderwagen, die voll beladen waren mit Decken, Küchengeschirr, Beuteln mit Vorräten, Kissen, Schuhen, Hemden und anderen Dingen. Und ich sah Lastwagenkolonnen, die ganze Industriewerke und Fabriken komplett in Kisten verpackt ins Hinterland transportierten, wo sie wieder aufgestellt werden sollten. Über Radio rief Stalin zur Unterstützung der Roten Armee die Volkswehr ein. Die Bevölkerung sollte die Waffenproduktion steigern und jeden Fußbreit Sowjetbodens verteidigen. In Moskau wurden alle Bürger zum Bau von Panzergräben rings um die Hauptstadt abkommandiert. Deserteuren und Panikmachern drohte das Kriegsgericht. Bald kursierte auch das Gerücht, dass unser Heim evakuiert werden sollte. Ich nutzte die allgemeine Verwirrung zu einem zweiten Fluchtversuch. Diesmal wurde nicht nach mir gefahndet.

Es war ein langer Marsch bis nach Jaropolec. Ich kam spät nachmittags an, müde und ausgehungert. Mein Hunger war so groß, dass ich mich über ein frisch abgeerntetes Kohlfeld hermachte und die Reststiele abnagte. Dann ging ich zu dem Haus, in welchem ich mit meiner Mutter gewohnt hatte. Aber die meisten Familien waren bereits geflohen. Glücklicherweise traf ich im Nachbarhaus eine mir bekannte Arztfamilie, die mich aufnahm und mir zu essen gab. In den nächsten Tagen half ich mit anderen Jugendlichen in der Kolchose bei der Getreideernte. Der Ertrag wurde in Säcken auf Lastwagen verladen. Kein Körnchen sollte den deutschen Truppen in die Hände fallen. Immerhin gelang es mir, eine eiserne Ration abzuzweigen. Ich schnitt das Futter meines Mantels auf und füllte Getreide hinein.

Nach und nach verließen immer mehr Bewohner den Ort. Auch die Arztfamilie begann sich auf die Evakuierung vorzubereiten. Neben wenigen, meist sehr alten Leuten blieb eine Gruppe von Jugendlichen in Jaropolec zurück. Ihr Anführer war der neunzehnjährige Student Boris aus unserem Haus. Er war nicht eingezogen worden, weil er behindert war und leicht humpelte. Aber er hatte einen Ruf als intelligenter, aber auch draufgängerischer junger Mann. Er wollte eine Partisanengruppe aufstellen. Obwohl er mich als einen Deutschen kannte, bot er mir an, mich der Bande verwegener junger Leute anzuschließen: »Zuverlässige Bolschewiken wie dich können wir gebrauchen.«

Ich war unschlüssig. Wohin sollte ich gehen? Sollte ich in Jaropolec bleiben oder mich dem Treck der flüchtenden Bevölkerung anschließen? Ich kam mir verloren vor wie in einem Labyrinth. Ich wusste nur, dass ich leben wollte.

»Was gibt es da lange zu überlegen?«, fragte Boris.

Ich schluckte.

»Hast du Schiss?«

»Nein.«

»Brauchst du auch nicht zu haben«, sagte Boris. »Du bist doch schon ein richtiger kleiner Mann. Wir können dich gut als Kundschafter gegen die Deutschen gebrauchen.« Er lächelte und wurde dann wieder ernst. »Jeder von uns muss den Befehl des Genossen Stalin in Ehren erfüllen und alle deut-

schen Okkupanten bis zum letzten Mann vernichten. Das wird von jedem Kämpfer jetzt gefordert. Auch von dir.«
Ich nickte.
»Diese Deutschen, der Teufel soll sie holen«, sagte Boris. »Komm.«
Ich wusste nicht, was ich antworten sollte. Ich war gerade erst neun Jahre alt. Aber mir leuchtete ein, dass die russische Bevölkerung das Recht hatte, mit allen Mitteln ihre Heimat zu verteidigen. Die Deutschen waren die Aggressoren. Sie hatten ohne mir erkennbaren Grund die Sowjetunion überfallen.

Partisanenjunge Wolodja

In den nächsten Tagen sahen wir lange Kolonnen der Roten Armee, die sich in Richtung Moskau zurückzogen. Wir erfuhren, dass die russische Metropole und der Kreml zur Verteidigung ausgebaut werden sollten. Ein großer Teil der Bevölkerung wie auch der Regierung sei bereits evakuiert worden, hieß es. Ich sah, dass die russischen Soldaten schlecht ausgerüstet und gekleidet waren. Sie wirkten erschöpft und demoralisiert. Boris nutzte diese Gelegenheit, um Waffen für unsere Partisanengruppe zu beschaffen. Die Soldaten überließen uns bereitwillig Gewehre, Maschinenpistolen, Munition und auch Handgranaten. Unsere wahllos zusammengestellte Bande blieb zunächst in Jaropolec und wir machten uns mit den Waffen vertraut. Boris erklärte mir die Funktion der verschiedenen Feuerwaffen und zeigte mir, wie man sie zerlegt und wie man Handgranaten scharf macht. So wie diese Waffen war auch unsere Bekleidung improvisiert. Wir hatten keine besondere Uniform, sondern trugen alle möglichen Arten von Zivilbekleidung, die wir auftreiben konnten.

Indessen rückte die Front von Tag zu Tag näher. In der Ferne konnten wir schon den Donner der Geschütze hören. Es klang wie ein aufziehendes Gewitter. Unzählige Blitze zerrissen nachts den Himmel. Eines Morgens kamen dann die ersten Bomber. Ein dumpfes Grollen kündigte sie an.

Zweiter Teil

Wir kamen an diesem Morgen gerade von einer Hamstertour zurück und hatten uns auf einem Bauernhof mit Nahrungsmitteln eingedeckt. Auf dem Rückweg marschierten wir in der Nähe der Straße entlang, auf der zu dieser Stunde eine Kolonne russischer Fahrzeuge unterwegs war. Zuerst hörte ich das Brummen von Motoren. Dann sah ich die Bomber. Sie stießen wie riesige Insekten aus den Wolken am Horizont und die Sonne spiegelte sich auf ihren Flügeln.

Boris, unser junger Führer, erfasste als Erster die tödliche Gefahr. »In Deckung«, schrie er und stieß mich in einen Graben. Die Bomber kamen schnell näher und ich konnte die schwarzen Balkenkreuze an den Tragflächen erkennen. Plötzlich waren auch schwarze Hülsen zu sehen, die sich aus den Laderäumen lösten. Sie wurden immer größer und trudelten der Straße entgegen. Ein unerträgliches Heulen erfüllte die Luft und es klang, als beginne ein Orkan. Blitze zuckten, es folgten gewaltige Detonationen und eine Druckwelle fauchte über den Graben. Der Boden unter meinem Körper hob und senkte sich. Ich krallte mich an die Erde. Heiße Luft drang in meine Lunge und drohte sie zu verbrennen. Dann prasselten Steine und Erde wie ein glühender Regen auf mich herab. Ich dachte, ich würde bei lebendigem Leib begraben. Ich wollte schreien. Aber es ging nicht. Staub drang in meine Lunge und drohte mich zu ersticken. Stattdessen hörte ich die Schreie von anderen Menschen. Aber ich wagte nicht den Kopf zu heben. Noch immer dröhnten die Motoren in der Luft und die Erde bebte unter den Detonationen. Ich kann nicht sagen, wie lange dieses Erdbeben dauerte. Ich weiß nur, dass sich das Krachen irgendwann entfernte, aber nicht die Schreie. Es waren unmenschliche qualvolle Schreie. Erst jetzt öffnete ich die Augen. Ich sah die Straße und plötzlich roch ich den Gestank von Brand und Tod. Alles brannte und knisterte: die Erde, die Luft, die Fahrzeuge. Und in dem glühenden Inferno wanden sich brennende Körper. In der Luft hing der Geruch von verbranntem Fleisch.

»Mein Gott«, flüsterte Boris. Dann ballte er die Faust zum Himmel und schrie: »Dreckige Germanskis.«

Aber die Bomber waren bereits in den Wolken verschwunden.

Boris erhob sich und wischte sich den Staub aus dem Gesicht. »Ist jemand verletzt?«

Niemand gab eine Antwort. Ich sah die Schatten der anderen Partisanenjungen wie durch einen Vorhang. Sie lagen rings um mich herum verstreut, die Hände immer noch auf die Ohren gepresst.

»Kameraden, es ist vorbei«, sagte Boris.

Erst jetzt begannen sich die anderen zu bewegen. Wie durch ein Wunder war niemand verletzt worden. Auch ich erhob mich mit zitternden Knien.

»Kameraden, ich schlage vor, wir verziehen uns so schnell wie möglich aus der Gegend von Jaropolec«, sagte Boris. »Hier sind wir nicht mehr sicher.«

»Wohin willst du?«, fragte ein junger Partisan, den wir Mischa nannten.

»Ich kenne ein ideales Versteck in den Wäldern von Zavidivski«, sagte Boris. »Ein verlassenes Holzfällerlager, das tief in einem unzugänglichen Wald- und Sumpfgelände liegt. Da findet uns kein Mensch. Auch die Deutschen nicht.«

Nachdem wir unsere Waffen, Munition und die zusammen getragenen Lebensmittelvorräte in unsere Rucksäcke verstaut hatten, brachen wir sofort auf. Nach zwei anstrengenden Tagesmärschen erreichten wir den schützenden Wald von Zavidivski. Nach etwa einer Stunde und bevor wir den Waldweg verließen, blieb Boris kurz stehen. »Ich werde euch den Weg für spätere Einsätze markieren«, kündigte er an. »Prägt euch die Einzelheiten genau ein.« Dann ging er voraus und ich sah, wie er von Zeit zu Zeit Zweige knickte und kleine Steine so legte, dass sie die Richtung anzeigten. Ich merkte mir die Orientierungspunkte und begann meine Schritte zu zählen, während wir immer tiefer in den dunklen Wald eindrangen. Nach dreitausend Schritten erreichten wir ein ehemaliges Holzfällerlager mit einer aus rohen Baumstämmen gezimmerten Hütte, die von Zweigen, Grasbüscheln und Moos überwuchert war.

»Wir schlagen hier für die nächste Zeit unser Quartier auf«, sagte Boris. Er stieß die knarrende Tür auf und wir betraten den Raum. Diffuses Licht drang durch das einzige Fenster, das mit Staub und Spinnenweben überzogen war. Die Reste von ein paar einfachen Möbeln und primitiven Töpfen standen herum und zeugten davon, dass hier einmal Menschen gelebt hatten. Fliegen schwirrten durch den Raum. Es roch nach Schimmel und Fäulnis. Immerhin gab es eine Feuerstelle und wir hatten jetzt ein Dach über den Kopf. Boris gab uns den Befehl, Holz zu sammeln. Dann zündeten wir ein Feuer an. Als Mahlzeit rösteten wir ein paar Kartoffeln in der Glut. Wir besaßen auch etwas Brot und getrockneten Speck.

Die nächsten Tage verbrachten wir damit, unser Lager zu tarnen und einen schnellen Fluchtweg festzulegen.

Auch wurde in einiger Entfernung in einer verborgenen Höhle ein Ausweichlager angelegt und mit Waffen und Vorräten ausgestattet. Nahrungsmittel beschafften wir uns durch Diebereien. Nachts stiegen wir in Bauernhöfe ein und fahndeten nach Esswaren. Wir besaßen ja kein Geld, um die Lebensmittel zu bezahlen. Verständlicherweise waren uns die Bauern nicht freundlich gesonnen und wir mussten ständig auf der Hut sein, damit wir nicht geschnappt wurden. Boris, unser Anführer, besaß ein »Handbuch für Partisanen«. Er erzählte mir, dass der revolutionäre Kampf so alt wie die Menschheit selbst sei. Seit den Zeiten Alexanders, Hannibals und Caesars habe sich in vielen Feldzügen immer wieder gezeigt, dass ein besetztes und überranntes Land dennoch in der Lage ist, durch die Heldentaten einzelner tapferer Männer, die gewöhnlich im Gebirge oder in den Wäldern operierten, den Feind zu besiegen. Selbst in Russland hätten Partisanen eine lange Tradition und schon bei der Niederlage Napoleons 1812 hätten Aufständische französische Stafetten abgefangen und Nachzügler massakriert.

»Sie kamen aus dem Volk und ihre Taktik war die Taktik aller Guerillas«, sagte Boris. »Sie waren Freiwillige wie wir, die in kleinen Gruppen operierten und gekämpft haben. Ihre Stützpunkte lagen in Wäldern und Sümpfen. Viele Bauern und Stadtbewohner kämpften zeitweilig mit den Partisanen. Hübsche Mädchen, alte Frauen und Kinder wurden als Kuriere und Spione eingesetzt.« Er blickte mich an: »Wolodja, auch du kannst uns wertvolle Dienste leisten.«

»Wirklich?«

»Aber klar«, sagte Boris. »Du kannst dich als Späher in den vom Feind besetzten Ortschaften umsehen und wichtige Informationen für uns sammeln.«

Ich schluckte.

»Oder bist du ein Hosenscheißer?«

Ich schwieg und schämte mich zugleich.

»Jeder Mann in der Gruppe wird jetzt gebraucht«, erklärte Boris. »Aufklärung und Spionage sind die wichtigsten Grundlagen für den erfolgreichen Partisanenkampf. Ohne die entsprechenden Informationen können wir keine Angriffe gegen die Faschisten starten.« Boris fasste mich am Arm: »Wolodja, du eignest dich am besten von uns allen für die Aufklärungsarbeit. Du bist am unverdächtigsten.« Seine Worte klangen wie ein Befehl.

In den nächsten Tagen unterrichtete Boris unsere Bande in der Taktik des Partisanenkampfes: »Jeder Mann muss sich mit den Einzelheiten des Geländes vertraut machen. Wenn ihr diese Dinge wisst, könnt ihr in diesem Gebiet ohne große Gefahr leben und ihr seid selbst regulären Truppen überlegen.«

Boris ordnete an, dass wir bei Gefahr mit einem Pfiff oder mit dem nachgeahmten Schrei eines Tieres Alarm schlagen sollten. Würden wir in unserem Versteck angegriffen, sollten wir den Feind auf zwanzig oder zehn Meter herankommen lassen und dann mit unseren Gewehren feuern und Handgranaten werfen.

»Ihr müsst die Vorteile des Geländes nutzen«, sagte er. »Wenn ihr nur mit halbem Herzen handelt und an eurem Platz kleben bleibt, vergeudet ihr eure Stärke sinnlos und liefert euch selbst dem Feind aus. Angriff ist die beste Verteidigung. Der Feind darf keine Zeit haben, seine Feuerwaffen zu benutzen. Dann geht in den Nahkampf über. Schlagt mit dem Gewehrkolben, stoßt mit dem Messer zu.«

»Was machen wir, wenn wir einen Deutschen gefangen nehmen?«, fragte Sergej. Er war fünfzehn und stammte aus Wolokolamsk.

»Töte den Deutschen, wo du ihn antriffst«, sagte Boris. »Die Deutschen machen auch keine Gefangene bei den Partisanen. Wenn sie dich gefangen nehmen, wirst du, bevor sie dich töten, unter schlimmster Folter verhört. Sei also schneller und töte als Erster. Nur so rettest du dein Leben und das Leben deiner Familie.« Boris ließ seinen Blick über die Gruppe schweifen. »Ist das klar?«

Es entstand eine etwas unheimliche Pause.

»Gnade gibt es nicht«, fuhr Boris fort. »Für niemanden. Die Zeit ist gekommen, um mit den Faschisten abzurechnen, wie es der Genosse Stalin gefordert hat. Ihr müsst sie töten.«

Die anderen sagten nichts.

»Wer nicht für mich ist, ist gegen mich«, fuhr Boris fort.

Ich erschrak über den Ausdruck seiner Augen. Plötzlich brannte ein wildes Feuer in ihnen.

»Und wer meine Befehle verweigert und seine Stellung verlässt, wird erschossen.« Seine Augen fixierten jeden einzelnen von uns. »Verstanden?«

»Ja«, sagte Sergej und auch die anderen Jungen nickten zustimmend.

Dann wandte sich Boris an mich. »Und wer Aufklärungsbefehle nicht durchführt oder uns verrät, wird aufgehängt.«

Ich fror plötzlich.

Als Spion gegen die Wehrmacht

In den nächsten Tagen unternahmen wir verschiedene Streifzüge, um die Lage zu erkunden. Von Bauern erfuhren wir, dass Wolokolamsk inzwischen von den deutschen Truppen eingekesselt war. In Musino, einem Dorf in der Nähe von Jaropolec und nur zwei Tagesmärsche von unserem Versteck entfernt, hatten sich bewaffnete deutsche Einheiten verschanzt. Wir trafen auch Flüchtlinge aus weiter entfernten Gebieten. Sie erzählten uns, dass der Krieg mit ungeheurer Grausamkeit geführt wurde. Pioniere der Wehrmacht würden Rotarmisten mit Flammenwerfern bei lebendigem Leibe verbrennen. Ganze Dörfer, in denen sich angeblich Partisanen versteckten, gingen in Flammen auf. Die Soldaten würden Maschinengewehrsalven auf Menschen feuern, die aus den brennenden Häusern flüchteten. Aber man erzählte uns auch, dass die Partisanenbewegung hinter den deutschen Linien immer stärkeren Zulauf erhielt. Versprengte russische Soldaten und verwegene junge Leute aus den Städten würden in den Wäldern untertauchen und die Reihen der Widerstandskämpfer verstärken. Und die Landbevölkerung, die anfangs der Partisanenbewegung feindlich gegenüberstand, würde jetzt die Rebellen in ihrem »Kleinkrieg« gegen die deutschen Unterdrücker unterstützen. Diese Neuigkeit hob unsere Moral. Aber Boris meinte, wir könnten uns nicht nur auf Gerüchte verlassen. Wir brauchten Informationen aus erster Hand. Ich sollte in das Dorf Tschilowo gehen, das hinter Musino lag, und ausspähen, wie stark der deutsche Tross bewaffnet war.

In der Nacht lag ich lange wach. Das Rollen der Front pochte unheimlich in meinen Ohren und ich dachte an meinen Auftrag. Was erwartete mich in Tschilowo? Wirkte ich wirklich harmlos? Oder würden die deutschen Soldaten Verdacht schöpfen? Ich konnte mir ausmalen, was mir blühte, wenn man mich für einen Partisanenjungen hielt. Aber ich wollte jetzt nicht daran denken und versuchte die Angst vor den Deutschen durch andere Gedanken zu verdrängen. Stattdessen dachte ich an meine Eltern: Vielleicht würde ich in Tschilowo erfahren, ob meine Mutter und mein Vater noch lebten.

Maskottchen der Kompanie

Zu meinem Kummer sollte ich in Tschilowo nichts über den Verbleib meiner Eltern erfahren. Aber es geschah etwas, womit ich überhaupt nicht gerechnet hatte: Die deutschen Landser, die ich mir auf Grund der aggressiven russischen Propaganda als »Barbaren in der feldgrauen Uniform der Wehrmacht« vorgestellt hatte, behandelten mich freundlich. Ich wurde weder schikaniert noch geprügelt. Sie gaben mir zu essen und ich lebte mich schnell bei ihnen ein. So nahm meine Karriere als russischer Partisanenjunge eine überraschende Wende: Ich wurde das Maskottchen der Kompanie und teilte jetzt das Schicksal der Landser – den sinnlosen Kampf in einem sinnlosen Krieg.

Vor allem ein Soldat prägte damals meinen weiteren Lebensweg: Er hieß Willy Heine, war siebenundzwanzig, groß und schlank, das Haar blond, die Augen hellblau und er hatte den Rang eines Feldwebels. Ich lernte ihn als ruhigen, liebenswerten und klugen Mann mit humaner Haltung schätzen, die er auch in unmenschlichen Zeiten nicht verlor. Er spielte sich nicht als Besatzungssoldat auf und hatte zu den russischen »Hiwis« (Hilfswilligen) ein gutes Verhältnis.

»Wolodja, ich habe den Auftrag erhalten, mich um dich zu kümmern«, sagte er, als er mich in dem Quartier der Landser abholte. »Wir werden bald die Russen besiegt haben und dann deine Eltern suchen, die vielleicht noch in Moskau sind. Wenn wir deine Eltern nicht finden, forschen wir nach deinen Verwandten in Deutschland. Wir werden schon gut miteinander auskommen. Nenn mich einfach Onkel Willy.«

»Jawohl, Onkel Willy«, sagte ich und spürte impulsiv, dass ich hier mitten unter den fremden Soldaten einen Menschen gefunden hatte, der mir eine neue Lebensperspektive bot. Er war mir auf Anhieb sympathisch. Seine klaren Augen blickten sanft. Sie verkörperten etwas, was mich an meinen Vater erinnerte: Güte, Toleranz und Wissen.

Willy lächelte mich an: »Hast du eigentlich keinen deutschen Vornamen?«

Ich wusste es nicht. Mit meinen eigentlichen Vornamen, Karl und Waldemar, die in meiner Geburtsurkunde eingetragen sind, hatte mich meine Mutter nie angesprochen. Sie nannte mich »Waldi«, mein Vater hat mich stets Wolodja gerufen. Und auch meine russischen Kameraden im Kindergarten und der Schule kannten mich nur unter diesem Namen. Ich sah Willy hilflos an. Anscheinend schien ihm mein russischer Vorname nicht zu gefallen. Er bemerkte meine Verlegenheit und lächelte: »Wie gefällt dir der Name Walter?«

Offenbar hatte er Wolodja einfach in Walter übersetzt, obwohl, wie ich später erfahren sollte, Waldemar richtiger gewesen wäre.

»Einverstanden?«

Ich nickte. Walter gefiel mir gut.

»Dann ist ja alles in Ordnung«, sagte Willy. »Jetzt müssen wir dir noch eine Uniform besorgen.«

Willy machte in den nächsten Tagen im Dorf einen russischen Schneider ausfindig, der in der Lage war, mir eine maßgeschneiderte Uniform zu nähen. Er trennte den Waffenrock eines Erwachsenen auf und nach ein paar Anproben war meine neue Montur fertig. Ich bekam eine Reithose, was in dieser Truppe etwas Besonderes war, und eine Jacke, kürzer und schicker geschnitten als die üblichen Jacken. Auf den Ärmeln war ein Gefreitenstreifen aufgenäht. Als Ersatz für meine abgelaufenen Filzstiefel erhielt ich ein paar passende Lederstiefel. Komplettiert wurde die Uniform durch ein Käppi und einen Ledergürtel mit Pistolentasche. Damit die Pistolentasche nicht hohl aussah, schenkten mir die Soldaten eine geschnitzte Holzpistole. Auf dem Griff stand: »Tötet nicht.«

Als ich mich zum ersten Mal in der neuen Uniform im Spiegel sah, erkannte ich mich kaum wieder. Der verlauste russische Partisanenjunge Wolodja hatte sich in einen Kindersoldaten der Wehrmacht verwandelt. Nun wurde ich von allen Russen im Dorf mit Respekt behandelt. Aber ich bemerkte auch, dass meine Aufmachung nicht bei allen Soldaten auf Begeisterung stieß. Willy bemühte sich derweil darum, meine Deutschkenntnisse zu verbessern. Er stammte aus Hamm und hatte einen westfälischen Jargon. Diesen Slang konnte ich anfangs kaum verstehen. Meine Mutter hatte mit mir vorwiegend im »bönnsche« Dialekt gesprochen. Das konnte ich einigermaßen verstehen. Aber das Sprechen fiel mir schwer. Im Kindergarten und in der Schule hatte ich nur Russisch gesprochen.

Ein neuer Vater

Die Russen hatten mir in Moskau meinen Vater genommen, die Deutschen an der Ostfront einen anderen gegeben: Willy Heine. Keinem anderen Mann verdanke ich so viel wie ihm und ich weiß nicht, was aus mir geworden wäre, wenn sich unsere Wege nicht gekreuzt hätten. Er hat sich meiner selbstlos angenommen und, soweit er konnte, gegen alle Widrigkeiten und Gefahren beschützt.

Wer war dieser Mann?

Willy Heine wurde am 10. Januar 1914 in Hamm an der Lippe geboren. Sein Vater, ein Postbeamter, ließ ihm eine gute Erziehung angedeihen. Nach der Volksschule absolvierte Willy eine kaufmännische Lehre in einem Großhandel für Eisenwaren. Als Kaufmannsgehilfe stieg er schon bald zum Lagerleiter mit sechs Mitarbeitern in seiner Lehrfirma auf. Als während der Wirtschaftskrise in den Jahren 1932–1934 der Betrieb stillgelegt wurde, schlug sich Willy als Schriftführer für die Zentrumspartei und als freier Berichterstatter für verschiedene Lokalzeitungen durch. Für zehn Pfennig pro Zeile schrieb er Berichte über Parteiversammlungen. 1936 berichtete er als Sportreporter von der Olympiade in Berlin. Danach war er als Kaufmann im Getreidegroßhandel tätig. Im gleichen Jahr wurde Willy eingezogen: Er meldete sich freiwillig zur Infanterieausbildung nach Neuküstrin an der Oder. Nach der

Rekrutenzeit erfolgte die Beförderung zum Gefreiten, er wurde auf die Schreibstube der Kompanie versetzt und war als 1. Kompanieschreiber für den Dienstplan und die Urlaubseinteilungen zuständig. Dieser Posten wurde normalerweise mit einem Feldwebel besetzt. Willy war bei seinen Kameraden und Vorgesetzten gleichermaßen beliebt. Seine militärischen Chefs schätzten vor allem sein Organisationstalent. So stand auch der baldigen Beförderung zum Unteroffizier nichts im Wege. 1938 rückte Willy mit den deutschen Truppen ins Sudetenland ein. Der Einsatz dauerte für ihn nur einen Tag. Er ahnte damals nicht, dass die Annektierung einer von vielen Schachzügen Hitlers war, die in den Krieg führen sollten. Nach diesem kurzen militärischen Abenteuer kehrte Willy ins Zivilleben zurück und war wieder als Kaufmann für eine Getreidegroßhandelsfirma tätig. Als der Krieg ausbrach, konnte er sich zunächst einer drohenden Einberufung zum Westwall entziehen. Er wurde zurückgestellt. Grund: unabkömmlich in der Firma. Bis Dezember 1940 blieb Willy vom Kriegseinsatz verschont. Dann erhielt er einen Einberufungsbefehl zum Truppenübungsplatz Köln-Wahn, wo am 10. Dezember 1940 eine neue Einheit für den Russlandfeldzug zusammengestellt wurde: Das Infanterie-Regiment 239, aus den Teilen der Infanterie-Regimenter 18 und 37 sowie dem Heimat-Wach-Bataillon I/IR 250. Das Regiment unterstand der 106. Infanterie-Division und wurde später am 15. Oktober 1942 in Grenadier-Regiment 239 umbenannt. Willy wurde zum Schreibstubendienst eingeteilt. Acht Tage später kam der Befehl zum Einsatz im Osten. Über Hamburg, dann entlang an der Ostsee und quer durch Polen marschierte das Infanterie-Regiment 239 in Russland ein. Jetzt hatte auch für Willy der Krieg begonnen. Scheinbar unaufhaltsam rückte die Wehrmacht auf Moskau vor. Das Wort vom »Blitzkrieg« schien nicht nur eine leere Phrase zu sein. Viele glaubten wirklich daran, dass der Krieg bald gewonnen sei. Willy wusste nicht so recht, ob er das auch glauben sollte. Es war mehr Hoffnung als Glaube und das dumpfe Gefühl, dass es nicht anders kommen durfte.

Dank seiner Freundlichkeit und Hilfsbereitschaft gewöhnte ich mich schnell an das Landserleben. Er bot mir Schutz und Geborgenheit. Dennoch wäre es mir lieber gewesen, wenn wir das russische Dorf bald verlassen hätten. Denn ich musste weiterhin damit rechnen, dass mir meine Partisanen-Vergangenheit zum Verhängnis werden konnte. Die pausenlose Bedrohung, entweder von den Deutschen als russischer Partisanenjunge entlarvt oder von angreifenden Partisanen als Kollaborateur liquidiert zu werden, verfolgte mich wie ein Alptraum. Ich konnte ja nicht wissen, wie der Krieg sich entwickelte. Selbst Kinder wurden für nichts getötet.

Willy war damals der einzige Mann, der sich um meine Bildung kümmerte. Er nahm sich viel Zeit, um mir Deutsch und Rechnen beizubringen. Auch lernte ich von ihm, in einer extremen Welt durchzuhalten. Wir teilten uns ein enges Zimmer. Zum täglichen »Überlebenstraining« gehörte es, nach dem Frühstück den Wanzen und Läusen nachzujagen, die uns ständig piesackten. Da wir keine Mittel wie Pulver, Salben oder dergleichen besaßen, mussten wir regelmäßig unsere Betten und Kleider durchforsten.

Aber noch hielt sich unsere Not in Grenzen. In der Regel lieferte die Feldküche mittags warmes Essen.

Der Kosakenüberfall

Inzwischen kursierten in der Kompanie Gerüchte, dass Anfang Oktober unter dem Decknamen »Taifun« der deutsche Angriff auf Moskau beginnen sollte. Aber man werde erst losschlagen, wenn der Kessel von Wolokolamsk frei von russischen Truppen sei, hieß es. Nach der offiziellen Geschichtsschreibung standen rund 1,9 Millionen Mann für den Sturm auf Moskau bereit. Dazu rund 1700 Panzer und 19 000 Geschütze und Granatwerfer. Den Oberbefehl hatte Feldmarschall von Bock. Von Norden aus sollte die Neunte Armee unter General Strauss mit der Panzergruppe 3 über Kalinin und den Moskwa-Wolga-Kanal auf die sowjetische Hauptstadt vorstoßen. Von Süden her sollte sich Generaloberst Guderian mit der Panzergruppe 2 über Tula an der sowjetischen Metropole vorbei mit der Panzergruppe 3 vereinigen. So wäre ein Ring um Moskau geschlossen worden. Zur gleichen Zeit sollte die Panzergruppe 4, unterstützt durch die Vierte Armee, einen Keil nach Moskau treiben und die Stadt im frontalen Sturm nehmen. Ein Sonderbefehl des Führers verbot die Annahme einer Kapitulation Moskaus. Der Kreml sollte sofort in die Luft gesprengt werden. Auf russischer Seite standen die Generäle Konjew, Schukow und Timoschenko mit 19 Armeen, um Moskau zu verteidigen. Nach Schukows Aufzeichnungen gelang es den deutschen Angreifern aber nicht, Tula zu nehmen und sich damit den Weg nach Moskau von Süden her zu öffnen. Die Offensive konnte zunächst auf der Linie Turginowo-Wolokolamsk-Dorochowo-Naro-Fominsk gestoppt werden. Um den Abschnitt Wolokolamsk zu halten, wurden junge Offiziersschüler von der Moskauer Infanterie-Kommandeursschule in die Schlacht geworfen. Laut Schukow hatten sie keine Zeit, ihre Abschlussprüfung abzulegen. Das sollten sie an der Front tun, im Kampf. Sie trafen am Abend des 7. Oktober im Raum Wolokolamsk ein. Hier erwartete Schukow die nächste Offensive des deutschen Gegners.

In den nächsten Tagen wurde er von Stalin angerufen. »Ich bin der Ansicht, dass man die in Vorbereitung befindlichen Vorstöße des Gegners durch präventive Gegenstöße vereiteln muss«, erklärte Stalin. »Ein solcher Stoß muss in Wolokolamsk geführt werden (…) Offenbar werden dort starke Kräfte konzentriert, um gegen Moskau loszuschlagen.«

»Womit sollen wir diese Gegenstöße führen?«, fragte Schukow.

Stalin schlug vor, Kosaken-Kavallerie-Truppen der Roten Armee einzusetzen. Kommandeur der sowjetischen Kosakentruppen war General Dowator.

Schukow hatte starke Bedenken: »Das darf man jetzt nicht tun. Wir können nicht die letzten Frontreserven für Gegenstöße benutzen, deren Erfolg zweifelhaft ist.«

Aber Stalin blieb hart: »Die Frage der Gegenstöße ist entschieden. Teilen Sie mir Ihren Plan heute Abend mit.«

Laut Schukows Protokoll kam nach etwa 15 Minuten der spätere Verteidigungsminister Bulganin ins Hauptquartier und sagte: »Man hat mir eben den Kopf gewaschen.«

Schukow: »Wieso?«

Bulganin: »Stalin sagte: ›Sie und Schukow tragen die Nase zu hoch. Doch wir werden euch schon zurechtweisen.‹ Er verlangte, wir sollten unverzüglich mit der Organisation der Gegenstöße beginnen.«

Zwei Stunden später wurde der Angriffsbefehl erteilt. Schukows Resümee: »Doch diese Gegenstöße, an denen vor allem Kavallerie beteiligt war, brachten nicht das Ergebnis, das der Oberste Befehlshaber erwartet hatte.«

Ich erinnere mich noch sehr genau an diesen Angriff. Der Tag begann friedlich. Nebelschleier lagen über der frostigen Winterlandschaft. Nach und nach löste sich der Dunst in der aufgehenden Sonne auf und die Sicht wurde immer klarer. Wir lagen auf einer Anhöhe, von der man einen weiten Blick über eine breite Ebene hatte. Sie wurde in etwa drei Kilometer Entfernung von einem Wald begrenzt. Rechts neben unserer Stellung lag ein Dorf mit strohbedeckten Holzkaten. Die Ortschaft war in den vergangenen Tagen Schauplatz schwerer Infanteriekämpfe gewesen. Jetzt hatte sich dort ein deutsches Bataillon gut getarnt mit Panzerhaubitzen verschanzt.

Es muss so gegen zehn Uhr gewesen sein, als unser Tross durch einen Telefonanruf in Alarmbereitschaft versetzt wurde. Von dem höher gelegenen Tschilowo sahen wir durch unsere Ferngläser plötzlich 60 bis 70 Reiter aus dem verschneiten Wald hervorpreschen, aber nach wenigen Schüssen der Artillerie wieder in dem Forst verschwinden.

Willy machte ein besorgtes Gesicht. »Ich habe das unangenehme Gefühl, dass sich da etwas zusammenbraut«, sagte er. Kaum hatte er den Satz beendet, tauchten vier sowjetische Panzer auf und nahmen Kurs auf das Dorf.

»Warum feuert unsere Pak nicht?«, rief Willy.

Stattdessen senkten jetzt die Stahlkolosse ihre Rohre und begannen zu feuern. Etwa 100 Meter vor dem Dorf entfernt stoben Schneefontänen hoch.

»Lieber Himmel, schießt endlich«, rief Willy.

In diesem Augenblick brach es aus dem Dorf heraus. Ich sah die Mündungsfeuer der Haubitzen. In den vordersten Panzer schlug seitlich ein Blitz ein. Das stählerne Ungetüm drehte sich kurz im Kreis, dann wurde es von einem zweiten Blitz getroffen und explodierte. Die Abschüsse der zahlreichen Geschütze und Kanonen hallten über die Ebene. Einige Minuten später herrschte Stille. Die Stahlskelette der restlichen Panzer lagen jetzt qualmend im Schnee und brannten langsam aus. Ich atmete auf. Aber nur ein paar Sekunden. Denn in die Schneisen des reifbehangenen Waldes kam plötzlich Bewegung. Es schienen unzählige Reiter zu sein, die sich dort formierten. Dann sprengte ein komplettes sowjetisches Kavallerie-Korps aus dem Forst hervor. Ich glaubte meinen Augen nicht zu trauen: Schwere Säbel schwingend formierten sich die Reiter auf der verschneiten Ebene zu einem Glied, dann zu einem zweiten, dann zu einem dritten. In dieser russischen Winterlandschaft war es ein ebenso schönes wie unwirkliches Bild. Einen Moment lang kam es mir vor, als habe ein Zauberer die Zeit um Jahrhunderte zurückgedreht. Solche Schlachten mussten schon die wilden Steppenreiter des Dschingis Khan geführt haben. Ich sah, wie die Reiter Steigbügel an Steigbügel tief über ihre kleinen schwarzen, zottigen Pferde gebeugt das Dorf angriffen. Sie trugen hohe Kappen mit roten Mützenbändern. Ihre Säbel blitzten in der Sonne. Tausende von Pferdebeinen stampften den Schnee.

Aber das Zauberbild sollte sich Knall auf Fall in ein blutiges Schauspiel verwandeln: Plötzlich eröffneten die deutschen Batterien das Feuer aus allen Rohren. Granaten zischten in das Reiter-Regiment. Explosionen, eine dampfende Masse aus Reitern und Pferden flog in die Luft, stürzte und wälzte sich im Schnee. Die berstenden Granaten rissen riesige Lücken in die Reiterstaffeln. Aber das konnte die Angreifer nicht aufhalten. Sie schienen ihren Körper und ihre Seele vergessen zu haben. Anders kann ich mir nicht erklären, dass sie mitten hinein ritten in das Stahlgewitter. Aber es kam noch schlimmer: Inzwischen hatte sich die Artillerie eingeschossen. Unzählige Blitze schlugen in die anstürmende Schwadron, zerschmetterten Mensch und Tier. Wo eben noch militärische Ordnung herrschte, war jetzt Chaos und Panik. Die Masse der Reiter irrte im Kreis umher oder wälzte sich im Schnee. Denn es gab keinen Weg aus der Feuerhölle. Immer neue Volltreffer fegten Reiter und Pferde hinweg. Überall zuckte es im Schnee. Endlich schwiegen die Kanonen. Aber nur für ein paar Minuten. Denn plötzlich stürmte ein zweites Kavallerie-Regiment aus dem Wald hervor.

Unglaublich: Ich erlebte noch einmal das gleiche blutige Schauspiel. Etwa tausend Reiter stürmten erneut auf das Dorf zu. Nur etwa dreißig, allen voran offenbar ein Offizier, schafften es bis kurz vor die Ortschaft. Ein letztes Aufbäumen, dann wurden sie von den Maschinengewehren niedergemäht. Als das Schießen endlich aufhörte, herrschte sekundenlang Totenstille. Nur ein paar Pferde standen verloren im Schnee. Die Sättel waren leer.

Dann hörte ich eine menschliche Stimme neben mir. »Kosaken«, sagte Willy.

Ich wachte wie aus einem schlechten Traum auf und starrte ihn an: »Wo kommen die her?«

»Sie sind hauptsächlich tatarischer Herkunft«, erklärte mir Willy. »Kosak bedeutet: freier Krieger. Sie kämpften schon als Elitesoldaten für den Zaren, jetzt haben sie sich der Roten Armee angeschlossen.«

Ich hatte gesehen, dass die Kosaken der geballten Feuerkraft der deutschen Artillerie nichts anderes entgegenzusetzen hatten als ihre Säbel und ich war geschockt: Nie zuvor hatte ich ein ähnliches tödliches Missverhältnis erlebt. Auch Willy schien von der schrecklichen Donquichotterie betroffen zu sein. Er schwieg eine Weile. Dann räusperte er sich: »Sie hatten nicht viel mehr als ihren Mut.« Und seine Stimme klang, als empfinde er Mitleid mit den Angreifern. Dann blickte er mir in die Augen: »Aber stell dir vor, sie hätten den Kampf gewonnen. Was wäre dann mit uns geschehen?«

Unternehmen Taifun

In der nächsten Nacht wurde ich von Willy aus dem Schlaf geschüttelt. »Walter, es geht los«, sagte er.

Ich sah ihn verständnislos an.

»Der Angriff auf Moskau hat begonnen. Pack deine Sachen zusammen.«

Ich sprang aus meiner Koje. Während ich eiligst meine Sachen packte, musste ich an meine Eltern denken. Sie waren in Moskau. Würde ich sie endlich wiedersehen? Ich folgte Willy mit klopfendem Herzen nach draußen. Alle Soldaten der Kompanie waren bereits auf den Beinen. Hektische Kommandos hallten durch das Dorf. Die Pferde wurden vor die Gefechtswagen gespannt und dann ging es los. Da ich das Tempo auf dem verschneiten Weg nicht mithalten konnte, wurde ich auf den Kutschbock eines Gefechtswagens gesetzt und zum Schutz gegen die unangenehme nasse Kälte in eine Zeltbahn eingepackt. In der Ferne hörte ich Maschinengewehr- und Karabinerfeuer. Hin und wieder erleuchtete eine Leuchtkugel den Nachthimmel.

Die nächsten Tage und Nächte unseres Vormarsches kampierten wir in provisorischen Unterkünften. Offenbar waren inzwischen die restlichen russischen Truppen aus dem Kessel Wolokolamsk vertrieben oder gefangen genommen worden. Jedenfalls rückten wir ohne weitere Zwischenfälle täglich durch weitere Dörfer in Richtung Moskau vor. Hinter Wolokolamsk stießen wir auf zahlreiche Spuren von Kampfhandlungen und das Rollen der Artillerie kam immer näher. Ich sah zerschossene russische Panzer, von Granaten getroffene Pferdeschlitten und verbrannte Häuser. Der Umfang der Zerstörungen erschreckte mich: Alle Häuser und Speicher waren niedergebrannt, offenbar von den Bauern und Landwirten selbst angezündet, um den nachfolgenden deutschen Truppen keine intakten Unterkünfte oder irgendetwas Brauchbares zu überlassen. Das Vieh war vertrieben. Und immer wieder Leichen: russische Soldaten und Zivilisten, verstreut zwischen aufgeplatzten Pferdekadavern und toten Rindern. Manche Tote lagen nackt im Schnee, steif gefroren. Man hatte ihnen die Kleider und Stiefel entwendet. In einem der abgebrannten Häuser entdeckten wir die Leichen von so genannten »Kollaborateuren«, die dort anscheinend von den Russen eingesperrt worden waren, bevor man das Haus in Brand gesteckt hatte. In den nächsten Tagen schneite es wieder. Wir kamen nur noch langsam vorwärts. Die Wege mussten teilweise von zurückgebliebenen russischen Zivilisten freigeschaufelt werden. Unter den gummibereiften Rädern der Gefechtswagen knirschte der gefrorene Schnee so laut und hell, wie ich es noch nie gehört hatte.

Doch unser Vormarsch ging zunächst planmäßig weiter und die Siegesmeldungen häuften sich. Wir erfuhren, dass die Neunte Armee westlich von Moskau das Dorf Borodino erreicht hatte, ein historischer Schlachten-Ort. Hier hatte Napoleon rund 130 Jahre zuvor mit seiner Großen Armee die russischen Truppen geschlagen. Im Süden wurde das Gut

Karl Gustav Tilemann, Walters Vater.

Vor dem »Dreimädelhaus« in Bonn: Die Schwestern Helene, Grete und Trautchen (von links nach rechts)

»Waldi«: Helene Tilemann mit ihrem sechs Monate alten Sohn 1932 in Berlin geboren

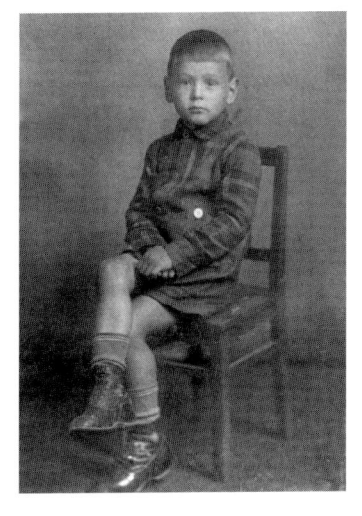

Walter Tilemann als Dreieinhalbjähriger in Moskau.

Als Partisanenjunge Wolodja.

Walter beim Bau eines Schneebunkers.

30 Grad unter Null: Walter mit deutschen Landsern an der eisigen Front in Russland.

In einer maßgeschneiderten Uniform der Wehrmacht: Gefreiter Tilemann.

Walter bringt einem Landser das Skilaufen bei.

Hinter der Front: Walter lernt Reiten.

In der Landserunterkunft: Walter beim Entlausen.

Klein-Walter: Das Maskottchen der Kompanie.

Winter 1941: Walter feiert Weihnachten mit den Landsern an der Front.

In St. Omer an der französischen Kanalküste: Flirt mit einer jungen Französin.

Letztes Abschiedsfoto, bevor es mit dem Zug in die Heimat geht.

Walter lernt Fahrrad fahren.

Kurz vor der Rückfahrt nach Deutschland.

Wiedersehensfeier in Bonn: Walter mit seinen Cousinen Liane und Maria und seinem Retter Willy Heine links hinten.

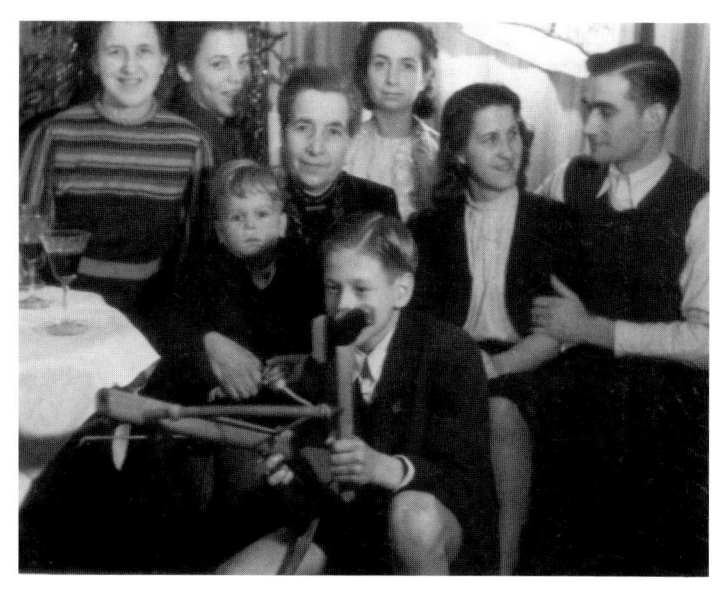

Weihnachten in Bonn: Walter Tilemann (vorn) im Kreis der Familie.

Familiensitz: Der legendäre Karthäuserhof in Bonn-Kessenich.

»Jasnaja Polijana« erobert, wo Tolstoj »Krieg und Frieden« geschrieben hatte.

Der deutsche Sieg schien in greifbare Nähe zu rücken: In den nächsten Tagen kämpfte sich das Infanterie-Regiment 330 der 183. Infanterie-Division bis an die Autobahn (Richtung Moskau) heran. Die Spitzen der zur Panzergruppe 4 gehörenden deutschen 2. Panzerdivision erreichten die Moskauer Busendstation bei Chimki und Soldaten der 35. Infanterie-Division entdeckten an einer Straßenkreuzung einen Wegweiser: »Moskau 22 km«. Seit Beginn der Offensive hatten die deutschen Truppen über 600 000 Gefangene gemacht und 1242 Panzer und 5414 Geschütze erbeutet. Darunter auch der erste britische Panzer, der damals noch verächtlich als »Konservenbüchse« bezeichnet wurde. Dies sollte sich freilich ändern, als die westlichen Mächte ihre Hilfslieferungen an die UdSSR in den nächsten Wochen aufstockten. Indessen: Die erste Phase der Operation »Taifun« war erfolgreich abgeschlossen, Moskau zum Greifen nah, und es schien nur noch eine Frage von Tagen, bis der Kreml in der Hand der Deutschen war.

Es hatte aufgehört zu schneien. Aber nachts fiel das Thermometer bis auf minus 25 Grad, der Himmel war sternenklar. Tagsüber machte die strahlende Sonne die Kälte erträglich. Die Luft war so durchsichtig, dass wir durch unsere Ferngläser die Türme des Kremls und die goldenen Kuppeln der Kirchen von Moskau sehen konnten. Es war ganz still und man hätte glauben können, dass Frieden herrschte. Nur noch 22 Kilometer bis Moskau: Ich starrte bedrückt auf die Stadt, wo ich einen Teil meiner Kindheit verbracht hatte. Irgendwo in diesem Häusermeer hielten sich wahrscheinlich meine Eltern auf. Vielleicht blickten sie jetzt genauso zufällig in meine Richtung. Wie war es ihnen seit unserer Trennung ergangen? Hatten sie die Bombardements überlebt? Hatte meine Mutter erfahren, in welchem Gefängnis mein Vater saß? Hatte sie Kontakt zu ihm? Wie ging es ihm? War er gesund? Und wo hielt sich meine Mutter auf? Saß sie in irgendeinem Unterstand oder war sie eventuell schon aus Moskau evakuiert worden? Aber wohin? Würde ich meine Eltern jemals wiedersehen?

Ich wusste keine Antwort auf meine quälenden Fragen. Willy versuchte mich zu trösten: »Haben wir erst mal Moskau erobert, ist der Krieg bald aus. Dann kannst du Weihnachten mit deinen Eltern feiern.«

Heute weiß ich: Das friedliche Bild der in der Wintersonne glänzenden goldenen Kuppeln von Moskau täuschte. Es herrschte die Ruhe vor dem großen Sturm. Die eigentliche Entscheidungsschlacht stand noch bevor. Hitler hatte den Kreml im Visier und seinen Generälen befohlen: »Ich will Moskau, ich werde Moskau haben, Sie werden mich nicht daran hindern, Moskau zu bekommen.«

Wie damals die Situation in Moskau war, habe ich erst nach dem Krieg erfahren: Die Zensur unterdrückte zwar alle Nachrichten über den Vormarsch der deutschen Truppen, konnte aber nicht verhindern, dass in der Hauptstadt Panik ausbrach und die Parole umging: »Die Germanskis kommen.« Der Bevölkerung war nicht verborgen geblieben, dass das Diplomatische Korps und die Regierung evakuiert wurden. Minister, hohe Beamte und Funktionäre sowie das Ballett des Bolschoitheaters verließen Moskau in Richtung Kuibyschew an der Wolga. Auf Befehl Stalins wurden auch kriegswichtige Betriebe evakuiert. Daraufhin versuchten ebenfalls viele Bürger zu entkommen und stürmten den Kasan-Jaroslawl-Bahnhof. Aber die Züge waren hoffnungslos überfüllt und auch die Straßen nach Osten durch einen unkontrollierbaren und ständig wachsenden Flüchtlingsstrom blockiert. Es kam zu Plünderungen, zu Aufruhr und tätlichen Auseinandersetzungen mit der Polizei. Stalin, der im Kreml geblieben war, rief den Belagerungszustand aus und beauftragte General Georgi K. Schukow, die Ordnung wiederherzustellen und Moskau zur Festung auszubauen. Der spätere Sieger von Moskau, Stalingrad und Berlin griff rigoros durch. Er ließ fliehende Soldaten erschießen und rekrutierte 500 000 Männer und Tausende Moskauerinnen zum Bau von vorgeschobenen Verteidigungsstellungen rings um die Stadt. Überall wurden Panzer- und Schützengräben ausgehoben, Barrikaden und Minenfelder angelegt und alle Brücken mit Sprengladungen versehen. Der russische Rundfunk trieb die Menschen mit patriotischen Parolen an. Man erinnerte sie an 1812, als Napoleon aus dem brennenden Moskau fliehen musste. Frauen schanzten bei 25 Grad minus Gräben aus und schleppten Sandsäcke heran. Flugblätter, die deutsche Flieger über Moskau abwarfen, machten sich über den Einsatz der »lieben Moskauer Damen« lustig. Sie sollten sich »nicht so viel Mühe geben«, hieß es, denn »die großen Panzer werden die kleinen Gräben schon wieder zufahren«.

Im Visier der Stalinorgeln

In der Nacht zum 5. Dezember 1941 wurde ich durch ein wildes Kreischen aus dem Schlaf gerissen. Es kam mit rasender Geschwindigkeit aus der Ferne und schwoll zu einem ohrenbetäubenden Pfeifen an. Ich hatte noch nie zuvor ein derartiges Geräusch vernommen. Es hörte sich an, als spielte der Teufel auf einer verstimmten Orgel. Das infernalische Heulen dauerte fünf oder sechs Sekunden. Dann brach ein Gewitter aus Explosionen und grellen Lichtblitzen los und ich dachte, die Welt geht unter.

Es war der Beginn der russischen Winteroffensive gegen die vor Moskau liegenden deutschen Truppen. In der Nacht war das Thermometer auf minus dreißig Grad gefallen, niemand hatte mit einem Gegenangriff gerechnet und die Soldaten waren von der Schlagkraft der Roten Armee überrascht. Laut Frontberichten waren vierunddreißig neue sibirische Divisionen zur Offensive angetreten, bestens ausgerüstet und an den Winter gewöhnt. Glücklicherweise blieb unsere Stellung von dem direkten Beschuss verschont. Aber ich konnte beobachten, wie Garben der russischen Raketenwerfer im nächsten Dorf einschlugen, wo sich unsere Kampftruppen verschanzt hatten.

Ein derartiges geballtes Artilleriefeuer hatten wir noch nicht erlebt und der berüchtigte Raketenwerfer, der auf Russisch »Katjuscha« hieß, sollte von den Landsern den Beinamen »Stalinorgel« bekommen. Die Nachrichten, die in den nächsten Stunden durch Melder von der Front durchsickerten, waren besorgniserregend. Es hieß, dass in den deutschen Stellungen ein heilloses Chaos herrsche. Im fernen Berlin gab Hitler seinen bis heute umstrittenen Durchhalte-Befehl: Keinen Zentimeter Boden preisgeben, die Stellungen bis zum letzten Mann halten. Aus Sicht der Soldaten wäre ein geordneter Rückzug in die befestigten Winterquartiere aus strategischen Gründen für die ohnehin schon angeschlagenen Truppen die bessere Lösung gewesen. Das Verharren in den ungeschützten Stellungen in der eisigen Kälte barg ein hohes Risiko. Doch der kleine Gefreite aus dem Ersten Weltkrieg hielt sich in strategischen Entscheidungen für unfehlbar. In den nächsten Tagen wurde der Druck der Roten Armee allerdings so groß, dass die deutschen Truppen gezwungen wurden, sich vor den Toren Moskaus zurückzuziehen. Plötzlich galten die Deutschen nicht mehr als unbesiegbar. Allein bei der Schlacht um Tula fielen 30 000 Soldaten. Daraufhin übernahm Hitler selbst den Oberbefehl über das Heer und befahl in seiner »Weisung Nr. 39«, alle auf dem Rückzug geräumten Dörfer dem Erdboden gleichzumachen.

Der Traum von der Eroberung Moskaus war verflogen und meine Hoffnung, dass ich zu Weihnachten meine Eltern wiedersehen würde, zerplatzte im Feuer der »Stalinorgeln«. Unter dauerndem Artilleriebeschuss und bei grimmiger Kälte begann unser chaotischer Rückzug und der Tod wurde zu unserem ständigen Begleiter. Ich sah zum ersten Mal verwundete und gefallene deutsche Soldaten. Sie wurden auf offenen russischen Pferdeschlitten an uns vorbeitransportiert: die Verstümmelten zum nächsten Verbandsplatz, die Toten mit Zeltbahnen zugedeckt in das nächste Dorf, um sie dort zu beerdigen. Einmal waren auch enge Kameraden von Willy darunter. Er wollte sie unbedingt selbst begraben. Ihre Leichen waren bereits steif gefroren, als man sie von dem Schlitten lud. Man zog ihnen die weiße Tarnkleidung aus, legte sie auf den Rücken und ich konnte die Einschusslöcher in den Uniformen sehen. Willy nahm die Erkennungsmarken der Gefallenen an sich. Dann wurden die Toten in Decken gehüllt. Unsere russischen »Hiwis« mussten ein schmales Doppelgrab ausheben, was bei dem gefrorenen Boden Schwerstarbeit bedeutete. Nach einer Schweigeminute und einem kurzen Gebet wurden die Leichen nacheinander mit Stricken in das Grab hinabgelassen. Später sorgte Willy dafür, dass zwei Kreuze mit dem Namen der Toten aufgestellt wurden.

Als stellvertretender »Spieß« musste sich Willy auch um die Feldpost kümmern: Es war das Band, das die Soldaten mit der Heimat verband. Zu seinen Aufgaben gehörte es obendrein, die Familien der getöteten Soldaten in Deutschland zu benachrichtigen. Sie wollten natürlich genau wissen, wie ihre Angehörigen gefallen waren, wo ihr Grab war und ob es ein Kreuz erhalten hatte. Ich erlebte, dass Willy in den nächsten Wochen viele Gefallenenbriefe schreiben musste. Manche der Toten waren Soldaten, die er kannte. Natürlich hat er den Angehörigen nicht immer die volle Wahrheit geschrieben. Warum sollte er ihnen auch mitteilen, dass ein Soldat qualvoll an einem Granatsplitter im Leib gestorben war. Es hätte ihren Schmerz nur verschlimmert. Willy bekam auch wiederholt

Briefe von Angehörigen. Sie wünschten sich manchmal ein Bild vom Grab. Diesen Wunsch konnte er aber meist nicht erfüllen. Später musste er nicht mehr so viele Feldpostbriefe schreiben, denn von unserer Einheit blieben nur wenige Männer übrig.

Der Rückmarsch

General Winter wurde zum großen Verbündeten der Roten Armee und lähmte unseren Rückzug. Auf so einen Winter waren die deutschen Soldaten überhaupt nicht vorbereitet. Kanonen und Panzer verweigerten ihren Dienst. Viele Fahrzeuge fielen aus, weil das Kühlwasser gefror. Die Motoren der Panzer mussten mit kleinen Feuerchen angewärmt werden, damit sie ansprangen. Automatische Waffen funktionierten nicht mehr. Die Schlösser an Gewehren und Maschinengewehren waren festgefroren. Viele Landser bewahrten die Schlösser in den Hosentaschen auf, um sie bei Bedarf schnell einsetzen zu können. Der Nachschub an Treibstoff, Verpflegung, Sanitätsmaterial und dringend erforderlicher Winterbekleidung blieb im Eis und Schnee stecken. Es fehlte an allem: Handschuhen, warmer Unterwäsche, Mänteln und Pelzstiefeln. In dieser Situation sollten uns die russischen Panjeschlitten mit den dazugehörenden kleinen Pferden lebensrettende Dienste leisten. Sie wurden in den Dörfern beschlagnahmt und in den Dienst der Wehrmacht gestellt. Dass die Schlitten aber auch lebenswichtig für die russische Bevölkerung waren, interessierte in diesem Augenblick niemanden. Das Mitleid war in diesem entsetzlichen Winter im wahrsten Sinne des Wortes zu Eis erstarrt. Immerhin konnte so verhindert werden, dass der Nachschub völlig zusammenbrach.

Der Rückmarsch

Aber was an Versorgungsgütern aus der Etappe ankam, war kaum zu gebrauchen. Brot musste vor dem Verzehr aufgetaut werden. Die Verbandspäckchen waren hart wie Stein. Wer verwundet wurde und nicht sofort versorgt werden konnte, erfror in wenigen Minuten.

Ich hatte bereits in den vergangenen Jahren gelernt, wie man mit klirrender Kälte umgeht. Zum Beispiel, wie man seine Notdurft verrichtet, ohne Erfrierungen davonzutragen. Auch wusste ich, dass man keine Metallteile mit der bloßen Hand berühren durfte, weil sonst die Haut hängen bleibt. Um die Hände zu wärmen, wurde in Konservendosen und Kochgeschirren Schneewasser erhitzt. Stiefel wurden mit Stroh oder Papier gegen die Kälte ausgestopft. Trotzdem erlitten viele Soldaten Erfrierungen an den Händen und Füßen. Da die meisten Landser in keiner Weise für diesen russischen Winter mit entsprechend warmer Bekleidung ausgerüstet waren, behalfen sie sich mit allem, was sie kriegen konnten. Die Leichen toter russischer Soldaten wurden am Feuer aufgetaut und man zog ihnen die wattierten Jacken und Filzstiefel aus. Manchmal wurden die Kleidungsstücke verlost. In den nächsten Tagen ging der Rückzug weiter. Kaum hatten wir für eine Nacht ein provisorisches Quartier eingerichtet und einen warmen Platz an einem Ofen ergattert, mussten wir am nächsten Morgen unser Lager wieder abbrechen und weitermarschieren. Die Mahlzeiten wurden immer knapper. Meistens wurde improvisiert, weil die Kampftruppen vorrangig versorgt werden mussten. Auch die Pferde kamen zu kurz, weil zum Füttern und Tränken die Zeit zu knapp war und kaum genug Heu oder Hafer zur Verfügung stand. Sie waren jedoch anspruchslos und wenn es nichts gab, fraßen sie das Stroh von den Dächern der Häuser. Gott sei Dank benutzten wir für den Rückmarsch eine andere Route als für den Vormarsch: Wir kamen nicht durch das Dorf, in dem ich bekannt war. Immer noch hatte ich Angst davor, dass mich meine Vergangenheit als russischer Partisanenjunge einholen könnte. Die Wege schneiten in den nächsten Tagen immer mehr zu, sodass gerade mal die festgefahrenen Spuren ein Weiterkommen der Fahrzeuge möglich machten. In dem tiefen Schnee neben den Gefechtswagen konnte ich kaum laufen. Ich versank fast bis zum Bauch im Schnee. An meinem Kopfschützer bildeten sich Eiszapfen und meine Wangen brannten vom eisigen Wind. Die Nächte waren oft sternenklar. Ich konnte dann im Osten das Brodeln der Abschüsse hören und sah die gelben Blitze der Stalinorgeln. Dann kam es mir vor, als blickte ich in eine ferne Hölle. Wie sollten dort Menschen überleben? In diesen Augenblicken hatte ich keine Hoffnung mehr, dass ich meine Eltern jemals wiedersehen würde.

An einem der Rückmarschtage mussten wir einen etwa fünfzig Meter tiefen Graben passieren, der etwa fünfhundert Meter breit war. Es schien der einzige Fluchtweg aus einem Kessel zu sein, den die Russen umzingelt hatten. Der Weg hinunter in die Senke war sehr schwierig, weil wir die Fahrzeuge kaum zu bremsen vermochten. Inzwischen hatten sich in unsere Fluchtkolonne aus Pferdefuhrwerken auch Lastwagen, Personenwagen und Motorräder eingereiht. Der Weg hinauf aus der Mulde war noch unlenkbarer, weil die Räder der Motorfahrzeuge auf dem eisigen Untergrund durchdrehten. Im Handumdrehen stauten sich in dem Graben alle möglichen Fahrzeuge und drängelten sich vor der Auffahrt. An ein Überholen war nicht zu denken. Männer, Tiere und Fahrzeuge glitten hilflos hin und her. Auch ich musste mit anpacken und beim Schieben helfen. Doch der Konvoi kam nur schrittweise weiter. Darauf wurden an einigen Fahrzeugen die Pferde aus- und zur Verstärkung vor die Motorfahrzeuge gespannt. Wenn gar nichts mehr ging, wurde ein Teil der Ausrüstung geopfert und einfach abgeworfen.

Alle Soldaten waren sehr aufgeregt. Ich hörte hektische Kommandos. »Verdammte Rattenfalle«, knurrte ein Soldat. »Gnade uns Gott, wenn jetzt der Iwan angreift.«

Er hatte die Worte kaum ausgesprochen, als weiter östlich dumpfe Einschläge zu vernehmen waren. Unser Gefechtswagen saß noch immer fest. Wieder hörte ich Abschüsse und die Einschläge kamen jetzt näher.

»Der Iwan fängt an, sich auf uns einzuschießen«, fluchte der Soldat. »Wir müssen hier schnellstens weg, wenn wir nicht begraben werden wollen.«

Willy gelang es, zwei zusätzliche Pferde vor unseren Gefechtswagen zu spannen. Die Tiere waren nicht mehr bei vollen Kräften und wir mussten sie mit Peitschenhieben antreiben. Wir hatten keine andere Wahl. Nur so schafften wir es, rechtzeitig aus dem Graben heraus zu kommen. Kaum hatten wir die Böschung erreicht, schlugen auf der anderen Seite die ersten Granaten ein.

Nun ging es im Eilschritt weiter. Aber der Weg war weder ein richtiger Weg, noch bot er irgendwelche Sicherheit. Da ich das Tempo nicht mithalten konnte, setzte mich Willy auf den Kutschbock. Doch hier war es nicht nur besonders kalt im Fahrtwind, hier pfiffen auch die Granaten ziemlich dicht über unsere Köpfe hinweg. Die Russen hatten sich jetzt auf uns eingeschossen und ich sah, wie hinter uns Fahrzeuge getroffen wurden: Blitze, ohrenbetäubender Donner, Feuer, Pulverdampf, berstendes Metall und schreiende Männer. Ich spürte, wie die schneebedeckte Erde zitterte. Dann regnete es Splitter und Metallteile vom Himmel. Und schon heulten die nächsten Granaten heran. Es war eine Sache des Zufalls, ob man überlebte oder zerrissen wurde. Aber ich sah, dass selbst in diesem Chaos die Soldaten eine gewisse angelernte Disziplin bewahrten: Getroffene Fahrzeuge wurden schnell zur Seite geschoben und die Verwundeten aufgeladen.

»Was machen wir mit den Toten?«, hörte ich einen Landser hinter einer dunklen Wand aus Pulverdampf rufen.

»Verdammt«, antwortete eine andere Stimme. »Um die können wir uns jetzt nicht kümmern.«

Erst einige Kilometer weiter ließ der Beschuss nach. Als sich die Dunkelheit über den Horizont schob, flackerten nur noch vereinzelte Blitze auf und hinter uns dröhnte es wie bei einem abziehenden Gewitter. Um Mitternacht erreichten wir ein Dorf, wo wir unser Quartier aufschlugen. Wir hatten es bitter nötig. Alle waren durchgefroren, ausgehungert und todmüde.

»Alles in Ordnung?«, fragte Willy.

Ich blickte ihn an. Obwohl wir uns erst seit kurzem kannten, war mir sein Gesicht so vertraut, als hätten wir ein Leben zusammen verbracht.

»Jetzt werde ich meine Eltern wohl nie wiedersehen«, sagte ich. Im gleichen Augenblick verschwamm alles vor meinen Augen.

»Tränen trösten«, sagte Willy. Dann drückte er meinen Kopf an seine Schulter und zum ersten Mal, seitdem wir zusammen waren, konnte ich meinen Tränen freien Lauf lassen. Eine Zeit lang verharrten wir so stumm.

Dann zog Willy einen Riegel Schokolade aus der Tasche und reichte ihn mir. »Das letzte Stück«, sagte er.

Ich wischte mir die Augen, griff nach der Schokolade und begann daran zu knabbern. Dann legte sich die Müdigkeit wie ein schwarzes Tuch über meine Augen.

Weihnachten 1941

Die nächsten Etappen unseres Rückmarsches wurden immer länger. Dabei kamen wir auch durch Wolokolamsk und zufällig am Gefängnis vorbei. Ich erkannte das Gebäude sofort wieder, obwohl es total ausgebrannt war. Auf der Suche nach meiner Mutter hatte ich hier vor einem halben Jahr eine Nacht in der Wachstube verbracht. Jetzt sah ich hinter den vergitterten Fenstern verkohlte Leichen. Die russische Bevölkerung berichtete uns, dass die Gefangenen selber das Feuer gelegt hatten. Wegen der bitteren Kälte hatten sie den Holzboden herausgerissen und angesteckt. Dabei war das Feuer außer Kontrolle geraten und die Häftlinge waren in ihren Zellen verbrannt.

Unser Tross hatte nun immer weniger Kontakt mit der kämpfenden Truppe. Wir mussten nur noch uns selbst versorgen. Daraus schloss ich, dass die meisten Kämpfer verwundet oder gefallen waren. Wir waren jetzt so weit von der Front entfernt, dass von den Gefechten nichts mehr zu hören war. Manchmal wachte ich nachts auf und lauschte. Kein Stakkato der Maschinengewehre, kein Trommeln der Granatwerfer, keine Blitze der Stalinorgeln, kein Zittern der Erde. Die plötzliche Stille war gespenstig. Dafür schneite es nachts lautlos gelbe Zettel vom Himmel, abgeworfen von russischen Flugzeugen: so genannte »Passierscheine ins Leben«: sowjetische

Weihnachten 1941

Flugblätter an die deutschen Soldaten mit der Aufforderung, sich zu ergeben.

Dank der täglichen Deutschstunden mit Willy konnte ich den Text lesen: »Jeder deutsche Soldat ist berechtigt, mit diesem Passierschein die Front zu überschreiten und sich den Russen gefangen zu geben. Jeder Angehörige der Roten Armee und jeder Sowjetbürger ist verpflichtet, ihn in den nächstgelegenen Stab der Roten Armee zu führen. Das Oberkommando der Roten Armee garantiert allen kriegsgefangenen deutschen Offizieren und Soldaten ausnahmslos Erhaltung des Lebens, würdige Behandlung, ausreichende Verpflegung, gesunde Unterkunft und Heimkehr nach dem Kriegsende.«

Eigentlich keine schlechte Sache, dachte ich und steckte einen Zettel in meine Tasche, um ihn Willy zu zeigen. Er musterte den Passierschein argwöhnisch: »Wo hast du den Zettel her?«

»Im Schnee gefunden.«

»Solche Zettel darfst du nicht sammeln.«

»Aber was da drauf steht, ist doch nicht schlecht«, sagte ich. »Wenn wir uns ergeben, können wir nach Moskau fahren und meine Eltern suchen.«

Willy legte mir sanft die Hand auf die Schulter: »Ich kann dich gut verstehen, dass du unbedingt deine Eltern wiedersehen willst. Aber so einfach ist das nicht. Wir können diesen Passierschein nicht benutzen.«

»Aber warum nicht?«

»Es ist verboten«, sagte Willy ruhig. »Kein deutscher Soldat darf einen solchen Passierschein verwenden.«

»Was ist denn daran so schlimm?«

»Das wäre gegen die Befehle. Wir können uns in dieser Situation nicht einfach verdrücken und unsere Kameraden im Stich lassen. Die Kompanie ist stark geschwächt und jeder Mann wird gebraucht. Verstehst du das?«

»Gibt es denn keine Ausnahmen?«

Willy schüttelte den Kopf: »Solange Krieg herrscht, darf kein Soldat unerlaubt seine Truppe verlassen. Wen die Feldgendarmerie als Deserteur mit einem Passierschein aufgreift, der wird standrechtlich erschossen.«

»Ich bin aber kein Soldat.«

»Ich weiß«, sagte Willy. »Aber ich bin Soldat und für dich verantwortlich. Und ich muss mich an die Befehle halten.« Er blickte mich ernst an: »Es tut mir Leid.« Dann zerknüllte er den Zettel in seiner Hand und warf ihn in den Schnee.

Außer den gelben Passierscheinen fand ich auch andere Flugblätter: sowjetische »Nachrichten von der Front«, die Hitlers offizielle »Verlustziffern« als »Schwindel« bezeichneten. In Wahrheit, so stand dort schwarz auf weiß gedruckt, habe das deutsche Ostheer seit Beginn des Russlandfeldzuges bereits 174 000 Gefallene, 36 000 Vermisste und 604 000 Verwundete zu beklagen. Ich beobachtete, dass auch mancher Soldat die Flugblätter verstohlen las. Aber den Ziffern wollte keiner glauben. Auch dem »Passierschein« traute niemand. Dies änderte sich erst, als täglich neue Gerüchte und Schreckensmeldungen die Runde machten. Die Moral der Truppe sank danach stetig. Kein Mensch konnte uns garantieren, dass es ein Morgen gab. Alle hatten entsetzliche Angst vor der Gefangenschaft und niemand glaubte mehr daran, dass bis Weihnachten der Krieg zu Ende sein würde.

Weihnachen 1941: Vor der Schreibstube stapelten sich die Feldpostbriefe aus der Heimat. Einige Soldaten bekamen auch Päckchen. Diese enthielten meistens warme Winterbekleidung: selbst gestrickte Socken und Pullover, Wollschals und jede Menge Pudelmützen sowie Pulswärmer. Als Beigabe gab es häufig selbst gebackene Kuchen und Plätzchen, Schokolade und Drops. Ich wartete immer noch sehnlichst auf eine Nachricht von meinen Eltern. Aber mich hatte das liebe Christkind anscheinend vergessen. So hatte ich mir Weihnachten nicht vorgestellt. Wer hätte auch gedacht, dass ich den Heiligen Abend an der eisigen Front mit deutschen Landsern verbringen würde? Aber die Soldaten gaben sich alle Mühe, damit keine Traurigkeit aufkam. In einem geheizten Raum wurde eine kleine Tanne primitiv mit Pappsternen und Lichtern geschmückt, die aus Gewehrreinigungsdochten und Draht gefertigt waren. Zur Weihnachtsfeier wurden auch russische Familien aus dem Dorf eingeladen. Als Willy die Lichter anzündete, standen wir gebannt vor dem Christbaum, der Licht, Leben und Liebe symbolisierte.

»Lasst uns für einen schnellen Frieden beten«, sagte Willy.

Die Männer nickten zustimmend und verharrten eine Minute lang still im Gebet.

Dann wurden die Geschenke verteilt. Als Überraschung gab es für mich einen bunten Teller mit Süßigkeiten. Dann wurden deutsche und auch russische Lieder gesungen. Bei manchen deutschen Liedern konnte ich mitsingen. Ich hatte sie von meiner Mutter gelernt. Sonderbar: Manche Soldaten hatten feuchte Augen.

»Warum sind die Männer so traurig?«, fragte ich Willy später, als ich mit ihm allein war.

»Sie sehnen sich nach ihren Lieben in der Heimat.«

»Warum sind sie dann in den Krieg gezogen?«

Willy war einen Augenblick verdutzt. »Wir waren fast alle überzeugt, dass wir einen unabdingbaren Präventivschlag auszuführen haben, um unsere Familien vor den Bolschewisten zu schützen, die angeblich einen Überfall auf Deutschland planten.«

»Und jetzt?«

Willy starrte mich an: »Der Krieg ist anders verlaufen, als wir uns es vorgestellt haben.«

Ich dachte über Willys Worte nach. Frieden und Heimat. Wo war meine Heimat? In Russland oder in Deutschland? Ich wusste in diesem Augenblick nur, dass dazwischen ein eisiges Schlachtfeld lag, getränkt mit dem Blut vieler Gefallener auf beiden Seiten.

Kleinkrieg aus dem Dunkel

Eine unheimliche Stille herrschte auf dem weiteren Rückmarsch. Zwar waren wir jetzt weit von der Hauptkampflinie entfernt, mussten aber trotzdem ständig auf der Hut sein. Uns war klar, dass sich in den unzugänglichen Wäldern Partisanen versteckt hielten, die jederzeit angreifen konnten. Anhand von Spuren im Schnee war zu erkennen, dass die Freischärler nachts durch Fallschirmabwürfe mit Waffen, Munition und Verpflegung versorgt wurden. Manchmal fanden wir einen Fallschirm, der für Partisanen bestimmt war. Seit ich die Bande in den Wäldern von Zavidivski verlassen hatte, war die Lage bedrohlich eskaliert. Der unerwartete Rückschlag vor Moskau und der Zusammenbruch der Versorgungslinien zwang die deutschen Soldaten, zu denen jetzt auch ich gehörte, in die Defensive. Den Wendepunkt im Partisanenkampf markierte Stalins so genannter »Brandstifter-Befehl« Nr. 0428, auch »Fackelmänner-Befehl« genannt: Danach sollten alle Siedlungen, in denen sich deutsche Truppen befanden, vierzig bis sechzig Kilometer hinter der Hauptkampflinie und zwanzig bis dreißig Kilometer beiderseits von Wegen in Brand gesetzt werden. Außerdem sollten Partisanen-Jagdkommandos in erbeuteten deutschen Uniformen des Heeres und der Waffen-SS auftreten und Vernichtungsaktionen ausführen. Damit sollte der Hass auf die faschistischen Besatzer geschürt werden und die Anwerbung von Partisanen im Hinterland erleichtert werden. Es sollte darauf geachtet werden, dass Überlebende zurückblieben, die dann über die deutschen Gräueltaten berichten konnten. Dieser Befehl zeigte sehr schnell Wirkung. Die Meldungen über Überfälle aus dem Dunkel der Wälder auf Militärfahrzeuge und Quartiere, Depots und Bahnlinien nahmen dramatisch zu: Die Partisanen griffen im Schutze der Nacht an, unterbrachen die Verbindungen nach hinten, fingen Fahrzeuge und kleine Kolonnen ab, tauchten plötzlich beim Tross auf, steckten die Häuser der kleinen Dörfer in Brand und verschwanden wieder in den Wäldern. Es machten Nachrichten die Runde, dass die russischen Freischärler selbst vor heimtückischen Anschlägen auf Lazarettzüge nicht Halt machten, die mit dem Roten Kreuz gekennzeichnet waren. Bei einem Überfall auf einen Zug seien die Krankenschwestern vergewaltigt und alle Zuginsassen, selbst die Verwundeten, umgebracht und im Schnee verscharrt worden. Terror als Waffe der psychologischen Kriegsführung: Auch von grausamen Folterungen und Verstümmelungen war die Rede. Unter den Landsern ging das Gerücht um, dass die Partisanen in der Regel keine Gefangenen machten. Deutsche Soldaten und Kollaborateure würden nach einem mörderischen Verhör erschossen. Dann zöge man ihnen die Uniform aus und verstümmele die Toten zur Abschreckung auf grausame Weise: ausgestochene Augen, abgeschnittene Geschlechtsteile, aufgeschlitzte Bäuche. Selbst Verwundete konnten auf keine Gnade hoffen.

Ich wusste damals nicht, ob die Berichte der Wahrheit entsprachen oder ob sie übertrieben waren. Aber die Folge war ein Klima der Furcht und des Misstrauens, das die Truppe wie ein schleichendes Gift befiel. Unsere ständig wechselnden Quartiere wurden verstärkt von Posten mit schussbereiten Waffen bewacht. Kein Soldat traute sich mehr allein in ein russisches Dorf. Das Misstrauen gegenüber der russischen Zivilbevölkerung nahm paranoide Züge an. Jeder Bauer oder Landarbeiter konnte ein potenzieller Partisan sein. Frauen, die als Wäscherinnen oder Küchenhilfen für die Truppe tätig waren, wurden auf Waffen untersucht. Und selbst den Kindern traute man nicht mehr über den Weg. Sie konnten als Melder für die Partisanen tätig sein. Voller Angst dachte ich an meine eigene kurze Laufbahn als Partisanenspion zurück. Ich befand mich in einer ungewöhnlichen Situation. Das Schicksal hatte mich an die Seite der deutschen Landser verschlagen, die dem Partisanen-Phänomen zunächst mehr oder weniger hilflos gegenüberstanden. Wie sollten sie sich gegenüber Frauen und Kindern verhalten, die Spionage oder Sabotage betrieben? Wie sollten Zivilisten bekämpft werden, die nicht als Kombattanten zu erkennen waren?

Damals, im Winter 1941, begann ein grausamer Konflikt, für den die Kriegsregeln der Haager Konvention von 1907 nicht galten. Die Partisanen, die diesen Vertrag nicht unterschrieben hatten, führten einen Krieg auf eigene Faust. Sie trugen keine Uniform und sichtbare Zeichen. Sie verfügten auch über keine Gefangenenlager. Nach Meinung der Wehrmacht war ihr Kampf »illegal«. Bei Gefangennahme waren Partisanen rechtlos den deutschen Befehlsstellen ausgeliefert. Eine Behandlung als Kriegsgefangene kam nicht in Frage.

Aber wie sollten Partisanen dann behandelt werden?

Willy meinte, im Gewissenskonflikt sollte sich jeder Soldat am dritten der Zehn Gebote in seinem Soldbuch orientieren: »Es darf kein Gegner getötet werden, der sich ergibt, auch nicht der Freischärler oder Spion. Diese erhalten ihre gerechte Strafe durch die Gerichte.« Damit waren die Standgerichte gemeint, die es in jedem Regiment gab. Zum Glück blieben wir auf unserem weiteren Rückmarsch von gezielten Überfällen verschont. Aber aus anderen verwüsteten rückwärtigen Gebieten kamen Schreckensmeldungen. Wir hörten, dass westlich von Brjansk ein Pionierbataillon während der Verladung auf einen Zug vernichtet worden war. Die Partisanen hatten mit mehreren schweren Maschinengewehren das Feuer eröffnet und alle Soldaten getötet. Die Lage in den besetzten Gebieten wurde immer explosiver. Nach Partisanenüberfällen wurde Grausamkeit mit Grausamkeit vergolten. Auch die Zivilbevölkerung in den Dörfern blieb von der Eskalation nicht verschont. Sie war doppelter Willkür ausgesetzt, den scharfen Reaktionen der Besatzungstruppen sowie dem Druck der Partisanen. Bald gehörte es zur normalen Abschreckungstaktik, dass für jeden getöteten deutschen Soldaten zehn Geiseln erschossen wurden und eine Geisel für jeden Verwundeten, wenn die Täter nicht herbeigeschafft wurden. Die Erschossenen wurden dann an einem öffentlichen Platz zur Abschreckung der Bevölkerung aufgehängt. Bilder, die mir bis heute nicht aus dem Kopf gegangen sind. Der Terror hatte zur Folge, dass sich immer mehr Dorfbewohner den Partisanen anschlossen. Nach der Zerstörung ihrer Häuser durch die Deutschen tauchten viele in den Wäldern unter. Mir war klar, dass wir noch lange nicht in Sicherheit waren. Die Partisanen konnten jederzeit auch uns ins Visier nehmen. So geriet ich in panische Angst, als eines Tages Willy und ein zweiter Soldat vermisst wurden. Beide waren morgens mit zwei Pferdeschlitten aufgebrochen, um aus einem Nachbardorf Verpflegung zu organisieren.

Als sie mittags nicht zurück waren, begann man sich in unserem Quartier ernsthaft Sorgen zu machen. Ich war bestürzt: War Willy in einen Hinterhalt geraten? Ich wagte den Gedanken nicht zu Ende zu denken. Willy war mein Vormund, aber auch mein Freund und Schutzengel. Ohne ihn fühlte ich mich hilflos und verloren. Was sollte aus mir werden, wenn er Partisanen in die Hände gefallen war?

Ich verbrachte die nächsten Stunden in quälender Ungewissheit. Spätnachmittags sah ich plötzlich die Pferdeschlitten auf unsere Unterkunft zukommen. Aber von Willy und seinem Begleiter war nichts zu sehen. Die Pferde trotteten zielstrebig auf ihren Stall zu und blieben vor dem Tor stehen. Ich rannte zu den Schlitten und traute meinen Augen nicht: Willy und sein Begleiter lagen wie tot auf der Ladefläche. Aber ihnen fehlte nichts. Sie schliefen friedlich einen Rausch aus. Da sie nicht wach zu kriegen waren, mussten sie in die Unterkunft getragen werden. Was für ein Glück, dass die Pferde alleine den Heimweg gefunden hatten und dass Willy und sein Helfer mit der Ladung heil zurückgekommen waren.

Dolmetscher und Kurier

Eines Tages erzählte mir Willy, dass auf uns an einer Bahnstation in Semlevo ein Zug warte, der uns aus Russland bringen sollte. Unsere angeschlagene Kompanie sollte verlegt werden. Wann und wohin, wusste Willy allerdings nicht. Die Bahnstation Semlevo lag ca. siebzehn Kilometer von dem Ort entfernt. Hier schlugen wir unser letztes Quartier auf. Doch es sollten noch mehrere Wochen bis zu unserer Abreise vergehen. In dieser Zeit gab mir Willy weiterhin Sprachunterricht. Meine Deutschkenntnisse verbesserten sich zusehends und so konnte ich zwischen den Soldaten und der russischen Bevölkerung als Dolmetscher fungieren. Jetzt hatte Willy auch mehr Zeit, um sich mit meiner Herkunft und Familiengeschichte zu beschäftigen. In der Schreibstube der Kompanie stapelten sich Säcke mit Postkarten und Feldpostbriefen aus der Heimat. Wie bei einem Quiz zeigte er mir diverse Ansichtskarten mit den Motiven verschiedener deutscher Städte und Landschaften: Berlin, Hamburg, Dortmund, Köln, Frankfurt, München.

»Walter, schau mal: Kannst du dich an einen dieser Orte erinnern?«

Ich betrachtete die Karten immer wieder und suchte nach Details, die ich eventuell schon einmal gesehen hatte. Aber keines der Städtemotive kam mir bekannt vor.

Dolmetscher und Kurier

Eines Tages legte mir Willy eine Ansichtskarte vor, die den Rhein bei Bonn und das Siebengebirge zeigte. »Das ist Bonn«, sagte Willy. »Die Geburtsstadt Beethovens.«

Ich nahm die Postkarte in die Hand. Irgendwie kam mir die Landschaft bekannt vor. Aber ich war mir nicht sicher.

Willy spürte meine Unsicherheit: »Was meinst du?«

»Ich weiß nicht«, sagte ich.

»Lass dir Zeit«, sagte Willy.

Ich starrte auf die Karte. Es war wie bei einem Puzzlespiel. Viele Bilder schwirrten durch meinen Kopf. Ich versuchte sie zusammenzusetzen. Und plötzlich passte alles zusammen: Ich erinnerte mich daran, dass mir meine Mutter in Moskau eine ähnliche Postkarte gezeigt hatte, mit Blick auf den Rhein und das Siebengebirge. Ich habe dieses Bild noch heute vor Augen. Damals war mir der Stadtname nicht ganz klar.

»Bonn«, sagte ich. »Mama auch.«

Willy grinste: »Du bist also ne bönnsche Jung.«

Ich nickte und plötzlich hatte ich diesen typischen süßen Geschmack von schwarzem Lakritz auf der Zunge, der in einer Fabrik im alten Bonner Stadtteil Kessenich hergestellt wurde. Nicht nur meine Mutter, auch meine Großeltern, Onkeln und Tanten hatten mich als Kleinkind damit verwöhnt.

»Vielleicht kommt bald der Zug, der uns aus Russland holt, dann kann ich dich nach Bonn zu deinen Verwandten bringen«, sagte Willy.

Einerseits war ich voller Hoffnung, endlich meine Onkel und Tanten in Bonn kennen zu lernen, von denen meine Mutter mir häufig erzählt hatte. Und ich dachte an all die aufregenden Geschichten, die sich um den sagenhaften Karthäuserhof rankten, dort wo meine Mutter geboren war und ich ein Jahr meiner Kindheit verbracht hatte. Ich hatte natürlich keine Erinnerung an diese Zeit, aber wenn ich abends auf meinem Feldbett lag, malte ich mir eine herrliche Perspektive aus: Ich würde im Karthäuserhof auf die Rückkehr meiner Eltern warten. Vielleicht war der Krieg bald aus, sie würden freigelassen und dann konnten wir in Bonn Wiedersehen feiern.

Andererseits verfolgte mich unentwegt die Angst, im letzten Augenblick, bevor wir den Zug nach Deutschland erreichten, von Partisanen als »Kollaborateur« aufgespürt zu werden.

Trotz der weiterhin höchst gespannten Lage gab es auch Augenblicke, in denen ich den Krieg fast vergaß: Ich brachte den Soldaten das Skifahren bei, ein spaßiger Zeitvertreib für alle. Da täglich die Pferde bewegt werden mussten, bekam ich auch die Chance, Reiten zu lernen, was auf den vereisten Wegen nicht einfach war. Dennoch lernte ich bald alle Gangarten bis zum Galopp und ohne Sattel.

Auch konnte ich mich als »Kurier« nützlich machen. Als bei der Schneeschmelze eine große Eisscholle eine provisorische, aber sehr wichtige Brücke über den kleinen Fluss einzureißen drohte, mussten aus dem etwa drei Kilometer entfernten Dorf Handgranaten herbeigeholt werden. Der einzige wachhabende Soldat war unabkömmlich. Er musste eine Gruppe dort arbeitender Russen beaufsichtigen. Daraufhin erhielt ich den Auftrag, die Handgranaten zu holen. Ich schaffte es, sie im Galopp rechtzeitig herbeizuschaffen, damit die Eisscholle gesprengt werden konnte.

Dolmetscher und Kurier

An einem anderen Tag sollte ich mit einigen Soldaten in ein entlegenes Dorf reiten. Dieser Weg galt als partisanenfrei. Doch ich verschlief den Abmarsch. Als ich in den Stall kam, war die Truppe schon aufgebrochen. Der »Hiwi« gab mir ein Pferd und half mir in den Sattel. Aber das Tier wollte partout nicht aus dem Stall gehen. Daraufhin zog ich den widerspenstigen Gaul an den Zügeln ins Freie und wieder half mir der Stallbursche beim Aufsitzen. Kaum saß ich oben, drehte sich das Pferd um und lief, ohne auf meine Kommandos zu reagieren, durch das Tor in den Stall zurück. Hätte ich nicht ganz schnell meinen Oberkörper mit eingezogenem Kopf an das Pferd gepresst, wäre sicher Schlimmes mit mir passiert. Der »Hiwi« schlug vor, ich solle das Tier bis zum Dorfausgang führen und dann erst aufsitzen. Der Gaul ließ sich von mir auch anstandslos durch das Dorf führen. Am Ausgang stand ein Wachposten, dem ich mein Problem schilderte. Er half mir in den Sattel, doch das Tier wollte nicht gehen, egal was ich auch anstellte. Darauf holte der Wachposten aus seinem Unterstand einen Klappspaten und drohte damit dem Pferd. Es machte einen derartigen Satz, dass ich beinahe abgeworfen worden wäre, und ging dann unvermittelt in den schnellsten Galopp über, den ich je erlebt hatte. Dies ging ein paar hundert Meter so. Dann stoppte der Gaul wieder abrupt, sodass ich alle Mühe hatte, nicht aus dem Sattel zu fliegen. Nach einer Kehrtwendung ging es wieder zurück auf den Wachposten zu, der noch immer am Ortsausgang mit seinem Spaten auf dem Weg stand. Das Pferd gab sein Äußerstes, um möglichst schnell an dem Soldaten vorbeizukommen. Eine Ausweichmöglichkeit gab es nicht. Links und rechts war der

Weg von hohen Schneewänden eingezäumt. Dann kam eine Biegung. In der Kurve stand dicht an der Innenseite ein Blockhaus mit den typischen überstehenden Balkenenden. Ich schaffte es gerade noch, in letzter Sekunde meinen Kopf zu retten. Der Höllenritt endete erst im Stall. Unser »Hiwi« amüsierte sich sichtlich, dass ich so schnell wieder zurück war. Erst jetzt klärte der gute Mann mich auf, dass dieses Pferd nie gelernt hatte, alleine geritten zu werden und normalerweise nur im Gespann mit anderen Pferden eingesetzt wurde. Nach diesem Erlebnis, das mich fast um Kopf und Kragen gebracht hatte, nahm ich mir vor, niemals wieder zu spät zu kommen.

Glücklicherweise verliefen die nächsten Tage ruhig und ohne besondere Vorkommnisse. Es gab keine Kampfhandlungen. Größere Versammlungen waren zwar nicht erlaubt, aber kleine gesellige Zusammenkünfte mit Gesang und Volkstänzen wurden toleriert. Auch wurde die Sauna des Dorfes in Betrieb genommen, natürlich nach Männern und Frauen getrennt. Den Soldaten stand die Sauna an zwei Wochentagen zur Verfügung. Eines Tages durfte ich mitgehen. Aber es war, offenbar bewusst von den Landsern inszeniert, ausgerechnet der Tag, der für die Frauen reserviert war. Ich war ahnungslos und wurde von einer Schar nackter Evastöchter empfangen, die sich über meinen Besuch sichtlich amüsierten, während ich zur Gaudi der Soldaten mit roten Wangen verlegen das Weite suchte.

Eines Tages sollte es etwas Besonderes geben: Eierpfannekuchen. Der Heizofen in unserem Quartier war allerdings nicht zum Kochen geeignet. Dennoch wurde er angefeuert.

Nachdem gerade mal die ersten Pfannekuchen fertig waren, stand plötzlich die Wand des Blockhauses in Flammen. Für die Löscharbeiten musste alles erreichbare Wasser herbeigeschafft werden. In der Aufregung ging dann dummerweise der restliche Pfannekuchenteig unter.

Der Zug nach Hause

Die letzten Tage vor unserem Abtransport nach Deutschland waren eine seelische Zerreißprobe. Die Angst steckt uns allen in den Knochen. Wir wussten nicht, wann es losgehen würde und wohin genau. So verfolgten wir mit wachsender Unruhe die Meldungen, die täglich über den Vormarsch der Roten Armee durchsickerten. Je näher die Russen kamen, desto größer war unsere Furcht, doch noch im letzten Augenblick getötet oder gefangen genommen zu werden. Wir warteten nervös auf den Zug. Unsere Truppe war empfindlich angeschlagen. Von einhundertachtzig Mann hatten nur zwölf überlebt. Es war vielleicht die letzte Chance, der russischen Hölle zu entkommen. Der Zug bedeutete Leben. Er fuhr vom Tod fort. Er fuhr in Richtung Westen, dort wo die Heimat war, das Zuhause. Und jeder malte sich die Heimkehr auf seine Weise aus.

Nur: Ich konnte mir nichts Genaues darunter vorstellen. Aufgrund der angespannten Lage hatte Willy noch keine Möglichkeit gehabt, Verbindung mit meinen Verwandten in Bonn aufzunehmen, um meine Ankunft anzukündigen. Es war ja auch ohnehin nicht sicher, ob wir heil in Deutschland ankommen würden. Die Bahnfahrt galt als besonders gefährlich. Viele Züge wurden von Partisanen überfallen und kamen überhaupt nicht an. Aber als am 19. April 1942, einen Tag vor

Hitlers 47. Geburtstag, der Befehl zum Abtransport kam, waren wir erleichtert und glücklich: Schnelles Aufbrechen hatten wir in den letzten Wochen häufig geübt. Alles wurde für die Reise in die Gefechtswagen gepackt. Unser Handgepäck beschränkte sich auf die persönlichen Sachen, die jeder selbst tragen konnte. Doch bevor es zum Verladebahnhof von Semlovo ging, gab es noch eine Abschiedsfeier: Nachmittags wurde ein fröhlicher Umzug durch das Dorf veranstaltet. Zwei Trompeten, eine Balalaika und mehrere improvisierte Schlaginstrumente sorgten für die entsprechende Marschmusik. Ich durfte den größten Topfdeckel schlagen, der aufzutreiben war. Anschließend gab es reichlich zu essen und zu trinken, vor allem ausnahmsweise Schnaps und dann nahmen wir in feuchtfröhlicher Runde Abschied von unseren russischen »Hiwis«, mit denen wir uns inzwischen angefreundet hatten.

Am nächsten Morgen in der Frühe wurden zum letzten Mal die Pferde vorgespannt und es ging los. Auf dem Weg zum Bahnhof mussten wir die Holzbrücke überqueren, die wir vor geraumer Zeit durch die Sprengung einer riesigen Eisscholle gerettet hatten. Jetzt war das Eis geschmolzen und der stark angeschwollene Fluss drohte die Brücke mitzureißen. Würde sie das Gewicht der Gefechtswagen aushalten? Bange Minuten folgten. Gott sei Dank, die Brücke hielt. Am Bahnhof stand bereits unser Zug unter Dampf. Die Pferde zogen die Gefechtswagen auf eine Rampe, dann wurden sie abgespannt. Einige Tiere mussten wir zurücklassen: Die meisten von ihnen hatten uns Hunderte Kilometer durch Eis und Schnee gezogen, aber nur für wenige gab es Platz in den Güterwagen.

Dann wurden die Gefechtswagen auf die offenen Waggons bugsiert und mit Seilen fest verspannt, die Räder festgekeilt und wir stiegen in die Personenwagen ein.

Mein Herz klopfte aufgeregt, als der Zug sich mit einem Ruck in Bewegung setzte. Langsam glitt die Rampe vorbei. Ich saß am Fenster und blickte auf das Land hinaus, das wir jetzt verließen. Meter für Meter glitt es vorbei und der Zug nahm einen gleichmäßigen Rhythmus auf. Ich spürte Erleichterung, aber auch Wehmut. Erleichterung, weil wir dem rettenden Horizont im Westen entgegenfuhren. Jeder Meter, den wir in diese Richtung zurücklegten, bedeutete etwas mehr Sicherheit. Mit jedem Meter entfernten wir uns weiter von den Grausamkeiten des Krieges, den Verwundeten und Toten. Wir schienen dem Inferno entkommen zu sein. Aber es war nicht nur die Erinnerung an Angst und Tod, die ich mit aus dem Land nahm, das ich jetzt verließ. Ich hatte die wichtigsten Jahre meiner Kindheit in Russland verbracht und unendlich viel erlebt und ertragen. Und so war es auch ein sentimentaler Abschied. Wehmütig dachte ich an meine Eltern. Ich hatte sie in Russland verloren und doch waren sie mir in diesem Augenblick ganz nah. Ich sah wieder den hilflosen Blick meines Vaters, als er verhaftet wurde. Und ich spürte wieder die panische Angst, als ich von meiner Mutter getrennt wurde. Ich hatte in Russland Liebe und Gastfreundschaft, aber auch Hass und Tod erlebt. Und während der Zug weiterglitt, trieb ein immerwährender Strom von Bildern und Gesichtern an meinem inneren Auge vorbei. Ich dachte an unsere Reise nach Moskau, an die Ankunft und die euphorische Aufbruchstimmung meiner Eltern. Ich dachte an die kurze glückliche Zeit und die Hilfsbereitschaft der russischen Nachbarn, an meine Erziehung zum kleinen Sowjetbürger und die beginnende politische Zensur und Bespitzelung. Ich dachte an die Angst und die Depressionen meines Vaters, an seine Verhaftung und unsere Deportation nach Jaropolec, an die Festnahme meiner Mutter und meine Flucht aus dem Kinderheim. Ich dachte an das Partisanenlager in den Wäldern von Zavidivski, meine Rettung durch Willy und meine Verwandlung vom russischen Partisanenjungen zum Kindersoldaten der Wehrmacht. Und ich dachte an den Angriff auf Moskau, an die Hölle des Krieges und den Rückzug. Eine unbekannte Macht hatte es so gefügt.

»Jetzt geht es nach Hause«, sagte Willy.

Komisch: Seine Worte lösten in mir keinen Begeisterungssturm aus. Ich wusste nicht so recht, was ich sagen sollte. Wo war mein Zuhause? In Bonn oder bei den Soldaten? Unter Willys Fittichen fühlte ich mich in Sicherheit. Mir ging es wirklich gut bei ihm. Ich hatte mich an das Landserleben gewöhnt. Dagegen wusste ich nicht, was mich in Bonn erwartete. Würden die Großeltern, die Onkel und Tanten, von denen mir meine Mutter oft im rheinischen Dialekt erzählt hatte, so nett zu mir sein wie die Landser? Was war mit der Schule? Wie würden mich die deutschen Kinder und die Lehrer behandeln? Würde ich überhaupt in der Lage sein, dem Unterricht zu folgen? Ich hatte nur ein Jahr die russische Schule besucht und konnte noch immer nicht perfekt Deutsch sprechen. Deutsche Kinder in meinem Alter besuchten bereits die vierte Klasse.

Willy blickte mich prüfend an: »Freust du dich nicht auf zu Hause?«

»Am liebsten würde ich bei dir bleiben«, sagte ich.

»Hast du denn kein Heimweh nach Bonn?«

Ich zuckte mit den Schultern: »Ich weiß ja gar nicht, wie es da ist.«

Willy lachte: »Keine Angst, es wird dir schon im Rheinland gefallen. Du wirst in Bonn zur Schule gehen und nette Jungen und hübsche Mädchen in deinem Alter kennen lernen.«

»Aber ich will nicht zur Schule gehen.«

»Die Schule ist besser für dich als ein Leben unter Männern, die sinnlos verheizt werden«, sagte Willy ernst. »Verstehst du das?«

»Ja«, sagte ich mürrisch. Nach allem, was ich bisher in Russland erlebt hatte, war mir schon klar, dass dieser Krieg völliger Wahnsinn war. Und es konnte keinen Grund geben, Menschen in diesen Wahnsinn hineinzutreiben.

Willy lächelte mich an: »Es ist wirklich besser so. Ich bin sicher, dass es dir in Bonn gefallen wird.«

Ich starrte nach draußen und sah die riesigen weiten und verschneiten russischen Felder. Der schmelzende Schnee darüber trug die Spuren des Krieges. Panzer hatten den Boden gepflügt und Flammenwerfer den Schnee an vielen Stellen verbrannt. Schwarze Furchen der fruchtbaren Erde kamen zum Vorschein. Die Felder brachten im Sommer normalerweise eine reiche Ernte an Weizen, Mais und Sonnenblumen ein. Jetzt wurden in dieser Erde viele Gräber geschaufelt. Wir waren entkommen, aber dreckig und verlaust. Denn selbst im Zug wurden wir von den »Partisanen«, wie die Läuse im Landserjargon genannt wurden, verfolgt. Läuse fangen und mit dem Daumen knacken gehörte zum täglichen Ritual. Ich schaffte an manchen Tagen fast hundert »Abschüsse«. Entlausungsmittel standen uns nicht zur Verfügung. Der Zug rollte weiter und weiter. Manchmal hielten wir in irgendeinem unbekannten russischen Dorf. Dies war immer eine angenehme Abwechslung und zugleich eine willkommene Gelegenheit, mit russischen Bauern kleine Tauschgeschäfte abzuschließen. Ich fungierte wie immer als Dolmetscher. Je weiter wir in den nächsten Tagen in Richtung Westen kamen, umso stiller und friedlicher erschien mir die Landschaft. Das Grollen des Krieges war verstummt und ich sah Äcker und Felder, die nicht von Schützengräben und Granattrichtern verwüstet waren. Und der Zug fuhr an Dörfern vorbei, die kaum Spuren von Zerstörung aufwiesen. Ich konnte es kaum glauben: Der Zug schien wirklich dem Frieden entgegenzufahren. In unserem Abteil war es mollig warm wie seit langem nicht mehr. Unsere Stimmung stieg von Tag zu Tag. Die Soldaten vertrieben sich die Zeit mit Kartenspielen, sie unterhielten sich über Frauen oder sie schliefen.

Endstation Calais

Wir schienen bereits seit einer Ewigkeit unterwegs zu sein, als ich eines Morgens durch aufgeregte Stimmen geweckt wurde. Es war der Tag, an dem wir die Grenze nach Deutschland erreichten.

»Schau, Walter«, sagte Willy. »Hier beginnt Deutschland. Wir haben es geschafft!«

Ich lehnte mich aus dem Fenster. Im Morgendunst sah ich Äcker und Felder, die das blasse Grün der jungen Saat trugen. Landarbeiter und Frauen mit Kopftüchern waren bereits bei der Arbeit. Ich winkte ihnen zu. Sie winkten zurück. Dann näherte sich der Zug einer kleinen Stadt. Ich sah eine Kirche, Häuser, Bäume, Straßen. Aber keine Bombentrichter. Und auch die Häuser sahen anders aus als in Russland. Sie waren unzerstört und in den Fenstern spiegelte sich die Sonne.

»Endlich in der Heimat«, seufzte ein grauhaariger Soldat.

Kurz darauf hielt der Zug in der kleinen Stadt. Eine Streife der Feldpolizei kam in unser Abteil.

»Papiere«, knurrte einer der Feldjäger. Er hatte ein wohlgenährtes Gesicht und eine kräftige Statur. Seine Uniform war sauber und saß tadellos. Erst in diesem Augenblick fiel mir zum ersten Mal auf, wie abgerissen dagegen Willy und seine Kameraden aussahen. Ihre Gesichter schienen früh gealtert zu sein, die Körper waren ausgemergelt und die Uniformen an vielen Stellen geflickt.

Schweigend zog Willy sein Soldbuch hervor. Der Gendarm kontrollierte es. Dann blickte er mich an: »Wieso trägt dieser Pimpf die Uniform der Wehrmacht mit einem Gefreitenstreifen?«

»Der Junge gehört zu unserer Gruppe«, sagte Willy.

»Sein Soldbuch«, sagte der Gendarm.

Willy lächelte: »Soll wohl ein Scherz sein.«

Der Gendarm machte ein strenges Gesicht: »Ohne Soldbuch kommt keiner nach Deutschland rein.«

Die Worte dröhnten in meinen Ohren und mich packte plötzlich die Furcht. Meinte der Feldpolizist das wirklich ernst? War ich jetzt in seiner Hand? Konnte er mich aus dem Zug holen und verhaften?

»Für Kinder gibt es keine Soldbücher«, sagte Willy.

»Was geht mich das an«, sagte der Gendarm.

»Hör zu, Kamerad«, sagte Willy ganz ruhig. »Ob du es glaubst oder nicht: Der Junge war in der Winterschlacht vor Moskau dabei und hat sich an der Front bei Kälte, Schnee und Wind den Arsch abgefroren, während andere den Winter am warmen Ofen verbracht haben.«

Der Gendarm hob verärgert die Augenbrauen und starrte mich an: »So, du bist also vor Moskau dabei gewesen.«

Bevor ich etwas sagen konnte, erklärte Willy: »Der Junge heißt Walter Tilemann. Er stammt aus Bonn und wurde 1933 nach Russland verschlagen. Seine Eltern sind vermisst. Die Bolschewisten haben seinen Vater verhaftet und seine Mutter verschleppt. Wir haben den Jungen vor Moskau aufgegriffen.

Er hat unserer Kompanie als Melder und Dolmetscher gedient. Ich habe den Befehl erhalten, ihn gesund in die Heimat zu bringen.«

»Du kannst mir viel erzählen«, sagte der Gendarm. »Wir sind hier nicht vor Moskau.«

Darauf zog Willy seelenruhig ein Papier aus der Tasche: »Hier ist der Befehl, dass der Junge mir unterstellt ist und für die Ostmedaille vorgeschlagen wurde.«

»Ostmedaille?« Der Gendarm machte ein ungläubiges Gesicht.

»Ja, die Medaille für die Teilnahme an der Winterschlacht«, sagte Willy. »Auch Gefrierfleischorden genannt. Hier steht es schwarz auf weiß.« Er reichte dem Feldjäger das Papier.

Der Mann studierte es umständlich. Dann gab er Willy das Dokument zurück.

»Alles in Ordnung?«, fragte Willy.

Der Gendarm nickte verlegen.

»Danke«, sagte Willy. »Dann können wir jetzt wohl aussteigen.«

»Gewiss«, sagte der Gendarm. Er wandte sich ab und verließ mit seinem Kollegen das Abteil. Ich fühlte mich erleichtert.

»Verdammter Bulle«, fluchte ein Soldat.

Ich blickte Willy an: »Krieg ich wirklich einen Orden?«

Willy nickte: »Alle, die überlebt haben, sollen als Erinnerung an den Winterfeldzug einen Orden bekommen. Aber erst in der Heimat. Du stehst auch auf der Liste.«

»Toll!«, sagte ich.

Willy blickte mich ernst an: »Die Sache mit dem Orden

Endstation Calais

würde ich nicht so wichtig nehmen. Orden sehen zwar schön aus, machen den Krieg aber nicht besser.« Er stand auf. »Komm, lass uns jetzt Essen fassen.«

Ich folgte ihm. Wir stiegen aus dem Zug. Auf dem Bahnsteig stand eine Feldküche. Wir gingen mit unserem Essgeschirr hin. Es gab warme Suppe. Sie war zwar dünn, aber schmeckte herrlich. Anschließend erhielten die Soldaten aus unserer Gruppe auch Zigaretten und heißen Kaffee. Ihre harten Gesichter wirkten auf einmal entspannt. Plötzlich näherte sich ein Offizier der Gruppe. Die Soldaten standen stramm.

Der Offizier räusperte sich: »Hört zu, Männer! Die Situation hat sich geändert. Ihr werdet nach St. Omer verlegt. Aus dem Heimaturlaub in Deutschland wird vorerst nichts.«

»St. Omer«, fragte ein grauhaariger Soldat verständnislos. »Wo liegt das?«

»Bei Calais an der nordfranzösischen Kanalküste«, sagte der Offizier.

Der Soldat wurde bleich: »Mensch, was sollen wir denn da? Ich will nach Dortmund, da warten meine Frau und meine Kinder auf mich.«

»Da können Sie vorläufig nicht hin«, sagte der Offizier. »Es gibt keinen Heimaturlaub.«

Willy blickte den Offizier an: »Und was soll mit Walter geschehen? Ich habe den Befehl, den Jungen nach Bonn zu bringen.«

»Der Tilemann kommt mit nach Calais«, sagte der Offizier.

An der französischen
Kanalküste

Nach einiger Zeit fuhr der Zug weiter. Die Männer im Abteil wirkten enttäuscht und verstimmt. Sie hatten sich alle wahnsinnig darauf gefreut, bald zu Hause bei ihren Familien zu sein. Jetzt hatte ihnen ein neuer Befehl die Hoffnung auf den Heimaturlaub genommen. Wir fuhren einem fremden Bestimmungsort entgegen und niemand wusste so recht, was uns dort erwartete.

»Was sollen wir bloß in Calais?«, fragte der Soldat, der nach Dortmund wollte.

»Calais ist immer noch besser, als dass sie uns nach Russland zurückschicken«, sagte Willy. »Im besetzten Frankreich sind wir auf jeden Fall sicherer.«

Calais: Ich hatte den Namen der Stadt noch nie gehört. Aber ich war wohl der Einzige im Abteil, der über das neue Ziel nicht unglücklich war. Denn dies bedeutete, dass ich bei Willy bleiben konnte. Er sorgte wie ein Adoptivvater für mich und mir fehlte es an nichts. Es war mir klar: Ich hatte großes Glück gehabt, dass ich ihm in Russland begegnet war. Er bedeutete mir unheimlich viel. Der Zug ratterte weiter, Dörfer und Städte huschten vorbei. Ich spähte hinaus, aber die Orte meiner deutschen Heimat waren mir fremd. Es waren Namen, die ich nicht kannte. Nur einmal, als der Zug durch Berlin kam, flammte die Erinnerung auf: In Berlin hatten meine Eltern geheiratet und ich war hier geboren. Bei diesem Gedanken empfand ich eine schmerzende Sehnsucht und ich spürte, solange ich von meinen Eltern getrennt war, würde diese Sehnsucht niemals ein Ende nehmen. Würde ich sie je wiedersehen? Ich wusste keine Antwort auf diese Frage und empfand im gleichen Moment ein schreckliches Gefühl der Hoffnungslosigkeit und des Entwurzeltseins.

Wenn die Nacht kam, döste ich manchmal vor mich hin und versuchte in Gedanken Kontakt mit meinen Eltern aufzunehmen. Dann glaubte ich die Stimme meines Vaters zu hören.

Er sagte: »Wolodja, vergiss niemals, dass wir zusammengehören. So Gott will, ist dieser wahnsinnige Krieg schon bald aus.«

»Wann?«, fragte ich.

»Vielleicht schon im Sommer«, sagte mein Vater. »Dann beginnt auch für uns ein neues Leben in Frieden.«

Die Worte hatten etwas Wunderbares und Tröstliches. Wenn da nicht das ständige Rattern des Zuges gewesen wäre: Es machte mir bewusst, dass ich nicht zu meinen Eltern fuhr. Ich sah es auch an den Namen der nächsten Stationen: Hannover, Osnabrück, Antwerpen, Brüssel. Städte, die mir alle fremd waren. Aber Namen, die sich für immer in mein Gedächtnis einprägten.

Entlausung und Quarantäne

Sieben Tage nach unserer Abreise aus Russland stoppte der Zug in St. Omer an der französischen Kanalküste. Es war der 26. April 1942: Wir räumten die Waggons und dann mussten wir die übliche Prozedur über uns ergehen lassen, die alle Soldaten erwartete, die damals aus Russland kamen: Entlausung und Quarantäne. Hygiene sei nun einmal oberstes Gesetz, erklärte man uns. Wir mussten uns ausziehen und gründlich mit Karbolseife schrubben. Auch unsere Uniformen wurden desinfiziert. Dann wurden wir für vierzehn Tage in einem großen Sanatorium am Ortsrand von St. Omer untergebracht und unter Beobachtung gestellt. Auch hier herrschte strenge Disziplin.

Nachdem sichergestellt war, dass wir keine gefährlichen Krankheitserreger aus Russland eingeschleppt hatten, wurden Willy und ich aus der Quarantäne entlassen und wir zogen in ein privates Quartier. In dem Haus befand sich eine Metzgerei. Die Verpflegung war dementsprechend gut. Ich war fröhlich und guter Dinge, denn auch an Abwechslung fehlte es mir nicht. Unsere Unterkunft lag direkt an einem Kanal. Jeden Morgen machte hier ein Wachboot der Kriegsmarine fest. Es dauerte nicht lange, bis ich mich mit den Seeleuten angefreundet hatte. Ich wurde Stammgast an Bord und durfte regelmäßig an Patrouillenfahrten nach Calais teilnehmen. Auf

Entlausung und Quarantäne

diese Weise lernte ich die wunderschöne Küstenlandschaft der Region kennen, die von einem Labyrinth aus Kanälen durchzogen war. Als ich dann zum ersten Mal in meinem Leben das Meer sah, war ich überwältigt. Es war an diesem Tag glatt wie ein Spiegel und wirkte absolut friedlich und tröstlich auf mich. Vielleicht konnte ich hier den Sommer am Strand mit meinen Eltern verbringen. Aber ich erkannte sehr schnell, dass dieser Traum absolut nichts mit der Realität zu tun hatte. In den Wäldern um Pas des Calais lagen schwere Batterien der deutschen Kriegsmarine. Die Geschütze lieferten sich ständig Duelle mit der britischen Artillerie auf der anderen Seite des Kanals. Fast jeder Geleitzug wurde angegriffen und auch Dover schwer beschossen.

Hinzu kam, dass täglich neue beunruhigende Gerüchte über den Verlauf des Krieges die Runde machten. So auch das Gerede über eine angeblich bevorstehende Invasion von alliierten Soldaten an der französischen Kanalküste. Überall wurde hektisch an neuen Bunkern und Befestigungsanlagen gebaut. Vor allem Calais, das an der engsten Stelle des Ärmelkanals zwischen dem Festland und den Britischen Inseln lag, galt als Zielscheibe für feindliche Landungen und Überfälle. In Soldatenkreisen wurde in jenen Tagen viel über den gigantischen Atlantikwall diskutiert. Ich hörte zum ersten Mal von der Organisation Todt, die mit dem Bau der Bunkeranlagen beauftragt war und dafür Tausende französischer Arbeiter sowie auch Kriegsgefangene einsetzte. Nach Fertigstellung des Walles sollten auf jeden Kilometer Küstenlinie fünfzehn bis zwanzig Bunker entfallen, insgesamt 12 000.

Tatsächlich glaubten damals viele, dass der Atlantikwall uneinnehmbar sei. Kein Feind könne ihn durchbrechen, hieß es. Eine Invasion sei unmöglich. Der Führer wisse genau, was er tue. So verhindere er im Westen von vornherein eine Zweite Front und halte der Wehrmacht im Osten den Rücken frei. Eine Gegenoffensive sei bereits in der Vorbereitung. Auch war von einer neuen Wunderwaffe des Führers die Rede. Angeblich arbeiteten deutsche Techniker mit Hochdruck daran. Die »Vergeltungswaffe« würde ferngesteuert und mit unvorstellbarer Geschwindigkeit über Hunderte von Kilometern ihr Ziel treffen. Ihre Sprengwirkung sei ungeheuer. Tatsächlich baute später die Organisation Todt bei St. Omer und Wizernes an der Kanalküste zwei gigantische Bunkeranlagen mit Abschussrampen für die V2. Nach Plänen des Oberkommandos der Wehrmacht sollten ab 1944 die »Schleudern«, wie die Katapultanlagen im Soldatenjargon genannt wurden, Fernkampfraketen auf britische Großstädte abfeuern. Aber der geplante Erstschlag misslang gründlich. Die meisten abgefeuerten Flugbomben stürzten unmittelbar nach dem Start ab. Dennoch wurden im Sommer 1944 über neuntausend dieser V-Waffen auf London und Südengland verschossen. Englischen Quellen zufolge wurden einhalb Millionen Londoner, vor allem Frauen und Kinder, evakuiert. Trotzdem gab es 5475 Todesopfer und 16 000 Verletzte und im Großraum London wurden über 25 000 Häuser in Schutt und Asche gelegt.

Bunker, Bomber und Bordelle

Über den Kriegsverlauf sickerten damals ständig widersprüchliche Meldungen durch. Aus dem Radio ertönten nach wie vor die glorreichen Siegesmeldungen unserer Soldaten von allen Fronten. Aber ich lauschte manchmal auch heimlich den Sendungen der BBC London und des Soldatensenders Calais, obwohl dies streng verboten war. Letzterer war der Sender, der jede seiner deutschsprachigen Übertragungen mit einem »Bum-Bum-Bum-Bumm« begann, dem Morsezeichen für V = Victory und der Ansage: »Hier ist England.«

Zu jener Zeit hörte ich zum ersten Mal den Namen von Major Glenn Miller, dem legendären Bandleader des Army Force Orchesters, dessen Markenzeichen der Swing war. Die befreienden Klänge, die damals mein Herz schneller schlagen ließen, bringen mich auch heute noch zum Swingen. Vor sechzig Jahren war dies nur unter Lebensgefahr möglich. Denn wer beim Zuhören erwischt wurde, musste als so genannter »Rundfunkverbrecher« mit harten Haftstrafen bis hin zur Todesstrafe rechnen. Es dauerte nicht lange und mir fiel auf, dass sich die Meldungen von Radio Calais erheblich von den deutschen Wehrmachtsberichten unterschieden. Hitlers Siegesmeldungen seien Lügen, behauptete der englische Sprecher. Deutschland könne diesen Krieg nicht gewinnen und die Menschen müssten einen hohen Preis für die nationalsozialistischen Eroberungspläne zahlen. Eine ganze Generation von Männern würde im Krieg hingeschlachtet und Millionen Frauen zu Witwen gemacht. Deutsche Kriegsgefangene berichteten, dass sie verdammt froh wären, aus dem Schlamassel heraus zu sein. Und die deutschen Städte seien schweren britischen Bombenangriffen ausgesetzt. Ob die Meldungen des »Feindsenders« stimmten, konnte ich seinerzeit nicht wissen. Aber ich sah oft riesige Bomberverbände. Sie kamen meist aus Nordwesten, von der englischen Kanalküste. Sie flogen nach Südosten in Richtung Deutschland und zerpflügten mit ihren Kondensstreifen den Himmel. Ich hörte ihr dumpfes Grollen. Für uns waren sie harmlos. Aber mir war klar, dass sie irgendwo ihre tödliche Saat abwarfen. Wo, das konnte ich nur ahnen.

Trotz dieser verwirrenden Kriegslage erlebte ich in St. Omer auch viel Zuwendung durch die dort stationierten Soldaten. Ab und zu nahm mich die Besatzung eines Wachbootes mit auf eine Kanalfahrt zwischen St. Omer und Calais. Mein letzter Bootsausflug endete allerdings mit einem Unfall, der mich beinahe das Leben gekostet hätte. Beim Anlegen des Bootes setzte ich ein Bein auf die Kaimauer, wobei aber der Steuermann, ohne es zu sehen, das Boot wieder ablegte. Ich verlor den Halt, konnte mich weder an Land noch am Boot festhalten und fiel ins Wasser. Zum Glück erkannte ein anderer Matrose die Gefahr und zog mich beim Wiederauftauchen aus dem Wasser, bevor mich das Boot an die Kaimauer drücken konnte. Ich erinnere mich auch, dass ich die Besatzung des Wachbootes auf »Patrouille« ins Rotlichtviertel des Hafens von Calais begleiten durfte. So lernte ich verschiedene einschlägige Lokale und diverse »chambres d'amours« kennen. Die Huren von Calais waren sehr freundliche Damen. Offenbar weckte ich als Pimpf in der Wehrmachtsuniform ihre Mutterinstinkte. Jedenfalls verwöhnten sie mich häufig mit Süßigkeiten.

Ich erzählte Willy nichts von meinen Ausflügen ins Amüserviertel von Calais. Umso perplexer war er, als er eines Tages mit mir nichtsahnend durch das Hafenviertel bummelte und mitbekam, wie plötzlich zwei Straßenmädchen vor einer Kneipe mir augenzwinkernd zuriefen: »Walter, komm herein ...«

Willy blickte die Dirnen verblüfft an: »Das kommt ja gar nicht in Frage.« Und dann warf er mir einen strengen Blick zu: »Woher kennst du die Damen?«

Ich sah ein, dass es an der Zeit war, ihm reinen Wein einzuschenken. Also rückte ich mit der Sprache heraus und erzählte ihm von den Stippvisiten bei den Damen. Willy meinte darauf, ich sei noch zu jung für derartige Kontakte und untersagte mir weitere Besuche. Damit war die Angelegenheit erledigt. Kurze Zeit später besorgte er mir ein Fahrrad. Dies war ebenfalls eine neue Entdeckung für mich. In Russland hatte ich zwar Reiten gelernt, aber nie auf einem Drahtesel gesessen. Jetzt konnte ich in meiner Freizeit nachholen, was ich als Kind nicht gelernt hatte: Fahrradfahren.

Inzwischen hatte Willy mit Nachforschungen begonnen, um die Familien meiner Eltern in Bonn ausfindig zu machen. Er hatte entsprechende Anfragen mit einer genauen Beschreibung von mir und Fotos an die Stadtverwaltung und die Kreisleitung der NSDAP abgeschickt. Die Suchmeldung wurde der Kriminalpolizei übergeben. Die Beamten fanden dann sehr schnell heraus: Das kann nur der Junge von der Helene Güßgen vom Karthäuserhof sein. Es dauerte nicht lange, bis Willy die Bestätigung und die erforderliche Genehmigung erhielt, damit er mich nach Bonn bringen konnte. Fast zur gleichen Zeit bekam ich auch Post von beiden Familien. Sie schrieben mir, sie seien sehr glücklich, dass ich gesund aus Russland heimgekehrt sei.

Ich wusste nicht so recht, ob ich auch glücklich sein sollte. Denn ich hatte stark gehofft, dass die Briefe auch eine Nachricht über meine Eltern und über ihren Verbleib in Moskau enthielten. Aber über ihr Schicksal erfuhr ich nichts. Sie galten weiterhin als vermisst.

Am 3. Juli 1942 bekam Willy seinen Heimaturlaub genehmigt. Es war der Tag unserer Abreise. Ich stieg mit gemischten Gefühlen in den Zug, der mich nach Hause bringen sollte. Denn die Trennung von Willy rückte jetzt immer näher und ich hatte Angst davor. Ich wäre lieber mit Willy zusammengeblieben. Die Fahrt nach Bonn, so schien es mir, ging ins Ungewisse. Willy erklärte mir, dass wir zunächst für einige Tage nach Hamm fahren würden. Er wollte mich unbedingt seiner Familie vorstellen. Ich war froh darüber: So wurde unsere Trennung erst einmal aufgeschoben. Wir teilten uns das Coupé mit einigen Zivilisten und anderen Landsern, die auch in den Heimaturlaub fuhren. Ganz unerwartet begann sich ein Soldat über meine Aufmachung zu mokieren. In der Tat: Ich trug immer noch das Soldatenkäppi sowie die Uniform mit der Pistolentasche, in der die hölzerne Spielzeugpistole steckte, die mir die Soldaten in Russland geschenkt hatten. Zivilkleidung besaß ich ja nicht. Der Soldat fand dies ganz und gar nicht lustig und meinte, es sei ein Skandal, dass man jetzt sogar Kinder in die Wehrmachtsuniform stecke. Sein strenger Blick jagte mir Angst ein. Zum Glück schaltete sich Willy ein, um die Sache mit meiner Uniform aufzuklären. Er berichtete dem Soldaten von meiner Odyssee in der Sowjetunion und auch davon, dass er den Auftrag habe, mich nach Bonn zu bringen. Der Soldat schien überrascht. Er sah mich nachdenklich an, dann sagte er: »Tut mir Leid. Ich wollte dir keine Angst einjagen. Ich konnte ja nicht wissen, dass du aus Russland kommst.«

Die anderen Soldaten und Zivilisten im Abteil hatten aufmerksam zugehört. Jetzt warfen sie mir neugierige Blicke zu und begannen mir alle möglichen Fragen zu stellen. Plötzlich war ich die Attraktion im Zug. Ein Soldat war besonders freundlich. Er gab mir seine Adresse. Ich sollte ihn unbedingt besuchen, sagte er. Er besitze eine Spielzeugeisenbahn, die er mir schenken wollte. Ich war begeistert: Von einer Eisenbahn hatte ich schon in Russland geträumt. Meine Eltern hatten in Moskau aber weder Geld noch die Möglichkeit gehabt, mir ein Spielzeug dieser Art zu besorgen. In Brüssel erlebte ich noch einmal einen kurzen Augenblick der Angst. Erneut wurden wir von Feldjägern kontrolliert. Sie beäugten argwöhnisch unsere Urlaubsscheine. Aber dieses Mal machten sie keine Schwierigkeiten. Nachdem alle Kontrollen vollzogen und sie ausgestiegen waren, fuhr der Zug weiter.

Noch am gleichen Tag trafen wir in Hamm ein und wurden von Willys Familie mit großem Bahnhof empfangen. Ich stand überall im Mittelpunkt und wurde wie ein Stargast behandelt. Alle Leute wollten meine Geschichte hören. Kaum zu glauben: Ein Gastwirt wollte mich sogar adoptieren. Schließlich fühlte ich mich so wohl in Hamm, dass ich gar nicht mehr nach Bonn wollte.

Aber nach ein paar Tagen sagte Willy: »Walter, es wird Zeit.«

Wir schauten uns schweigend an. Ich wusste genau, was er meinte: Es war Zeit, dass er mich nach Bonn brachte. Ich blickte ihn an und spürte, dass er das Gleiche empfand wie ich. Die Trennung würde uns schwer fallen.

Ich schluckte: »Kann ich nicht bei dir bleiben?«

»Nein«, sagte Willy. »Dein Zuhause ist in Bonn.«

Wir blickten uns an. In wessen Augen standen Tränen? In Willys oder meinen? Ich kann es nicht sagen.

DRITTER TEIL

Der Karthäuserhof

Wir sind gleich da«, kündigte Willy an. Ich spähte hinaus. Zwischen vielen Gleisen, die sich überschnitten, rollten wir auf eine friedliche Stadt zu: Ich sah den Turm eines historischen Münsters, schöne unzerstörte Häuser inmitten grüner Gärten und im Hintergrund bewaldete Hügel, über denen sich ein sonniger Augusthimmel spannte. Die Stadt kam mir bekannt vor. Ich hatte sie schon irgendwo gesehen. Plötzlich sah ich in der Erinnerung die Ansichtskarten, die meine Mutter mir in Moskau gezeigt hatte und ich erinnerte mich auch an diverse Feldpostkarten mit dem gleichen Motiv. Kurz darauf fuhren wir in den Bahnhof ein. Er lag mitten in der Stadt. Ich hörte einen Bahnbeamten rufen: »Bonn Hauptbahnhof. Aussteigen.« Wie oft hatte ich mir in den vergangenen Monaten diesen Augenblick vorgestellt. War ich glücklich? Ich hatte keine Zeit, darüber nachzudenken.

»Los, Walter«, sagte Willy. Wir angelten unsere Rucksäcke aus dem Gepäcknetz und schlängelten uns durch den überfüllten Gang zwischen Koffern und schwitzenden Menschen zur offenen Waggontür. Dann standen wir auf dem Bahnsteig. Mein Kopf dröhnte vor Rufen, Gepfeife und Lautsprecher-Durchsagen. Im seltsamen Kontrast dazu stand auf dem Gleis gegenüber ein anderer Zug voller Soldaten. Ich sah mir die Gesichter an. Sie wirkten still und abgekämpft. Ganz sanft und ohne Ruck fuhr der Zug los. Da wusste ich, dass ich entkommen war und jetzt ein neues Kapitel meines Lebens begann.

»Walter!« Zwei Frauen kamen auf mich zu und küssten mich auf beide Wangen. »Willkommen«, sagte die Ältere. Sie hatte aschblondes Haar. »Willkommen daheim. Ich bin deine Tante Grete.«

»Und ich bin deine Cousine Liane«, ergänzte die Jüngere.

Ich stand einen Augenblick verlegen vor den beiden Frauen.

Tante Grete lächelte mich an: »Du kannst dich natürlich nicht an mich erinnern. Aber ich habe deine Mutter nach deiner Geburt in Berlin gepflegt. Sie war damals sehr krank.«

»Ich weiß«, sagte ich. »Meine Mutter hat mir davon in Moskau erzählt.«

»Komm, wir fahren jetzt zum Karthäuserhof«, sagte Liane, packte mich am Ärmel und wir gingen zur nächsten Straßenbahnhaltestelle.

Nach einer Weile kam eine Bahn. Wir stiegen ein. Ein paar Fahrgäste blickten mich neugierig an. Aber sie sagten nichts. Ihre Gesichter waren ernst. Nur ein Mädchen mit einer roten Schleife im Haar lachte mich an.

»Wohin?«, fragte der Schaffner.

»Bonn-Kessenich«, sagte Tante Grete. »Drei Erwachsene, ein Kind.«

Der Blick des Schaffners glitt über meine Wehrmachtsuniform und blieb an meinem Gefreitenwinkel hängen: »Wie alt bist du?«

»Zehn.«

Der Mann schien erstaunt zu sein, sagte aber nichts. Dann gab er mir den Fahrschein. Tante Grete zahlte. Der Schaffner ging weiter durch den Gang: »Noch jemand zugestiegen?«

Die Bahn ratterte in eine Unterführung und die Sonne verschwand. Für einen kurzen Augenblick tauchten wir in schummeriges Licht. Dann kam eine Linkskurve. Plötzlich war die Sonne wieder da. Ich sah rechts vor mir eine breite Allee mit schönen alten Kastanienbäumen und einem prächtigen Schloss im Hintergrund. Darüber ein paar Wolken. An der nächsten Ecke erblickte ich ein Schild: »Kurfürstenstraße«. Wir fuhren weiter in Richtung Süden, vorbei an herrschaftlichen Gründerzeitvillen. Die schönen Häuser standen unbeschädigt da. Sie schienen bisher vom Krieg verschont geblieben zu sein.

»Nächste Station Pützstraße«, rief der Schaffner.

Tante Grete sah mich an: »Wir müssen hier aussteigen.« Die Straßenbahn hielt an einem kleinen Park mit alten Bäumen. Im Zentrum der Grünanlage stand eine Kirche. Der spitze blaugraue Turm war mit Schieferplatten belegt. »Der Kessenicher Dom«, sagte Liane. Ich betrachtete die Kirche. Merkwürdig: Die kreisrunden Fenster des Ziegelbaus waren mit schwarzer Tarnfarbe angestrichen oder mit Ziegelsteinen vermauert. Liane schien meine Gedanken zu erraten. »Zum Schutz gegen feindliche Flieger«, sagte sie. »Wenn der Krieg vorbei ist, kann man die Farbe wieder abkratzen.« Wir durchquerten den Park und bogen rechts ab in eine dörfliche Straße mit alten Häusern aus verschiedenen Zeitaltern. Im Hintergrund waren die dunkelgrünen Hänge des Venusberges mit ihrem alten Baumbestand und die Rosenburg zu sehen. »Jetzt ist es nicht mehr weit«, sagte Liane. Über unseren Köpfen begannen plötzlich die Kirchenglocken zu läuten. Sie kündigten die Mittagszeit an. Wir kamen an einer Schule vorbei. Aber ich sah keine Kinder. Gegenüber stand ein Fachwerkhaus. Auf einem schattigen Fensterbänkchen räkelte sich schläfrig eine Katze. Nach dem Krach im Zug und dem Gewühl auf dem Bahnhof kam mir die dörfliche Idylle und Stille fast unheimlich vor. Der Krieg schien in einer anderen Welt stattzufinden.

Am Ende der Straße bogen wir links ab und blieben vor einem idyllischen Anwesen stehen. Karthäuserhof, las ich auf dem Schild, das über dem Eingang hing. Unser Familiensitz, das Geburtshaus meiner Mutter: Mein Herz begann aufgeregt zu klopfen und all die Geschichten, die sie mir über den Karthäuserhof erzählt hatte, wirbelten durch meinen Kopf. Alles war genau so, wie sie es mir beschrieben hatte. Nichts schien sich verändert zu haben.

»Dein Zuhause«, sagte Tante Grete. »Willst du nicht reingehen?«

Ich nickte.

Sie öffnete die Tür und führte mich zu einem Saal. Ich blieb auf der Schwelle stehen. Die Kessenicher Straßen waren leer, aber von dem Saal konnte man das nicht sagen. Dort hatte sich offenbar halb Kessenich versammelt, um mich zu empfangen. Bunte Girlanden hingen von der Decke. Tante Grete fasste mich am Arm und führte mich an einen großen blank gescheuerten Tisch, an dem die komplette Familie saß. Obwohl meine Mutter mir all die Gesichter und Charakterzüge der Großeltern, Onkel und Tanten beschrieben hatte, waren die Verwandten mir doch fremd. Die alten Geschichten lagen lange zurück. Ich war gerade mal ein Jahr alt gewesen, als ich den Familiensitz verlassen hatte. Aber es kam mir wie ein Wunder vor, dass ich mich jetzt im Karthäuserhof befand und ich war glücklich, dass ich eine so große Familie besaß. Alle wollten mich an ihre Brust drücken. In vielen Augen sah ich Freudentränen und viele Stimmen begannen gleichzeitig zu reden:

»Schaut euch den Walter an.«

»Wie groß und reif er für sein Alter ist.«

»Sieht er nicht fesch aus in der Uniform?«

Eine ältere weißhaarige Dame zupfte mich am Ärmel: »Ich bin deine Oma, die Juliane Güßgen. Komm, Junge, setz dich zu uns. Du hast doch sicher Durst und hungrig bist du auch?«

Ich nickte. Ja, Durst hatte ich und mein Magen knurrte auch.

»Zur Feier des Tages gibt es Blutwurst und Himmel und Erd', ein typisch rheinisches Gericht«, sagte die Oma.

Man brachte mir ein Glas Apfelsaft und einen Teller mit einer großen Portion. Ich fiel darüber her und stopfte Bissen auf Bissen in den Mund. Auch von dem warmen Apfelkuchen, den es als Nachspeise gab, ließ ich keinen Krümel übrig.

»Gut gemacht«, lobte die Oma. »Wir sind alle froh, dass du gesund bist.«

Auch ich war froh und rundherum zufrieden.

»Tante Grete wird für dich sorgen, bis deine Eltern aus Russland zurückkehren«, fuhr die Oma fort.

Ich hatte nichts dagegen einzuwenden. Seit langem war ich nicht mehr so verwöhnt worden.

Der Familienclan

Erst später sollte ich erfahren, dass der Familienrat bereits vor meiner Ankunft über mein weiteres Schicksal diskutiert hatte. Was sollte mit mir geschehen? Bei welcher Familie sollte ich wohnen? Wer sollte meine Erziehung übernehmen? Die Tilemanns oder die Güßgens? Meine beiden Großväter hatten an der Beratung nicht mehr teilnehmen können. Sie waren bereits verstorben. Onkel Dieter, der jüngere Bruder meines Vaters, hatte die Vormundschaft über mich bekommen. Er war damals als Justiziar für die »Waffen-Union Skoda Brünn« zeitweise im Ausland tätig. Auch Thea, die Schwester meines Vaters, hätte mich gerne aufgezogen. Sie lebte mit ihrem Mann und ihren fünf Kindern in Erlangen, in einem großen Haus mit neun Räumen. Platz wäre dort reichlich vorhanden gewesen. Aber wie sich herausstellte, waren es die Güßgens, die das Tauziehen um mich gewonnen hatten: Der Familienrat hatte beschlossen, dass ich bei Tante Grete, der älteren Schwester meiner Mutter, wohnen sollte. Da sie verwitwet war und nur über ein kleines Einkommen verfügte, hatten alle Verwandten Geld gespendet und in eine Art Versorgungskasse für mich eingezahlt. Wir verbrachten einen heiteren Nachmittag im Karthäuserhof. Einerseits stimmte mich das große Wiedersehensfest froh. Ich besaß plötzlich eine große Familie, die sich zukünftig um mich kümmern wollte. Andererseits wusste ich, dass nichts meine Eltern ersetzen konnte. Und bald musste ich mich auch von Willy trennen. Ich verdankte es einem glücklichen Zufall, dass ich ihn in Russland getroffen und überlebt hatte. Willy blieb mehrere Tage in Bonn. Wir machten die obligatorische Rheindampfertour und auch eine Wanderung durch den Kottenforst bis Godesberg und zurück. In dieser Zeit lernte er meine Cousine Maria näher kennen. Aber nach ein paar Tagen war sein Urlaub abgelaufen.

»Ich muss zurück zu meiner Kompanie«, sagte er.

»Kann ich nicht mitkommen?«, fragte ich.

Willy lächelte: »Sei froh, dass du in Bonn bist. Du hast eine wunderbare Familie.«

»Musst du wieder nach Russland?«

»Vielleicht.«

»Aber die Kompanie besteht doch nur noch aus wenigen Männern.«

»Die Einheit wird neu aufgestellt.«

»Wozu?«

»Mach dir keine Sorgen um mich.«

»Wann sehen wir uns wieder?«

»Im nächsten Urlaub«, sagte Willy. »Ich verspreche es dir.«

»Schwörst du es?«

»Ich schwöre es.«

Ich schlang meinen Arm um seinen Hals: »Danke für alles.«

Als er ging, fühlte ich mich plötzlich sehr einsam.

Willy sollte in der Tat sein Versprechen halten. Aber erst später erfuhr ich, dass ich nicht der einzige Grund war, warum es ihn zurück nach Bonn zog. Auf der Wiedersehensfeier hatte ihn meine Cousine Maria Güßgen nachhaltig beeindruckt. Es dauerte nicht lange, und sie heirateten am 29. Juli 1944 in Bonn. Jetzt gehörte Willy also auch offiziell zur Familie. Er war inzwischen zum Hauptfeldwebel befördert. Für die Hochzeitsreise nach Wien erhielt er drei Tage Sonderurlaub. Dann musste er zurück nach Russland.

Mein Leben im Karthäuserhof? Zunächst war mir alles fremd und ich musste in den nächsten Tagen lernen, mich der neuen Umgebung anzupassen. Meine Uniform wurde eingemottet und ich bekam eine kurze Lederhose. Viel Geld zum Leben hatten wir nicht. Tante Grete, die jetzt für mein Wohlergehen sorgte, teilte sich damals mit ihrer zwanzigjährigen Tochter Liane und deren Mann Heinrich eine kleine Dachwohnung. Diese bestand aus drei Zimmern, einer Küche sowie einem Wohnzimmer, die alle Schrägen hatten. Ich bekam ein kleines Zimmer, von dem ich einen Blick auf den Venusberg und seine Apfelgärten hatte. Mit meiner Cousine Liane verstand ich mich von Anfang an besonders gut. Sie war gerade verheiratet. Ich hatte mir damals in Russland die Füße wund gelaufen. Liane kannte allerlei alte Hausmittel und verordnete mir täglich ein warmes Fußbad gegen die Schmerzen. Sie arbeitete als Verkäuferin in einem Bonner Kunstgewerbehaus. Ihr Mann, Heinrich Jakobs, Jahrgang 1913, war Berufssoldat bei der Marine und sollte in der folgenden Zeit als mein väterlicher Freund und Erzieher eine wichtige Rolle in meinem weiteren Leben spielen.

Heinrich musste den Lebensunterhalt der Familie bereits früh miterwirtschaften. Eigentlich körperlich noch zu klein

Der Familienclan

für die Arbeit an der Werkbank begann er nach der Schulzeit mit 14 eine Schreinerlehre, die ihn allerdings in das Heer der Arbeitslosen entließ: 1932 waren die Arbeitsmöglichkeiten als Schreinergeselle so schlecht, dass sich Heinrich zu einer Karriere als Berufssoldat bei der Marine entschloss, für ihn, wie er glaubte, die einzige Möglichkeit, sich aus häuslicher Enge und Armut zu befreien. Stationiert in Wilhelmshaven startete der spätere Obersteuermann und Offiziersanwärter seine Marinekarriere. Aber was für den Neunzehnjährigen mit dem Traum von der großen weiten Welt und einer Weltreise auf dem Segelschiff »Gorch Fock« begann, mündete 1939 in den Zweiten Weltkrieg. Was Krieg bedeutet, erlebte er zwar schon im Spanienkrieg, seine ganze Grausamkeit lernte er aber erst beim »Kanaldurchbruch« kennen, als er auf Torpedobooten zweimal versenkt wurde und viele seiner Kameraden den riskanten Einsatz mit ihrem Leben bezahlten. Er selbst wurde beide Male nur leicht verletzt aus der See gefischt. Privat hatte er sein Glück 1938 während eines Heimaturlaubs in Bonn gefunden, wo er seiner späteren Frau Liane begegnete.

In den nächsten Tagen lernte ich den Familienclan näher kennen.

Hitlerjunge und Lumpenkrämer

Ich lebte jetzt am Fuß des Venusberges bei einer Familie, die in der ganzen Südstadt angesehen war. Aber auch das idyllische Kessenich stand damals unter dem Hakenkreuz. Der Saal des Karthäuserhofes wurde als Produktionsstätte für die Kriegswirtschaft beschlagnahmt. Ich geriet schon kurze Zeit nach meiner Ankunft ins Schlepptau der Nationalsozialisten: Ich wurde im Jungvolk aufgenommen. Man verpasste mir das Braunhemd der Pimpfe mit dem schwarzen Halstuch, dem geflochtenen Lederknoten, der das Halstuch zusammenhielt, der Koppel und den kurzen schwarzen Manchesterhosen. Ich bekam auch eine Landsknechttrommel und marschierte mit den anderen Pimpfen durch Kessenich. Wir sangen:

»Es zittern die morschen Knochen,
der Welt vor dem großen Krieg.
Wir haben den Schrecken gebrochen,
für uns gibt es nur noch Sieg.
Wir werden weitermarschieren,
wenn alles in Scherben fällt,
denn heute hört es Deutschland
und morgen die ganze Welt …«

Ein paar sangen auch: »Denn heute gehört uns Deutschland und morgen die ganze Welt.«

Die dachten tatsächlich, dass am deutschen Wesen die Welt genesen würde: Sie wussten es nicht anders. Sie waren noch halbe Kinder wie ich. Aber ich fühlte mich ihnen voraus. Sie kannten als Abenteuerspielplatz nur den Venusberg, die umliegenden Gärten und die fast leeren Straßen in Kessenich. Da fuhren keine Panzer, nur wenige Autos und Pferdefuhrwerke. Auch Trümmergrundstücke gab es noch keine und Kriegsgräber auch nicht. Ich hatte in Russland brennende Dörfer gesehen und gefallene deutsche Soldaten begraben. Und ich hatte erlebt, dass nicht die ganze Welt auf Deutschland hört. In der Sowjetunion hatte man versucht, mich zum Bolschewiken zu drillen. Jetzt wollte man mich mit Zucht und Ordnung zum Hitlerjungen dressieren. Ein zackiger junger und blonder Fähnleinführer erklärte mir beim Einführungsunterricht, dass ich dem »Führer« unbedingt zu gehorchen hätte. »Adolf Hitler ist nicht Vertreter irgendeiner Partei«, sagte er, »sondern Vertreter des ganzen deutschen Volkes, dem allein er Rechenschaft schuldig ist. Er hat erkannt, dass Deutschland nur durch ein scharfes Schwert seine Weltmacht zurückgewinnen kann und hat dem deutschen Volk dieses Schwert geschmiedet. Führer und Volk gehören zusammen. Niemals wird das Reich zerstört, wenn ihr einig seid und treu.«

Wir machten Geländespiele und Wanderungen. Aber meine Begeisterung für die »körperlich geistige Ertüchtigung und Erziehung« hielt sich in Grenzen. Und mit dem mystischen Geschwätz von Blut und Boden, Rasse und nordischer

Kultur, die sich im nationalsozialistischen Deutschland erneuern sollte, konnte ich nicht viel anfangen. Auch in Kessenich sollten sich in den nächsten Wochen die Folgen des Krieges bemerkbar machen. Ich war inzwischen eingeschult worden und wir Pimpfe erhielten den Auftrag, für die deutsche Kriegswirtschaft lebenswichtige Sachen zu sammeln: Lumpen, Altpapier, Stanniol, Eisenabfälle und Knochen. Wir ließen uns das nicht zweimal sagen. Lumpenkrämer zu spielen war lustiger, als die Schulbank zu drücken. So lebte ich mich schnell in Kessenich ein und auch mein Deutsch wurde von Tag zu Tag besser.

In der Freizeit streifte ich mit meinen neuen Schulfreunden über den Venusberg, wo sich eine Kaserne befand und Flaksoldaten stationiert waren. Oder ich trieb mich mit ihnen in der Gronau, der wilden Badeanstalt an den Rheinwiesen, herum. Wir kletterten auf den Bismarckturm, von dem man einen schwindelerregenden Blick auf das Siebengebirge hatte.

»Ich muss mit dir etwas besprechen«, sagte eines Tages die Oma.

»Ja, Oma.«

»Wir sind der Auffassung, dass deine Deutschkenntnisse inzwischen so gut sind, dass du auf das Beethoven-Gymnasium gehen kannst.«

Mir blieb fast das Herz stehen. Das Beethoven-Gymnasium war damals wie heute ein Traum für viele Jungen in meinem Alter.

»Ist das wirklich wahr?«

Sie nickte.

»Oma, hast du denn das Geld dazu?«
»Wir legen alle zusammen.«
»Und die Schulbücher?«
»Die besorgen wir auch.«
Einerseits war ich stolz, dass meine Familie mich auf die berühmte Bonner Traditionsschule schicken wollte. Andererseits hatte ich Angst davor, dass ich versagen könnte.
»Meinst du denn, ich schaffe das mit meinen Deutschkenntnissen?«
»Ich bin sicher, dass du es schaffst«, sagte die Oma. »An Erfahrung bist du den anderen Schülern doch weit voraus.«

Das Beethoven-Gymnasium

Mein Leben lang werde ich mich an den ersten Schultag im Beethoven-Gymnasium an der Koblenzer Straße erinnern. Ich hatte mich inzwischen über die wechselvolle Geschichte der Lehranstalt informiert: Es waren Jesuiten, die 1673 zwei Häuser Ecke Gudenaugasse – Wenzelgasse für 5351 Taler und 22 Heller gekauft und darin ein Institut für 80 Schüler eingerichtet hatten. Im Laufe ihrer langen Geschichte sollte die Schule mehrmals durch Kriege und Brände zerstört werden. Sie wurde aber immer wieder aufgebaut. Als der Jesuitenorden aufgehoben wurde, entstand eine kurfürstliche und damit staatliche Lehranstalt. 1789 studierte Ludwig van Beethoven an der Kurfürstlichen Akademie, zu der auch die Schule als ein Teil gehörte. Während der französischen Besatzungszeit wurde das Gymnasium von den Franzosen beschlagnahmt und erst als Lazarett und anschließend als »Ecole Centrale« und »Ecole Secondaire« benutzt. Nach dem Abzug der Franzosen wurde die Schule in ein »königlich-preußisches Gymnasium« umgewandelt und aus Platznot ein Neubau an der Koblenzer Straße errichtet. 1925 wechselte die Schule den Namen und hieß fortan »Beethoven-Gymnasium«.

Ich betrat mit klopfendem Herzen das Schulgebäude an der Koblenzer Straße. Wie würde ich als ehemaliger Sowjetjunge

Das Beethoven-Gymnasium

und Sohn eines Kommunisten auf dem Gymnasium behandelt werden? Der Rektor war über meinen Werdegang informiert und versicherte mir, dass kein Schüler seiner Herkunft wegen benachteiligt oder schikaniert werde. Dies sei am Beethoven-Gymnasium undenkbar. Dann führte er mich in meine Klasse und stellte mich als neuen Mitschüler vor. Ein Tuscheln ging durch die Klasse, denn inzwischen hatte sich auch unter den Schülern herumgesprochen, dass ich aus Russland kam. In den nächsten Tagen lernte ich die Schulregeln kennen. Auch wenn das Beethoven-Gymnasium in Bonn als »schwarzes Gymnasium« wegen seiner wenigen nationalsozialistischen Lehrer galt, begann jede Unterrichtsstunde mit einem »Heil Hitler«. Wir mussten stramm stehen und zackig grüßen. Die Unterlassung des deutschen Grußes zog eine Ohrfeige nach sich.

Seit 1933 gehörten Erbgesundheitspflege und Rassenkunde zum Schulunterricht und alle Lehrkräfte mussten den Diensteid auf Hitler ablegen. In der Biologiestunde wurde »Rasseneinheit« propagiert und in Abiturprüfungen hierzu Fragen gestellt. Jüdische Lehrer waren längst durch das »Gesetz zur Wiederherstellung des Bundesbeamtentums« aus dem Schuldienst entlassen worden. Viele Unterrichtsthemen waren auf den Krieg bezogen. Man erklärte uns, warum der Offizier für die Ausbildung seines Berufes eine höhere Schulbildung brauchte. Und in der Mathematikstunde wurde diskutiert: »Wie viele Bomben sind nötig, um das Zentrum von Paris zu zerstören?«

Aber außer Bomben brauchte der »Führer« auch trainierte Körper. Dementsprechend wurde der Sport forciert. Schulfrei gab es am 20. April. Dann wurde Hitlers Geburtstag gefeiert. Andere nationalsozialistische Feiertage, die zelebriert wurden, waren der Tag des deutschen Volkstums, die Gedenkfeier zum 9. November 1923 und der Tag der Machtübernahme. Die meisten meiner Mitschüler waren Söhne aus gutem Hause. Viele gehörten der Hitlerjugend an und glaubten an die Nachrichten, die sie im Volksempfänger hörten oder die sie im »Stürmer« lasen. Sie waren seit Jahren dieser aggressiven Propaganda ausgesetzt. Sie schwadronierten von den »Novemberverbrechern«, wer immer das war. Sie redeten von Geheimwaffen und glaubten immer noch an den Endsieg. Aber am schlimmsten war, dass der Rassenkundeunterricht ihr Denken vergiftet hatte. Für sie existierten nur »Arier« und »Untermenschen«. Und nicht nur Juden, sondern auch Russen zählten für sie zur letzteren Kategorie. Da beschlich mich manchmal das Gefühl, auf der falschen Seite zu stehen.

Eines Tages erschien ein höherer Funktionär der NSDAP in der Schule. Ein kleiner gedrungener Mann in brauner Uniform und allerlei goldenem Behang. Er war gekommen, um mir die Ostmedaille für die Teilnahme an der »Winterschlacht im Osten 1941/42« zu verleihen. Ich hätte heldenmütig für den Führer gekämpft, erklärte er. Und ich sei ein leuchtendes Vorbild für die deutsche Jugend. Aber ich fühlte mich nicht als Held. Trotzdem sah ich Neid in den Augen der anderen Schüler, als mir der Parteifunktionär den Orden an meine Kinderbrust heftete.

An einen Mitschüler erinnere ich mich besonders ungern, weil er sich ständig als fanatischer Hitlerjunge und Großmaul

Das Beethoven-Gymnasium

aufspielte. Eines Tages lauerte er mir mit zwei anderen Gleichgesinnten vor dem Gymnasium auf. Er hatte ein spitzes Gesicht und trotz seiner Jugend schon einen verkniffenen Mund.

»Da kommt unser halber Russe«, sagte er und baute sich vor mir auf. »Schweinerei, dass jetzt sogar Bolschewiken auf dem Beethoven-Gymnasium zugelassen werden.«

Aber er konnte mir keine Angst einjagen. Ich war damals schon ziemlich groß und kräftig für mein Alter und außerdem durch meine Erlebnisse in Russland abgehärtet. Ein paar andere Schüler kamen neugierig näher.

Ich blickte den Jungen an: »Was willst du?«

Er stemmte die Arme in die Hüften: »Du verpisst dich besser wieder nach Russland.«

»Soll das ein Befehl sein?«, sagte ich.

Der Junge blickte mich erstaunt an: »Dein Vater ist Bolschewik, oder?«

»Na und?«

»Bolschewiken sind Untermenschen.«

»Woher weißt du das?«

Der Junge war einen kurzen Augenblick perplex. Dann hatte er sich wieder gefangen und sagte: »Bolschewiken und Kommunisten waren schon immer Untermenschen. Ich weiß das ganz genau. Sie sind Nicht-Arier. Das habe ich im Biologieunterricht gelernt.«

»Ach Mensch, du gehst mir mit deinem Geschwätz auf die Nerven«, sagte ich.

Der Junge sah mich scharf an: »Was hast du gesagt?«

»Ja, du hast richtig gehört. Deine Rassentheorie geht mir auf den Keks. Du bist doch krank im Kopf.«

Er stierte mich ungläubig an und in diesem Augenblick hatte ich wirklich das Gefühl, dass er an einer unsichtbaren Krankheit litt.

Dann schrie er: »Ich werde dich bei der Kreisleitung wegen Volksverhetzung anzeigen.«

Ich nickte: »Tu das ruhig.«

Plötzlich versuchte er mit der Faust nach mir zu schlagen. Ich wich dem Schlag aus und schlug ihm meinerseits mit aller Kraft auf den verkniffenen Mund. Seine Augen verdrehten sich und seine beiden Freunde mussten ihn auffangen. Dann spukte er Blut und schrie: »Mein Vater ist in der Partei. Das wird dich teuer zu stehen kommen!«

»Du kannst mir keine Angst einjagen«, sagte ich.

Die anderen Schüler starrten mich ungläubig an. Es war das erste Mal, dass ich jemanden geschlagen hatte, und ich bereute es nicht. Ich hatte es getan, um die Ehre meines Vaters und auch die meiner ehemaligen russischen Freunde zu verteidigen.

Krieg aus den Wolken

Bis Mitte 1943 blieb Bonn von schweren Bombenangriffen verschont. Einige ganz schlaue Luftschutzwarte meinten tatsächlich, dass die Stadt wegen ihres begrenzten strategischen Wertes kein Angriffsziel für die amerikanischen B-17-Bomber sei. Aber bei aller Kriegspropaganda: Uns packte beim Aufheulen der Luftschutzsirenen jedes Mal die Angst und wir brachten uns so schnell wie möglich im Bunker auf der Lotharstraße in Sicherheit. Hier harrten wir oft stundenlang aus, bis der Alarm vorüber war. Als in den Morgenstunden des 12. August 1943 106 amerikanische B-17-Bomber wegen Vernebelung der »Rheinischen Braunkohle Kraftstoff AG« in Wesseling als Ersatzziel Bonner Industrieanlagen in Schlachtformation anflogen, befand ich mich gerade im Beethoven-Gymnasium. Beim ersten Sirenenheulen rannte ich sofort mit den anderen Schülern in den Luftschutzkeller. Wir hatten dies oft geübt. Jetzt hockten wir auf einfachen Holzbänken und lauschten ängstlich. Unser Atem schien das einzige Geräusch zu sein. Nach einer Weile hörten wir ein dumpfes Grollen. Die Birne im Drahtkäfig unter der Decke fing an zu flackern. Mein Nebenmann begann mit den Fingern gegen die Wand zu trommeln.

»Ruhe!«, befahl eine Stimme, eine Lehrerstimme.

Der Schüler neben mir starrte ängstlich zur Decke: »Hoffentlich hält der Keller.«

»Ruhe, habe ich gesagt«, war wieder die Stimme des Lehrers zu vernehmen.

Im gleichen Augenblick folgten weitere Detonationen. Jetzt schon viel näher. Die Kellerwände vibrierten. Ein Stück Putz löste sich von der Wand und fiel herab. Ich hielt den Atem an. Musste ich jetzt sterben? Bange Minuten folgten. Dann kam das dünne Geheul der Entwarnung. Da wusste ich, dass ich noch einmal davon gekommen war. Der weitere Unterricht fiel an diesem Tag aus. Ich lief mit den anderen Schülern auf die Koblenzer Straße und sah mich um. Die Häuser standen unbeschädigt da. Die Bomber hatten offenbar ihre Ziele verfehlt. Ich ging weiter in Richtung Kessenich. Auch hier waren die Häuser heil, die Dächer unversehrt. Ich atmete auf. Als ich aber die Pützstraße erreichte, roch ich plötzlich Rauch, keinen Schornsteinrauch, Brandgeruch. Ich ging schneller. Aus dem Fenster eines Hauses beugte sich eine Frau: »Eine Bombe hat den Karthäuserhof getroffen!«

»Was?«, fragte ich erschreckt.

Die Frau machte eine Bewegung mit der Hand zur nächsten Ecke.

»Ist jemand verletzt worden?«

»Junge, wie soll ich das wissen«, sagte die Frau.

Aus der Erfahrung der letzten Wochen wusste ich, dass meine Familie sich normalerweise bei Alarm im Bunker auf der Lotharstraße in Sicherheit brachte. Trotzdem packte mich ein ungutes Gefühl. Ich rannte los. Als ich die nächste Ecke erreichte, blieb ich bestürzt stehen: Das Geburtshaus meiner

Mutter, unser Familiensitz, war nur noch eine Ruine. Von der Fassade des Fachwerkhauses und des großen Saals war nichts mehr zu sehen. Einige dicke Balken des ehemaligen Dachstuhls ragten aus dem Trümmerhaufen. An zwei Stellen stiegen kleine Rauchsäulen empor. Nur die dicken Mauern des Bühnenhauses und ein Teil der Kegelbahn waren stehen geblieben. Männer in grünen Uniformen gruben mit Schaufeln in den schwelenden Trümmern. Wasser strömte aus einer geplatzten Leitung. Die Straße war abgesperrt, ein Durchkommen unmöglich. Ich musste mir einen Weg um die Nachbarhäuser herum suchen und stolperte durch einen Bombentrichter in unserem Garten, um zu den Bergungskräften zu kommen. Ich erkannte einen der Männer und lief zu ihm. Es war Heinrich Jakobs, der für ein paar Tage Heimaturlaub hatte.

»Halt!«, schrie ein Luftschutzwart und versuchte mich festzuhalten. »Kinder haben hier nichts zu suchen. Das ist Aufräumgebiet.«

»Lassen Sie mich los!«, schrie ich. »Ich wohne hier.«

»Egal«, sagte der Mann. Er trug einen Helm und eine Uniform mit schmutzigen Kragen. Heinrich kam heran und sagte scharf: »Lassen Sie den Jungen los. Er gehört zur Familie.«

Der Luftschutzwart ließ mich los. Heinrich zog mich sanft zur Seite. Ich blickte ihn an. Sein Gesicht und seine Hände waren vom Ruß geschwärzt.

»Ist jemand verletzt worden?«

»Onkel Klaus und Cousin Helmut sind verschüttet worden. Sie waren hier, als die Bomben fielen. Wir haben gerade mit der Suche nach ihnen begonnen.«

»Und was ist mit der Oma?«

»Wir haben sie in den Keller gebracht, als der Fliegeralarm begann«, sagte Heinrich. »Sie konnte wegen der Schmerzen in ihren Beinen nicht bis zum Bunker laufen.«

»Ich bin kräftig und kann beim Ausgraben helfen.«

Heinrich nickte und gab mir eine Schaufel.

Zuerst gruben wir einen Mann aus. Er war nur leicht verletzt und berichtete, er sei Dachdecker und habe zusammen mit zwei Kollegen Onkel Klaus und Cousin Helmut bei Reparaturarbeiten geholfen. Als die Bomben fielen, seien die Männer in Richtung Bierkeller geflüchtet. Aber nur Helmut habe als Jüngster und Schnellster den Keller erreicht. Die anderen hätten es nicht mehr bis zum Luftschutzraum geschafft.

Wir gruben fieberhaft weiter. Rauch, der aus den Trümmern stieg, erschwerte die Bergungsarbeiten. Außerdem bestand die Gefahr, dass die großen, verschütteten Heizöfen, die sich im Saal befanden, jeden Augenblick das ganze Trümmerfeld in Brand setzten.

»Es ist zu gefährlich, hier weiter zu graben«, meinte einer der Helfer. »Unter diesen Trümmern überlebt kein Mensch.«

»Woher wollen Sie das wissen?«, sagte Heinrich. »Es überleben immer welche.«

»Und woher wissen Sie, dass sich da unten die Frau Güßgen befindet?«

»Sie kann nur da unten sein.«

Der Helfer blickte skeptisch auf den Schuttberg: »Meinen Sie wirklich, dass es noch Zweck hat, hier weiter zu graben?«

»Da unten ist meine Oma«, schrie ich. »Vielleicht ist sie nur verletzt.«

»Beruhige dich«, sagte Heinrich bestimmt. »Wir holen sie raus.«

Danach trat Stille ein. Wir begannen fieberhaft Mörtel und Steine wegzuräumen. Von Zeit zu Zeit hielten wir kurz mit der Arbeit inne und horchten auf ein Lebenszeichen. Aber wir hörten nichts. Schließlich konnten wir den Eingang zum Keller freilegen. Heinrich stieg mit einer Taschenlampe die Treppe hinunter. Dabei rief er ganz laut: »Oma.« Doch sie antwortete nicht. Ich folgte ihm in den Keller und ahnte Schlimmes, obwohl das Gewölbe dem Einsturz des Saales standgehalten hatte. Als wir das Ende des Ganges erreichten, sah ich meine Oma in ihrem Sessel sitzen, die Beine wie immer mit einer Wolldecke bedeckt, um die Schultern eine schwarze Stola. Ein einzelner Balken hatte die Gewölbedecke durchstoßen und die Oma tödlich am Kopf getroffen. Es war ganz still, als Heinrich ihren leblosen Körper aus dem Keller schleppte und auf eine Bahre legte. Ich konnte nicht glauben, dass die Oma tot war. Ich war immer davon überzeugt gewesen, dass sie hundert Jahre alt wird. Immerhin wussten wir jetzt, dass Cousin Helmut den Luftschutzkeller nicht erreicht hatte. Er musste irgendwo anders unter den Trümmern liegen. Inzwischen waren zwei weitere Männer schwer verletzt geborgen und in das nahe liegende Krankenhaus des Kessenicher Klösterchens abtransportiert worden. Als nächsten fanden wir Onkel Klaus. Er war bewusstlos und hatte bis zu den Schultern im Schutt stehend im Kellergang den Einsturz des Gebäudes überlebt. Glücklicherweise hielt die Kellerdecke. Während wir ihn ausgruben, kam er zu Bewusstsein und berichtete, dass sich Cousin Helmut ganz in der Nähe befinden müsse. Unterdessen hatte sich der Brandherd unter dem zerstörten Saal weiter ausgebreitet und plötzlich schlugen Flammen aus dem mit Holzbalken durchgesetzten Schuttberg. Alle, die nichts mit den Löscharbeiten zu tun hatten, mussten das Grundstück des zerbombten Karthäuserhofs verlassen. Jetzt wurde nur noch Helmut vermisst. Unter dem Schutz des Löschtrupps suchte eine kleine Bergungsmannschaft weiter. Aber die Aussicht, ihn lebend zu bergen, schwand von Minute zu Minute. Und auch meine Hoffnung, unseren Foxterrier Micky eventuell noch aus den Trümmern zu retten, war dahin. Am Abend fanden sich alle Familienmitglieder bei Onkel Peter auf der Sandstraße ein. Seine Wohnung war gerade groß genug, dass jede Familie ein Zimmer bekam. Wir trauerten um die Oma, aber unsere Hauptsorge galt dem vermissten Helmut. Obwohl wir äußerst erschöpft waren, machten wir in der Nacht kein Auge zu. Am Morgen traf die traurige Botschaft ein: Die Bergungsmannschaft hatte Helmut im Bierkeller gefunden, erdrückt von den Schuttmassen.

In den nächsten Tagen verteilte sich die Familie auf verschiedene Wohnungen in Bonn. Ich blieb bei Tante Grete und meiner Cousine Liane und ihrem Mann Heinrich. Wir zogen in ein leer stehendes Haus in Kessenich, das dem Bonner Biologen Jansen gehörte. Damals wurden auch viele Kinder und Schüler mit ihren Lehrern aufs Land evakuiert. Kinderlandverschickung hieß die Aktion. Kinder bis zum vierten Schuljahr und Hitlerjungen ab Klasse fünf wurden in Familien, Jugendherbergen oder besonderen Lagern untergebracht. Ich konnte in Kessenich bei meiner Familie bleiben. Unser Haus hatte einen schönen Garten mit Äpfel- und Birnbäumen.

Krieg aus den Wolken

Außerdem wuchsen da auch Kartoffeln und Möhren, Lauch und Zwiebeln, was in dieser Zeit ein Luxus war. In den folgenden Wochen besuchte ich weiterhin das Beethoven-Gymnasium. Aber der Krieg machte einen normalen Schulbesuch immer schwieriger. Infolge der stundenlang dauernden Fliegeralarme konnte er schließlich kaum noch durchgeführt werden. Auch der Mangel an Schreibpapier machte sich bemerkbar. Aber die Reifeprüfungen wurden trotz der widrigen Umstände weiter durchgeführt. Manche Lehrer waren immer noch bemüht, den Willen zum Durchhalten und die Überzeugung vom Endsieg in uns Schülern zu festigen. Nach dem Motto »Niemals wird das Reich zerstört, wenn ihr einig seid und treu« forderten sie von uns restlosen Einsatz im Sinne des totalen Krieges. In der Tat: Der totale Krieg sollte bald auch Bonn erreichen. Ich gewöhnte mich daran, ständig den Himmel nach den Kondensstreifen der Bomber zu observieren. Sobald ich die Sirenen hörte, rannte ich in den Bunker. Ich verbrachte viele Stunden in engen und tiefen Betonzellen und manchmal glaubte ich zu ersticken.

Am 18. Oktober 1944 kam es besonders schlimm: 125 englische Bomber, begleitet von fast doppelt so vielen Jagdflugzeugen, nahmen Kurs auf Bonn. Eine Freundin meiner Mutter, die bei der Stadt angestellt war, hatte uns vorgewarnt, dass ein Bombergeschwader im Anflug sei. Wir flüchteten mit wenigen Habseligkeiten in den Bunker. Ich saß neben Liane und wir harrten der Dinge, die da kommen würden.

»Vielleicht bombardieren sie gar nicht Bonn und fliegen weiter«, sagte Liane.

Zuerst war nur das Abwehrfeuer der Flak zu hören.

»Horch, bum bum«, rief ein Kind.

»Sei still«, sagte eine Frau.

Ich lauschte auf die Geräusche hinter den Betonwänden. Das Abwehrfeuer nahm zu. Dann war gedämpft das Dröhnen von Explosionen zu hören. Es klang wie ein Trommelwirbel. Der Lärm schwoll an und kam rasch näher.

»Die Hölle kommt auf Erden«, flüsterte eine Frau.

»Halten Sie den Mund«, sagte ein Mann.

Dann ertönte ein Heulen, als stürze ein Bomber direkt auf den Bunker zu. Ein schwerer Schlag folgte. Der Bunker schaukelte wie ein Schiff im schweren Seegang. Kalk rieselte von der Decke.

»Das war ganz nah«, flüsterte Liane. Sie griff nach meiner Hand und drückte sie so fest, dass es wehtat.

Ein Kind begann zu wimmern. Beim nächsten Einschlag ging das Licht aus.

In der Dunkelheit keuchte eine Frauenstimme: »Ich ersticke!«

»Kein Grund zur Panik«, ertönte die Stimme des Bunkerwarts. »Wir sind nicht getroffen.«

Eine elektrische Taschenlampe flammte auf und der Lichtkreis glitt über die blutleeren Gesichter von Frauen, Männern und Kindern, die sich dicht aneinander an die Wand drückten. Der entsetzliche Trommelwirbel dauerte etwa zehn Minuten. Dann verloren die harten Schläge an Stärke. Auch das rasende Knattern der Flakgeschütze nahm ab. Alles wurde still. Nur die Dunkelheit blieb.

»Gott sei Dank«, flüsterte Liane. »Es ist vorbei.«

Ich wollte aufstehen: »Können wir jetzt raus?«

Der Bunkerwart richtete die Taschenlampe auf mein Gesicht: »Erst bei Entwarnung.« Dann entfernte er sich zur Schleuse. Der Strahl der Lampe glitt vor ihm durch den Gang.

»So schlimm war es noch nie«, sagte Liane.

Als nach einigen Minuten Entwarnung gegeben wurde, stolperten wir aus der Dunkelheit ins Freie. Draußen herrschte ein diffuses Licht. Der Himmel glühte wie bei einer roten Abenddämmerung. Eine gigantische Rauchwolke türmte sich über Bonn und der Wind trieb uns warmen Aschenregen ins Gesicht. Er stank nach Brand und Tod. Als ich am nächsten Tag mit Liane in die Stadt ging, sah ich das ganze Ausmaß der Zerstörung. Komplette Häuserfronten waren nicht mehr da. Im bläulich schwelenden Dunst, der aus den Trümmern stieg, suchten Rettungsmannschaften fieberhaft nach Überlebenden. Erst Tage später wurde die schreckliche Bilanz bekannt: 300 Bonner hatten im Feuerhagel von 77 000 Brandbomben den Tod gefunden, über 1000 waren verletzt worden. 700 Gebäude der Bonner Altstadt lagen in Schutt und Asche. Nur das Geburtshaus Beethovens war wie durch ein Wunder unzerstört geblieben. 20 000 Menschen waren obdachlos geworden. Nach diesem verheerenden Angriff wurden die Schulen geschlossen. Das Beethoven-Gymnasium war durch fünf Sprengbomben zerstört worden. Tausende von Bonnern flohen aus der Stadt. Mütter mit Kindern wurden auf Anordnung der Kreisleitung aufs Land evakuiert. In den leer stehenden Wohnungen brachte man ausgebombte Rüstungsarbeiter unter. Sie wurden noch für die Kriegswirtschaft gebraucht. Der Endkampf sollte weitergehen. Es begann die Zeit, in der das Rennen und das Anstehen um Sonderzuteilungen, ein

Stück Brot, ein paar Gramm Zucker, ein bisschen Margarine oder Marmelade losging. Das Organisieren lebenswichtiger Sachen wurde meine Hauptbeschäftigung.

Der Not gehorchend, durchstöberte ich mit ein paar Freunden leer stehende Häuser, deren Bewohner Bonn verlassen hatten. Durch Zufall machten wir einmal eine besonders fette Beute: Und zwar in der Villa eines hohen Parteifunktionärs, von dem gemunkelt wurde, dass er seine SA-Uniform selbst im Bett anbehielt. Er war seit einigen Tagen verschwunden. Es hieß, er habe sich in Zivil nach Süddeutschland abgesetzt. Nachdem wir uns vergewissert hatten, dass die Villa wirklich unbewohnt war, stiegen wir durch ein Fenster ein. Im leer geräumten Wohnzimmer hing zwischen Hirschgeweihen in einem prunkvollen Rahmen ein Porträt des Führers. Aber der Ölschinken interessierte uns nicht. Wir suchten echte Naturalien. Zu unserer Überraschung entdeckten wir im Keller eine Kiste mit exklusiven Spirituosen, die der Hausherr beim übereilten Auszug offenbar vergessen hatte. Nachdem wir die Beute redlich aufgeteilt hatten, machte ich mich aus dem Staub und lief nach Hause. Heinrich machte große Augen, als ich ihm meinen Anteil präsentierte, eine Flasche Armagnac. Er nahm die Flasche in die Hand und betrachtete das Etikett: »Das ist ja echter Armagnac. Wo hast du den aufgetrieben?«

»Im Haus eines Parteibonzen, der sich abgesetzt hat.«

Heinrich blickte mich ernst an: »Solche Streifzüge lässt du besser bleiben. Das kann verdammt gefährlich werden.«

»Ist doch nur eine Flasche Armagnac.«

»Gewisse Leute würden dich dafür an die Wand stellen.«

»Man wird doch nicht für eine Flasche Armagnac erschossen!«

»Man wird hier inzwischen für nichts erschossen.«

Ich blickte Heinrich an. Er hatte mittlerweile einen wichtigen Platz in meinem Leben eingenommen. Er war einer der wenigen Menschen, denen ich vertraute und mit denen ich offen reden konnte. Ich wusste, dass sein Herz an seinem Beruf als Seemann und Navigationsoffizier hing. Nach der Versenkung seines Torpedobootes hatte er das EK 1 bekommen, aber mit den Ideen der Nazis tat er sich immer schwerer. Heinrich zog den Korken aus der Flasche und füllte zwei Gläser: »Nun wirst du in Kürze der einzige Mann im Hause sein.«

»Wieso?«

Er lächelte mich an, aber seine klaren blauen Augen blieben ernst: »Ich muss in den nächsten Tagen zu meiner Einheit zurück.«

»Obwohl alle wissen, dass der Krieg verloren ist.«

Heinrich nickte: »Der Krieg ist nicht nur verloren. Wir werden auch bitter dafür bezahlen müssen, dass wir die Welt erobern wollten. Wir haben daran geglaubt, dass Deutschland immer größer wird. Das war ein Fehler. Das Leid, das wir anderen zugefügt haben, zahlt man uns jetzt zurück. Wir haben zu spät erkannt, dass der Nationalsozialismus zu Unterdrückung und Sklaverei geführt hat.« Er hob sein Glas, um mit mir anzustoßen: »Prost, Walter. Trinken wir darauf, dass wir bald wieder frei atmen können.«

Wir stießen an. Ich spürte, dass Heinrich am liebsten in Bonn geblieben wäre. Doch das hätte in seiner Stellung Selbstmord bedeutet.

Er räusperte sich: »Für alle Fälle lasse ich dir meine Pistole und meinen Ordonnanzsäbel hier. Man weiß ja nie, was passiert. Wenn ich weg bin, musst du auf die Frauen aufpassen.« Er stand auf und holte die Waffen. Ich starrte auf die mattglänzende Pistole und den glänzenden Säbel. »Nur für den Notfall«, sagte Heinrich und gab mir die Pistole.

Ich nickte.

»Falls die Alliierten in Bonn einrücken, vergräbst du die Waffen im Garten«, sagte Heinrich. »Du darfst dich auf keinen Fall damit erwischen lassen.«

So avancierte ich zum Bodyguard von meiner Tante Grete und meiner Cousine Liane. Wenn wir in den Bunker gingen, trug ich die Pistole immer gut versteckt in der Innentasche meiner Jacke. Als wir einmal nachts nach einer Entwarnung zurückkamen, sahen wir auf der Terrasse des Hauses die Silhouette zweier Gestalten. Ich wollte schon die Pistole entsichern, aber Tante Grete hielt mich zurück. Wie sich herausstellte, bestand auch keine Gefahr. Es handelte sich um ein Pärchen aus Polen, das als Zwangsarbeiter in Kessenich verpflichtet war und unsere Terrasse bei Fliegeralarm als Liebesklause benutzt hatte. Bevor ich eventuell doch noch mit der Pistole Unheil anrichten konnte, entschied Tante Grete, dass die Waffe vergraben wurde. Und als Ersatz wurde zu unserem Schutz ein großer Schäferhund angeschafft.

Die Amis kommen

Im Januar 1945 wurde Bonn zur Festung erklärt. Uns allen war klar, dass es der Anfang vom endgültigen Ende war. Aber es gab immer noch fanatische Parteifunktionäre, die unbeirrt an den Endsieg glaubten und nicht davor zurückschreckten, im letzten Moment Großväter und Kinder im »Volkssturm« zu rekrutieren. Das allerletzte Aufgebot wurde auf den Endsieg eingeschworen und sollte mit ein paar alten Karabinern den Bonner »Heimatboden« verteidigen. Ich hatte Glück, dass ich zu jung war für den »Volkssturm«. Ich war ja erst dreizehn. Aber ich kann mich noch sehr gut an den traurigen Haufen erinnern, der dem Kreisleiter unterstellt war: ältere Männer, die bislang wegen ihres fortgeschrittenen Alters oder sonstiger Behinderungen als nicht kriegsverwendungsfähig (kv.) galten, und zumeist jugendliche Hitlerjungen, halbe Kinder. Man hatte sie im Schnellverfahren völlig unzureichend zu Hilfskriegern ausgebildet. Nur ein geringer Teil besaß eine Uniform. Die meisten trugen abgetragene Zivilkleidung und eine Armbinde mit der bedruckten Aufschrift »Deutscher Volkssturm – Wehrmacht«. Ein Stahlhelm auf dem Kopf und eine Koppel mit Patronentaschen ergänzte die primitive Bekleidung und Bewaffnung. Aber: Hitlers »Krieger von der traurigen Gestalt« – Don Quichotte ließ grüßen – sollten nicht gegen Windmühlen kämpfen, sondern gegen einen überlegenen Gegner verheizt werden. Mit ein paar alten Flinten und Panzerfäusten in der Hand, Fahrrädern und Handkarren sollten sie die amerikanischen Panzer aufhalten. Mangels anderer Kräfte wurde der verlorene Haufen noch durch BdM-Mädchen verstärkt. Sie waren für Kurierdienste vorgesehen. Was für ein Irrsinn: Auch die vorrückenden amerikanischen Truppen sahen es so. Sie warfen über Bonn Flugblätter ab, die den »Volkssturm« als »neue Vergeltungswaffe des deutschen Reiches« bewitzelten und ihm einen »Kampfwert gleich Null« bescheinigten. Zur selben Zeit wurden Kinder, Frauen und Greise zum Ausheben von Panzergräben eingesetzt. Auch Liane und ich mussten trotz Tiefliegerangriffen schanzen gehen.

Liane protestierte gegen den Kindereinsatz. Aber erst nach der Flucht der örtlichen Parteigrößen wurden wir Kinder von den Einsätzen freigestellt und der Bonner »Volkssturm« aufgelöst.

Am 7. März erreichten amerikanische Panzer den Kottenforst bei Bonn. Die für die Verteidigung der Stadt vorgesehene SS-Division traf nicht mehr rechtzeitig ein. Sie war in der Eifel von den amerikanischen Verbänden abgeschnitten worden. Jetzt sollten Teile der Panzerbrigade »Feldherrnhalle«, Reste der schlesischen 62. Volks-Grenadier-Division, die Bonner Schutzpolizei sowie unausgebildete Soldaten eines Rekrutenregiments die »Festung Bonn« bis zur letzten Patrone verteidigen.

Die Stunde Null: Ich saß am Vormittag des 8. Mai 1945 mit Liane in der Küche. Im Hintergrund lief der kleine Volksempfänger. Noch immer wurde über glorreiche Erfolge der

Die Amis kommen

deutschen Armee gesprochen, als plötzlich vom Venusberg das laute Motorengeräusch von Panzern zu vernehmen war. Granaten heulten in Richtung Innenstadt. Wir hörten MG-Feuer und hin und wieder vereinzelte Gewehrschüsse.

»Es ist so weit«, sagte Liane. »Die Amerikaner.«

Ich blickte sie an: »Sollten wir nicht eine weiße Fahne heraushängen, damit die Amis sehen, dass wir friedfertig sind?«

»Lass uns damit noch etwas warten«, schlug Liane vor.

»Warum?«

»Wir dürfen es nicht zu früh tun. Hier wimmelt es immer noch von Fanatikern, die vom Endsieg überzeugt sind.«

»Was werden die Amerikaner mit uns machen?«

»Wir können nur hoffen, dass sie jetzt zum Schluss nicht noch mehr kaputtmachen und ihr Versprechen halten.«

»Welches Versprechen?«

»Sie haben uns versprochen, dass sie uns frei von Hunger und Furcht machen.«

»Glaubst du daran?«

»Es wäre schon ein Fortschritt, wenn wir nicht mehr in den Bunker rennen müssen.«

Ich stellte mich hinter die Gardine in der Küche und spähte nach draußen. Nach einer Weile war das metallische Rasseln schwerer Ketten zu hören. Dann tauchten Soldaten in graugrünem Khaki auf. Sie waren mit Sturmgewehren oder MPs bewaffnet und am Gürtel trugen sie Eierhandgranaten. Ihre runden Helme waren mit grünen Netzen überzogen.

Ich sah, wie die Soldaten ausschwärmten, um die Häuser zu durchsuchen. »Sie kommen«, sagte ich.

Liane zuckte zusammen: »Dein Orden, deine Uniform…!«

»Was ist damit?«

»Wir haben vergessen, die Sachen zu verstecken! Wenn die Amerikaner die Uniform finden, halten sie dich womöglich für einen Hitlerjungen und du wirst verhaftet.«

Sie lief zum Küchenschrank und zog die Schublade auf, wo ich meine Ostmedaille deponiert hatte.

»Schnell, hol deine Uniform«, sagte Liane.

Ich lief in mein Zimmer und brachte ihr die Uniform. »Wo willst du die Sachen verstecken?«

Liane sah sich hilflos um. Dann fiel ihr Blick auf den Backofen in der Küche. Sie öffnete die Klappe und stopfte die Uniform mit dem Orden hinein.

In diesem Augenblick klopfte es am Eingang. Liane schloss die Tür auf. Zwei GIs standen kaugummikauend draußen, die Maschinenpistolen schussbereit in ihren Händen. Der eine hatte eine Hakennase, der andere war ein langer Kerl mit weißen Zähnen und schwarzer Haut. Zum ersten Mal in meinem Leben sah ich einen farbigen Soldaten.

Der Schwarze grinste Liane an: »Good morning, pretty woman.« Dann zeigte er auf mich: »Your boy?«

»Nein«, sagte Liane.

»Where is your husband?«

»Bei der Marine.«

Aus dem Volksempfänger ertönte plötzlich eine schneidende Stimme.

»Go to hell«, sagte der Soldat mit der Hakennase. Er hob seine Maschinenpistole und feuerte eine Salve auf das Gerät ab. Die Stimme brach ab. Aus dem Lautsprecher kam nur noch ein pfeifendes Geräusch.

Der Farbige grinste: »Hitler kaputt.« Dann wurde er wieder ernst: »Have you guns?«

»Nein«, sagte Liane. »Wir haben keine Waffen.«

Sie begannen die Küche zu durchsuchen. Ich blickte Liane an. Sie presste ihre Lippen zusammen. Auch ich hatte Angst. Plötzlich blieb der Soldat mit der Hakennase vor dem Herd stehen. Er öffnete die Klappe und sein Blick fiel auf die zusammengeknüllte Uniform. Er zog sie heraus. Die Ostmedaille klirrte auf den Boden. Der Amerikaner hörte auf, Kaugummi zu kauen. Er hob den Orden auf. Plötzlich war es sehr still. Ich verspürte ein flaues Gefühl im Magen. Würde ich jetzt von den Amis dafür bestraft, dass man mir in Russland den »Gefrierfleischorden« verliehen hatte? Der Soldat schaute sich die Medaille fast ehrfurchtsvoll an. Dann steckte er sie in die Brusttasche seiner Feldbluse und schnippte mir grinsend ein Päckchen Kaugummi zu: »Take it easy.«

»Thank you«, sagte ich artig.

Dann machte sich der G.I. mit seiner »Beute« aus dem Staub. Sein Kamerad folgte ihm nach draußen. Ich war noch einmal davongekommen. Aber diese Episode lehrte mich, dass die Amis ein gewisses Mitgefühl für uns hatten und dass man mit ihnen wahrscheinlich gute Geschäfte machen konnte.

Am nächsten Morgen schien die Sonne und ich traute mich wieder auf die Straße. In Kessenich wimmelte es von Amerikanern, die in offenen Jeeps herumkurvten. Manche Kessenicher, die als Nazis bekannt waren, hatten weiße Laken aus dem Fenster gehängt. Kein »Aas«, wie wir im Rheinland sagen, wollte dabei gewesen sein. Die »Unschuldslämmer«

hatten ihre braunen Uniformen vergraben und trugen jetzt Zivil. Bonn hatte kapituliert.

Ich sah, dass die Rheinbrücke gesprengt war. Mit ihr war auch das »Brückemännchen«, Bonns Wahrzeichen, in den Fluten versunken. Jetzt konnte es niemanden mehr mit seinem frechen Hintern provozieren. Gott sei Dank war das letzte Gefecht um Bonn glimpflich verlaufen. Nach der Flucht der Parteigrößen hatte sich der mit schwachen Verbänden zurückgebliebene Kampfkommandant geweigert, die »Festung Bonn« bis zur letzten Patrone zu verteidigen. Er hatte sich mit einem Schleppdampfer auf die rechte Rheinseite abgesetzt. Seine Weigerung, den sinnlosen Durchhaltebefehl zu befolgen, kam ihn allerdings teuer zu stehen: Er wurde degradiert und zu einer Gefängnisstrafe verurteilt. Darauf verübte er Selbstmord.

Damit ist der Scheißkrieg beendet, dachte ich. Fehlanzeige. Auf der »Schäl sick«, dem gegenüberliegenden Rheinufer in Beuel, wurde sinnlos weitergeknallt. Dort hatten sich ein Polizeibataillon und Volkssturmleute verschanzt. Eine Hand voll verspäteter »Helden«, die sich noch zwei Wochen lang mit den Amerikanern Artillerieduelle über den Rhein lieferten, bevor sie die Waffen niederlegten.

Aber die Freude über den Frieden und die Befreier wurde nicht von allen geteilt. Als die Amerikaner in den nächsten Tagen damit begannen, Wohnungen und Häuser zu beschlagnahmen, zeigte sich, wie ungleich die Lose des Schicksals auch weiterhin verteilt wurden. Während etliche ehemalige Parteibonzen es verstanden, sich sofort mit den Amis zu arrangieren, wurden andere brave Kessenicher von den Befreiern von einer Stunde zur anderen aus ihren Häusern und Wohnungen heraus geworfen. Ihre ganze Einrichtung – vom Suppenteller über das dazugehörige Besteck bis zum Volksempfänger – wurde requiriert. Sie irrten mit wenigen Habseligkeiten durch die Straßen und suchten eine neue Bleibe. Viele von ihnen wurden in Bunkern untergebracht.

Wir hatten Glück. Wir wurden nicht aus unserer Wohnung gesetzt und konnten uns einigermaßen geborgen fühlen. Obwohl es an allem fehlte: Essen und Kleidung, Heizmaterial und Medikamenten. Hauptsache: Wir lebten, nach all dem Schrecken der Wochen vorher. Keine Bomben, kein Luftalarm, keine Angst mehr.

Maggelkönig und Schnapsbrenner

Der erste Sommer im Frieden: Unkraut wuchs auf den Trümmern und die Namen der Vermissten, die mit Kreide auf den Ruinen markiert waren, begannen zu verblassen. Heinrich war inzwischen nach Bonn zurückgekehrt. Er hatte sich Ende des Krieges in Dänemark befunden. Zum Glück war er nach der Kapitulation nicht in Gefangenschaft geraten, sondern man hatte ihn direkt in die Heimat zurückgeschickt. Er übernahm die Rolle des Haushaltsvorstands und war mir ein guter Vater. Aber unsere Zukunft war von dunklen Wolken verhüllt. Bonn war eine besetzte Stadt. Von abends sechs Uhr bis morgens um halb acht durfte sich niemand ohne Erlaubnis der Militärregierung im Freien oder außerhalb seiner Wohnung aufhalten. Die Militärpolizisten hatten Befehl, auf alle Personen zu schießen, die sich nicht an den »Zapfenstreich« hielten. Die Schulen waren immer noch geschlossen. Im BBC hatten wir etwas von einem Amerikaner namens Morgenthau gehört, der uns von allem Fortschritt ausschließen wollte. Nach seinem Plan sollte das Volk der Dichter und Denker zukünftig als Ackerbauern in primitiven Hütten leben und nur noch Kartoffeln anbauen.

»Meint dieser Herr Morgenthau das wirklich ernst?«, fragte ich Heinrich.

»Der spinnt doch«, amüsierte sich Heinrich. »Mach dir keine Sorgen, so weit wird es niemals kommen.« Heinrich behielt Recht: Der Plan der Sieger, Deutschland in einen Bauernstaat zu verwandeln, wurde schnell wieder verworfen.

Wir waren jetzt frei von Angst, aber nicht von Hunger. Arbeit gab es keine. Die meisten Leute konnten nichts anderes tun, als Ziegelsteine sortieren und die Stadt aufräumen. Die Hauptlast trugen die so genannten »Trümmerfrauen«. Die Reichsmark war nichts mehr wert und die tägliche Kalorienzahl pro Kopf der Bevölkerung betrug 980 Kalorien. Die notwendige Menge Brot konnte nicht überall ausgegeben werden. Jeder Tag war ein Kampf ums Überleben. Schwarzhandel und Schwarzbrennerei, Diebstahl von Briketts und Nahrungsmitteln gehörten zum Alltag. Die Schwarzmarktpreise stiegen ins Astronomische. Eier wurden das Stück für 12 Reichsmark angeboten, eine Packung Zigaretten für 100 Reichsmark. Im Bonner Hofgarten und in anderen Grünanlagen wurden Kartoffeln angepflanzt. Wir Kinder zogen in die Wälder, um Bucheckern zu sammeln, die wir gegen Margarine und Speiseöl eintauschten. Auch Liane und ihre Mutter versuchten auf jede mögliche Art an Lebensmittel zu kommen. Sie wuschen den Amis die Wäsche und flickten auch deren Uniformen. Sie bekamen dafür von den GIs kleine eingewachste Kartons, so genannte eiserne Rationen. Aber die viereckigen »Wundertüten« enthielten Köstlichkeiten, die uns in der damaligen Zeit wie Götterspeisen erschienen: Dosenfleisch und Leberwurst, Erdnussbutter und Schweizer Käse, Kaugummi und Pulverkaffee, selbst Zigaretten und Streichhölzer fehlten nicht.

In dieser harten Zeit besannen wir uns auf zwei typisch rheinische Eigenschaften: »Maggeln« und »Fringsen«, die Zauberwörter für Tauschgeschäfte und Organisieren. Ich lernte schnell, dass es in Bonn einen »Supermarkt« gab, wo man alles bekommen konnte – auf dem Schwarzmarkt. Obwohl offiziell verboten und streng kontrolliert, konnten die meisten Menschen nur durch »Maggeln« überleben. Aber brutale Gesetze herrschten. Nur wer etwas anbieten konnte, bekam auch etwas. Manche Familien waren gezwungen, alle Wertgegenstände für etwas Essbares zu veräußern. Auf Alte und Kranke wurde keine Rücksicht genommen. Auch musste man ständig vor Razzien der Militärpolizei auf der Hut sein. Der Not gehorchend entwickelte ich mich zu einem routinierten »Maggel- und Hamsterkönig«. Ich tauschte Wäsche und Kleider, die wir entbehren konnten, gegen ein paar Gramm Butter oder Kaffee. Begehrte Tauschobjekte waren auch die Lucky-Strike- und Camel-Stummel der Amis. Ich sammelte fleißig Kippen, Liane und Tante Grete pulten zu Hause das Papier ab. Ich bot anschließend den Tabak auf dem Schwarzmarkt an. Trotz Ausgangssperre waren Heinrich und ich ständig auf Achse. Nachts machten wir uns mit einem Fahrradanhänger auf den Weg zu den umliegenden Dörfern, die an den Kottenforst grenzten, und klauten Kartoffeln von den Feldern. Einmal begegnete ich zufällig einer Bauernfamilie, die meinen Vater kannte. Er hatte in jungen Jahren als Student auf ihrem Hof gearbeitet und bei der Ernte ausgeholfen. Ich wurde sehr freundlich aufgenommen. Ich konnte meine Sommerferien bei ihnen verbringen und musste während dieser Zeit wenigstens nicht hungern. Es kam mir wie ein Wunder vor. Auch fuhr ich oft zum Hamstern mit dem Zug ins Bonner Vorgebirge. An den Kartoffeltrecks nahmen alle Bevölkerungsschichten teil. Selbst diejenigen, die einst der braunen »Hautevolee« angehörten. Jetzt waren ihnen die Nazi-Parolen vergangen. Sie klammerten sich an Türen und Fenstergriffe. An jeder Station hängten sich neue Menschentrauben an die Wagen. Manchmal blieb mir kein anderer Platz als der Puffer zwischen zwei Wagen. Aber damals riskierte man sogar für ein paar Eier, etwas Speck und ein paar Kartoffeln sein Leben. Wenn ich Pech hatte, wurde der Zug auf der Rückfahrt von der Polizei kontrolliert. Ich musste dann jedes Mal um die erschnorrten Sachen in meinem Rucksack zittern. Im Winter gab es kein Heizmaterial. Glücklicherweise wohnten wir in der Nähe des Waldes. Da musste so manche schöne alte Birke oder Eiche dran glauben, wurde mit Axt und Säge in Kleinholz verwandelt und im Familienverband abtransportiert. Zu Hause wurde das Heizmaterial dann redlich aufgeteilt. Im Bund mit anderen frierenden Kindern plünderte ich auch Kohlenzüge, die aus dem »Ruhrpott« kamen. Der Trick: In Höhe des Kessenicher Wasserturms wurde das Haltesignal auf Stopp gestellt. Dann versteckten wir uns im Graben neben den Gleisen. Sobald der Zug stoppte, stürmten wir die offenen Wagen und füllten unsere Säcke mit den heiß begehrten Briketts und Eierkohlen. Die Aktion musste in Windeseile ablaufen, denn auf fast allen Zügen waren Wachposten. Manchmal blieb uns nichts anderes übrig, als die Ordnungshüter mit Eierkohlen zu bombardieren, um der Festnahme zu entgehen.

Heinrich wollte unbedingt wieder in seinem alten Beruf als Schreiner arbeiten. Aber dazu brauchte er natürlich eine

Werkstatt. Seine Mutter besaß in Dottendorf ein Grundstück, das sich für den Bau eines Ateliers anbot. Das Baumaterial besorgten wir aus den Ruinen. Trümmerholz und Ziegelsteine gab es ja genug. Wir mussten nur den Mörtel abklopfen. Den Zement organisierten wir auf dem Schwarzmarkt. Nach und nach brachte Heinrich die Werkstatt in Gang. Seine Schreinerarbeiten ließ er sich in Fressalien bezahlen. Aber dies reichte kaum zum Überleben. Da war Handeln angesagt. Heinrich überlegte nicht lange. »Aus dem vielen Obst, das der Garten uns liefert, können wir Schnaps brennen«, meinte er eines Tages.

Obwohl auf Schnapsbrennen hohe Gefängnisstrafen standen, machte er sich sofort im verdunkelten Keller ans Werk und konstruierte aus alten Kupferrohren, Waschkesseln und Gießkannen eine Brennerei. Und schon wenige Tage später sollte auf wundervolle Weise aus Obst Schnaps werden. Tags Schreiner, nachts Schnapsbrenner: Heinrich entwickelte sich zu einem Meister in der Kunst des Tarnens und Destillierens. »Einen guten Schnaps hat man, wenn man eine gute Maische hat«, lehrte er mich. Die Grundlage bildeten die Früchte in unserem Garten: Äpfel und Birnen, Kirschen und Himbeeren, Holunder und Pflaumen. Bei der Obsternte packte die ganze Familie an. Anschließend wurden die Früchte entkernt und im »Allerheiligsten«, wie wir den Keller nannten, eingemaischt und destilliert. Mit geschickter Hand und feiner Nase überwachte Heinrich den kleinen Brennofen. »Die Flammen dürfen weder lodern noch bläulich züngeln«, erklärte er mir. »Auf keinen Fall darf die Maische anbrennen.« Ich beobachtete fasziniert, wie sich langsam, ganz langsam das kupferne

Rohr erhitzte, die Alkoholdämpfe emporstiegen und danach durch das Wasserkühlbecken strömten. Bald floss ein nadeldünnes Rinnsaal in den bereitstehenden Stahlbehälter. Und plötzlich breitete sich im Keller ein aromatischer Duft aus. Aus 50 Liter Maische zauberte Heinrich nach zweimaligem Brennen etwa zwei Liter »Feuerwasser«. Der Erfolg krönt den wahren Meister: Die Spezialabfüllung Marke »Jakobsgeist« wurde zum großen Renner, vor allem bei den amerikanischen Besatzern. Sie hatten Durst, viel Durst und sie wurden unsere besten Handelspartner. Ich wurde im Vertrieb eingespannt und belieferte viele Amis, die in beschlagnahmten Villen residierten. Sie führten damals ein Leben wie im Schlaraffenland und konnten sich aus »Uncle Sams« unerschöpflichen Magazinen reich bedienen. Dank »Jakobsgeist« verfügte ich bald über beste »connections« zu den Amis und konnte nahezu alles beschaffen, was made in USA war: Lucky Strikes und Cornedbeef, Chewinggum und Coca-Cola, Nescafé und Grapefruitsaft, Erdnussbutter und Schokolade. Das Tauschgeschäft mit den US-Boys lief schließlich so gut, dass ich als »Handelsvertreter« auch überregional unterwegs war. Ich kann mich erinnern, dass ich einmal mit einem Koffer voller Schnaps bis nach Erlangen gefahren bin, wo ich die heiße Ware in einem Ami-Hauptquartier abgeliefert habe. Wahrlich eine Zitterpartie: Denn die Züge wurden häufig von der Polizei kontrolliert. Ich weiß nicht, was mit mir passiert wäre, wenn man mich geschnappt hätte. Ich hatte inzwischen spitz gekriegt, dass mit den Amis auch gute Geschäfte mit Kriegssouvenirs der Wehrmacht zu machen waren. Viele US-Boys waren auf Orden und Auszeichnungen scharf. Ein EK I wurde wie eine Reliquie gehandelt. Aber auch für ein ordinäres Seitengewehr, ein Koppelschloss oder ein Parteiabzeichen gab es begeisterte Abnehmer. Der Venusberg war eine Fundgrube für solche Souvenirs. Hier hatte so mancher kriegsmüde Held seine militärische Vergangenheit vergraben. Oft lagen die Erinnerungen unübersehbar im »Busch« und man konnte sich ungestört bedienen. Während für die einen die »Andenken« keinen Wert mehr besaßen, ließ mancher spleenige Ami dafür eine Dose Cornedbeef oder eine Packung Lucky Strike springen. Wahrscheinlich hätten sich einige auch einen Bonner Karnevalsorden als »Ritterkreuz« andrehen lassen. Aber kurz nach dem Ende des »Tausendjährigen Reiches« war der erste Rosenmontagszug noch in weiter Ferne. Von »Tapferkeitsmedaillen« hatten die meisten Bonner erst mal die Schnauze voll. Das war schon ein großer Fortschritt.

Schulspeisung und Wiederaufbau

Die Verhältnisse normalisierten sich allmählich in Bonn. Neues Leben spross aus den Ruinen. Die Aufräumarbeiten machten Fortschritte. Immer mehr Straßen wurden von Schutt und Trümmern freigeräumt, Häuser ausgebessert und bewohnbar gemacht. In vielen Wohnungen, die bisher verdunkelt waren, brannte Licht und wir sahen wieder etwas menschlicher aus. Onkel Klaus hatte sofort mit dem Wiederaufbau des Karthäuserhofes begonnen und im ehemaligen Bühnenhaus und in der Kegelbahn Wohnungen eingerichtet. Als eines Tages die Eigentümer unserer Wohnung nach Bonn zurückkehrten, waren wir froh, dass wir im Karthäuserhof aufgenommen wurden. Jetzt war der Familienclan fast wieder komplett. Nur meine Eltern fehlten. Ich wusste immer noch nicht, wo sie waren, ob sie überhaupt noch lebten. Es gab keine Nachricht von ihnen. Und angesichts der immer noch schwierigen Lebensverhältnisse waren Nachforschungen zunächst kaum möglich. Andererseits: Nach fast einjähriger Pause wurden die Bonner Schulen wieder geöffnet und ich konnte aufs Beethoven-Gymnasium zurückkehren. Der Unterricht wurde zunächst im Gebäude der Liebfrauenschule fortgesetzt, bis dann später ein Neubau an alter Stelle an der Adenauerallee entstand.

Es war die Zeit der Schulspeisungen: Jeder musste sein Ess-

Dritter Teil

geschirr mitbringen und einen Blechlöffel. Dann stellten wir uns reihenweise auf und erhielten einen Schlag Suppe aus Trockenmilch, oft gab es auch Erbsensuppe. Nationaler Größenwahn und der »Führergruß« gehörten der Vergangenheit an. Im Unterricht diskutierten wir jetzt über Demokratie und Freiheit. Die Jahre, in denen man uns zu Intoleranz und Hass gegen Mitmenschen erzogen hatte, lagen hinter uns. Man schwor uns jetzt darauf ein, mitzuhelfen beim Wiederaufbau eines neuen demokratischen Deutschlands, in dem die Jugend wieder froh und frei leben kann. Wir sollten lernen, hören und sehen, damit sich ein 1933 niemals wiederholt. Wir waren frei. Aber die Wiesen des Bonner Hofgartens waren immer noch von Stacheldraht umgeben. Hier trafen täglich deutsche Kriegsgefangene ein. Sie trugen auf dem Rücken die Buchstaben: POW. Viele kamen aus Russland. Sie waren in einem beklagenswerten Zustand, unterernährt und abgemagert. Wenn ich an dem Stacheldraht vorbeikam, musste ich jedes Mal an meine Eltern denken. An vielen Bäumen waren Suchanzeigen nach Vermissten geheftet. Auch meine Eltern waren immer noch verschollen. Nur von Willy hatte ich Post bekommen: Er war im September 1944 im Süden von Moskau in Gefangenschaft geraten und als Zwangsarbeiter zur Feldarbeit verpflichtet worden. Krank und total erschöpft kam er schließlich in ein Lazarett. Was erwartete ihn nach seiner Genesung? Würde er wie viele andere deutsche Kriegsgefangene nach Sibirien deportiert werden? Willy hatte Glück: Er wurde nach Deutschland abgeschoben. Aber sein weiteres Schicksal blieb zunächst unklar. Nachdem er sehr schnell eine Anstellung bei einer Firma in Hamm gefunden hatte, setzte man ihn über

Schulspeisung und Wiederaufbau

Nacht wieder auf die Straße. Ohne jeglichen Grund wurde er verdächtigt, NSDAP-Mitglied gewesen zu sein. Er war plötzlich verfemt, stand vor dem Nichts.

Willy hätte sich niemals träumen lassen, in eine solche demütigende Situation zu geraten. Er war angeklagt, wusste aber nicht, wer ihn denunziert hatte. Glücklicherweise konnte er die falsche Behauptung widerlegen. Kurz darauf wurde er rehabilitiert und von der englischen Vermögensverwaltung zum Geschäftsführer einer Landhandelsfirma bestellt, deren Inhaber sich in einem Internierungslager befand. Der Denunziant konnte nicht ermittelt werden.

Drei Jahre später ließ sich Willy in Bonn nieder und errichtete auf dem Anwesen seiner Schwiegereltern einen Metall- und Werkzeughandel. Ich war sehr froh darüber. Denn uns verband ja eine ganz ungewöhnliche und unverwüstliche Freundschaft. Wir verdankten uns gegenseitig sehr viel: Ich hätte ohne ihn in Russland niemals überlebt und seine Ratschläge sollten mir auch später im Leben helfen. Und er hatte durch mich in Bonn seine Frau kennen gelernt, meine Cousine Maria Güßgen. Inzwischen waren der Ehe zwei Töchter entsprungen: Margret und Elisabeth. Ein strammer Stammhalter sollte zwei Jahre später folgen, Cousin Wilfried.

Und ich? Wie habe ich damals die neue Freiheit erlebt?

Ich bewohnte im Karthäuserhof ein kleines Zimmer. Es war mit einfachen Möbeln ausgestattet: ein Schrank, ein Bett, ein Schreibtisch. Mein kostbarster Besitz war ein Grammofon und ich holte jetzt nach, was im Dritten Reich als »Niggermusik« verboten war. Ich hörte in meiner Freizeit Jazz. Niemals zuvor hatte es nach einem Krieg eine solche magische

Musik gegeben: Der Rhythmus war unwiderstehlich. Er lebte und machte frei und das Leben schien wieder Spaß zu machen. Natürlich bin ich ein Fan dieser Musik für Lebenszeit geblieben. Mit meinen Freunden traf ich mich im Keller eines Hauses. Da tanzten wir mit jungen Mädchen zu Swing, Boogie und Blues. Im Sommer verlagerten wir unsere Streifzüge in die Gronau. Als besondere Mutprobe galt es, zu den Schleppkähnen auf dem Rhein zu schwimmen. Wir schwangen uns an Deck und fuhren mehrere Kilometer den Rhein hoch. Auf der Höhe des Drachenfelsens sprangen wir wieder in den Strom und ließen uns von der Strömung zurück in die Gronau treiben. Aber wir hatten auch kulturellen Nachholbedarf. Ich las Bücher, die unter den Nazis verboten waren. Und ich ging leidenschaftlich gern ins Kino. Das »Metropol« war wieder aufgebaut worden. Inzwischen hatte die Währungsreform stattgefunden. Ich hatte erlebt, wie die Leute am Stadthaus nach der DM-Mark Schlange standen. Und in der Nacht darauf hatten sich die Schaufenster der Geschäfte auf wundersame Weise mit Waren gefüllt, die vorher nur auf dem Schwarzmarkt zu bekommen gewesen waren. Es war wie im Schlaraffenland. Auf einmal gab es alles: Wurst und Brot, Radios und Schuhe, Fahrräder und Bekleidung in allen Größen.

Vorerst besuchte ich weiter das Beethoven-Gymnasium. Ich war bereits nach einem halben Schuljahr von der Untertertia in die Obertertia versetzt worden. Aber so richtig wohl fühlte ich mich nicht auf der renommierten Lehranstalt. Meine Leistungen im Deutschfach wurden von den Lehrern völlig negativ bewertet. Die Mitschüler sahen in mir einen Fremdling und Streber. Kaum verwunderlich: Als Soldaten-

Schulspeisung und Wiederaufbau

kind mit Fronterfahrung und ausgezeichnet mit der Ostmedaille, war ich tatsächlich ein Outsider auf der Schule. Nach der Kapitulation und Befreiung durch die Alliierten hatte ich keine Chance, von den anderen Schülern anerkannt zu werden. Im Gegenteil: In den Augen der Mehrheit war ich ein Sündenbock und Prügelknabe. Ich fühlte mich isoliert. Beim Empfang der Schulspeise stand ich meistens allein, weil keiner der Mitschüler neben mir stehen wollte. Einmal bekam ich ohne irgendeine Vorwarnung einen Tritt in den Hintern. Ich drehte mich blitzschnell herum und sah einen Jungen schadenfroh grinsen.

»Was soll das?«, fragte ich.

Seine Antwort: »Einfach so.«

Ich sah die spöttischen Blicke der anderen Schüler und mir wurde klar, dass ich ein Zeichen setzen musste, um weiteren Bosheiten zu entgehen. Obwohl mein Gegner einen Kopf größer war als ich, hatte ich keine Angst. Im russischen Partisanencamp hatte ich gelernt, schnell und konsequent zu handeln. Ich durfte meinem Gegner nicht die geringste Chance lassen. Schon der erste Schlag musste zielgenau und mit »Schmackes« sitzen. Und das tat er auch. Bevor es zu einem weiteren Schlagabtausch kam, trennte uns ein Lehrer und ich wurde zum Direktor zitiert. Sein Spitzname war »Pudding«. Es folgte eine kurze Strafpredigt: »Wer die Schulordnung missachtet, wird von der Schulspeisung ausgeschlossen.«

Das war mir egal. Immerhin wurde ich nun von den Mitschülern respektiert. Vor allem als sich im Gymnasium herumsprach, dass mein Gegner in der nachfolgenden Unterrichtsstunde ohnmächtig geworden war und sich danach für mehrere Tage krank gemeldet hatte. Bei den Lehrern hatte ich allerdings verspielt. Meine Leistungen wurden jetzt noch kritischer bewertet. Gegenhalten konnte ich nicht. Für Nachhilfeunterricht fehlte es an Geld, auch war meine Zeit durch meine vielfältigen häuslichen Pflichten und nicht zuletzt durch meinen Freizeitdrang äußerst knapp bemessen. Außerdem schien mir das meiste, was ich auf der Schule lernen musste, lebensfremd. Ich half bei der Gartenarbeit und beim Hausputz, scheuerte Parkettböden mit Stahlwolle und assistierte Heinrich in seiner Schreinerwerkstatt. Diese Arbeit machte mir mehr Spaß als Vokabeln pauken. Auch meine Freundesclique wollte ich auf keinen Fall vernachlässigen. Wir trafen uns am Wochenende zum Rudern oder zum Schwimmen und in den Ferien gingen wir per Anhalter auf große Fahrt. Das hatten wir bei der Bündischen Jugend und später bei der katholischen Jugend gelernt. In der Untersekunda wurden meine Leistungen so schlecht, dass die Zurückversetzung drohte. Mein Vormund, Onkel Dieter, schrieb einen Brief an den Direktor und bat ihn um Verständnis für meine besondere Situation. Doch dies half nichts.

Ich hatte mich schon mit einer »Ehrenrunde« auf dem Beethoven-Gymnasium abgefunden. Aber es gab einen Schulausleseerlass, der ein Sitzenbleiben nicht zuließ. Dadurch sollten freie Schülerplätze für die zuziehenden Beamtenkinder geschaffen werden. Bonn sollte vorläufige Bundeshauptstadt werden und hatte viele Kriterien zu erfüllen. So waren die Lehrer schnell dabei, unerwünschte Schüler loszuwerden. Wer beim Rauchen erwischt wurde, riskierte gleich beim ersten Mal, von der Schule zu fliegen. Als meine Verbannung vom Beethoven-Gymnasium drohte, handelte mein Onkel mit dem Direktor einen »Deal« aus, damit meine Noten nicht ganz so schlimm ausfielen. Offiziell hieß es: »Der Schüler verlässt die Anstalt, um einen praktischen Beruf zu erlernen.« So sollte mir eine Bewerbung im Handwerk ermöglicht und ein späteres Studium nicht verbaut werden.

Ich verließ 1949 nach der Untersekunda das Beethoven-Gymnasium. Meine Zukunftspläne? Ich wollte Innenarchitekt werden. Im Kunstunterricht hatte ich bereits viele Modelle gebaut. Mein Glanzstück war der Entwurf einer Einraumwohnung unter anderem mit einem Allzweckschrank, den ich später tatsächlich in Heinrichs Werkstatt gebaut habe und der jahrelang mehrfach modifiziert seinen Dienst erfüllt hat. Onkel Dieter stellte mich einem Architekten vor, der mir die Berufsperspektiven erläuterte. Er empfahl mir, zunächst eine Maurerlehre zu absolvieren. Dies sei als Voraussetzung für ein Ingenieurstudium erforderlich. Später, während des Studiums, könnte ich mich dann für eine mögliche Spezialisierung entscheiden.

Als ich bald darauf einen Lehrvertrag von der Westdeutschen Baugesellschaft erhielt, weinte ich dem Beethoven-Gymnasium keine Träne nach und ich bereitete mich mit großer Begeisterung auf meinen neuen Lebensabschnitt vor. Wie es sich gehörte, bekam ich einen weißen Maureranzug mit weißer Mütze und eine hölzerne abschließbare Kiste mit den wichtigsten Werkzeugen: Maurerkelle, Maurerhammer, Zollstock, dicker Bleistift und das teuerste Stück, eine Wasserwaage. Es hätte noch mehr in die Kiste gepasst, aber ich hatte keine Ahnung, was einen Maurerlehrling erwartet. Zum richtigen Mauern kam ich fast ein Jahr lang nicht, sodass ich mir die teure Wasserwaage und auch die Maurerkelle hätte sparen können. Zum ersten Mal in meinem Leben meldete ich mich auf einer Baustelle: Die bekannte Jankerklinik in Bonn sollte renoviert werden. Der Polier drückte mir einen Hammer und einen Meißel in die Hand und ich musste Wandschlitze und Deckendurchbrüche stemmen. Mit Maurerarbeiten hatte dies freilich nichts zu tun. Lohn der Plackerei: ein gehöriger Muskelkater und lädierte Hände. Aber mein großes Ziel vor Augen, gewöhnte ich mich in den nächsten Tagen und Wochen an die rauen Sitten am Bau und an den zusammengewürfelten Haufen von Lehrlingen und Hilfsarbeitern. Mir ging schon bald ein Licht auf, warum ich bei der Auswahl der Lehrlingsanwärter seinerzeit gegenüber den Volksschulabgängern bevorzugt wurde. Die Mitbewerber waren jünger, weniger ausgewachsen und körperlich schwächer. Bevor mancher Junge eine Lehrstelle bekam, wurde er erst als Hilfsarbeiter eingesetzt. Auch nicht wenige Heimkehrer, die noch nicht entnazifiziert waren, mussten sich als Handlanger durchschlagen. Wir waren also eine bunt gemischte »Kamarilla«, die beim jeweiligen Polier um möglichst angenehme Arbeit buhlte. Maschinen waren knapp und Hilfsarbeiter gemessen an den Löhnen der Lehrlinge teuer. Wenn es also galt, eine größere Decke einzuziehen, waren es überwiegend die »Stifte«, die von mehreren Baustellen zusammengezogen wurden und mit vielen Schubkarren oder »Japanern«, zweirädrige Kippkübel, den Beton herankarren mussten. Akkordarbeit kannten wir damals in dem Maß wie heute noch nicht. Aber die Chefs rechneten uns vor, wie viele Schichten Mauerwerk wir in einer Stunde schaffen mussten. Ein Bauleiter blieb mir als besonders penibel in Erinnerung: Wenn er auf die Baustelle kam, galt sein erster Blick dem Mauerwerk. Noch bevor er guten Tag sagte, hatte er die gemauerten Schichten gezählt und geprüft, ob wir unser Soll erfüllt hatten.

Ein Volk für sich waren die Poliere. Sie wurden von ihren Chefs auf Effizienz gedrillt. Je wirtschaftlicher eine Baustelle lief, umso höher war ihr Gehalt. Nicht wenige haben sich auf unsere Kosten durchgemogelt. Wir Lehrlinge mussten ihnen gehorchen.

Das größte Schlitzohr lernte ich auf einer Baustelle kennen, die wegen ihrer Größe kaum zu kontrollieren war. Weil der Gewinn stimmte, konnte der Polier schalten und walten, wie er wollte. In seinem Auftrag mussten wir Lehrlinge Altmaterial, Eisen, Blei und Kupfer in Bares umsetzen. Hin und wieder spendierte er uns dafür einen Kasten Bier. Um den Firmen-Lkw zu schonen und weil es viel billiger war, mussten wir das Baumaterial vom Lager mit Schubkarren holen. Und um die Montage eines Lastenaufzugs zu sparen, wurde das Material von uns über Leitern auf die Etagen geschleppt. Dieser Polier war nicht einmal in der Lage, das erforderliche Material in Quadrat- und Kubikmetern zu berechnen. Er ließ mich die Kalkulationen durchführen, hielt dies jedoch geheim, um sich nicht bei seinen Maurern zu blamieren. Hatte er mal verkehrte Angaben gemacht, mussten alle mit noch schnellerer Arbeit den Schaden beheben, damit der Chef nichts davon merkte. So musste einmal über ein Wochenende ein falsch betonierter Treppenlauf im Keller verschwinden. Ich erinnere mich, dass die Baustelle vorzeitig mit mehreren Tagen Gewinn abgeschlossen wurde. Darauf mussten wir bis zum Ablauf der offiziellen Bauzeit die Arbeit simulieren. Da war unser Polier ein wahrer Meister. Einer von uns musste Schmiere stehen, die anderen standen mit Werkzeug und Material bereit. Sobald der Bauleiter auftauchte, machten wir uns so lange zu schaffen, bis der Polier seine Stundenzettel unterschrieben bekam und der Bauleiter zufrieden abzog.

Zur Ehrenrettung der Poliere muss ich sagen, dass ich auch tüchtige Männer unter ihnen kennen gelernt habe: streng, aber kompetent. Von ihnen habe ich viel für meinen späteren Beruf als Architekt gelernt. Schließlich erlebte ich auch feuchtfröhliche Zeiten am Bau. Dazu zählten die Richtfeste. Manchmal gab es Geld, vor allem aber Bier und Schnaps. Beim ersten Richtfest meinten es meine »Taufpaten«, die Maurer, allzu gut mit mir. Sie schummelten mir Schnaps ins Bier. Den Kater am nächsten Tag werde ich niemals vergessen.

Ein Brief aus Putschkovo

Im Herbst 1949 traf ein Brief ein, der mir einen der glücklichsten Augenblicke in meinem Leben bescherte. Ich hatte den ganzen Tag über auf dem Bau gearbeitet und war müde und hungrig, als ich in den Karthäuserhof kam. Heinrich, Liane und Tante Grete saßen in der Küche. Es roch nach frischen Bratkartoffeln und Frikadellen.

»Riecht fabelhaft«, sagte ich und setzte mich an den Tisch.

Liane holte die Bratpfanne vom Herd und füllte meinen Teller. Ich begann zu essen. Eine Zeit lang war es still. Heinrich, Liane und Tante Grete schauten mir beim Essen zu. Sie lächelten geheimnisvoll.

»Was ist los?«, fragte ich. »Wieso grinst ihr so?«

»Wir freuen uns, dass es dir schmeckt«, sagte Liane.

Ich schob den Teller zur Seite: »Ja, hat wie immer klasse geschmeckt.«

»Wie wäre es mit einem Gläschen Wein?«, fragte Heinrich.

Erst jetzt fiel mir die Flasche Ahrwein auf, die auf dem Tisch stand. Normalerweise öffnete Heinrich nur bei besonderen Anlässen einen guten Tropfen.

»Gibt es etwas zu feiern?«, fragte ich neugierig.

Heinrich nickte und füllte die Gläser.

»Nun macht es nicht so spannend«, sagte ich.

»Heute ist ein Brief eingetroffen«, sagte Heinrich.

»Ja, und?«

»Ein Brief von deiner Mutter«, sagte Tante Grete.

Ich fühlte plötzlich, wie mir schwindelig wurde. »Was sagst du da?«

Tante Grete nickte: »Ja, ein Brief aus Russland. Deine Mutter lebt.« Sie zog ein Kuvert aus ihrer Schürze hervor und reichte es mir. Ich starrte auf den Umschlag und erkannte die Handschrift meiner Mutter. Der Brief war an ihre tote Mutter adressiert. Ich blickte Liane an. Ihre Augen waren nass.

»Nun lies schon«, drängte Heinrich.

Ich zog den Brief aus dem Umschlag und begann zu lesen.

Liebe Mutter,
jetzt, wo der Krieg vorbei ist, hoffe ich auf ein Wunder von Gott, dass dieser Brief dich erreicht.
Ich konnte dir in all den Jahren nicht schreiben, weil hier chaotische Verhältnisse herrschten und außerdem auch, weil ich nicht schreiben durfte. Du hattest Recht, als du mich damals davor gewarnt hast, mit Waldi nach Moskau zu gehen. Aber ich habe es aus Liebe zu Karl Gustav getan. Ich konnte ja nicht ahnen, dass unser Traum von einer besseren Welt hinter Stacheldraht enden würde.
Aber das Allerschlimmste ist, dass ich von Waldi getrennt wurde und nicht weiß, was aus ihm geworden ist. Dies geschah bereits vor acht Jahren. Ich konnte es dir bisher nicht mitteilen.
Nach Karls Verhaftung, über die ich dich in meinem letzten Brief noch informieren konnte, bin ich mit Waldi nach Jaropolec verbannt worden. Eines Tages wurde auch ich verhaftet und man hat mir Waldi weggenommen.

Ein Brief aus Putschkovo

Ich wurde wegen angeblicher Spionage nach Westsibirien verbannt. Auf dem Weg dorthin habe ich mehrere Gefängnisse und Arbeitslager durchlaufen. Der letzte Transport endete im Frühjahr 1942 in einem Gefängnis in der Nähe von Omsk. Dort wurde ich schließlich freigelassen, allerdings mit der Auflage, dass ich das Gebiet nicht verlassen darf.

Jetzt lebe ich bei einer Mennoniten-Familie in Putschkovo und arbeite in der Kolchose. Ich werde gut behandelt und darf dir endlich schreiben. Aber ich bin vollkommen isoliert und weiß nicht, wie es bei euch in Bonn aussieht.

Vor allen Dingen ist es eine fürchterliche Situation, weil ich nicht weiß, was aus Waldi geworden ist. Wo ist er? Lebt er noch? Diese Fragen quälen mich seit acht Jahren.

Seit meiner Freilassung habe ich mich an alle erdenklichen Stellen gewandt. Ich habe sogar an Molotow persönlich geschrieben, um etwas über Waldis Verbleib zu erfahren. Doch alle meine Bemühungen waren bisher erfolglos.

Liebe Mutter, ich hoffe, dass dieser Brief dich erreicht.

Bitte, bitte, vielleicht kannst du von Bonn aus Nachforschungen in Gang setzen und eine Spur von Waldi finden.

Ich umarme dich ganz fest und hoffe, bald eine Nachricht von dir zu bekommen.

Deine Leni

Ich starrte auf den Brief und spürte Tränen in meinen Augen. Ich war so glücklich wie lange nicht mehr. Meine Mutter lebte. Aber sie wusste nicht, was sich in den Kriegsjahren in Bonn abgespielt hatte: dass ihre Mutter und Cousin Helmut bei einem Bombenangriff im Karthäuserhof ums Leben gekommen waren. Auch wusste sie nicht, dass ich nach unserer

Trennung in Jaropolec nach einer schrecklichen Irrfahrt lebend aus Russland herausgekommen war und trotz Bomben, Hunger und Kälte den Krieg in Bonn überlebt hatte. Damit konnte sie auch kaum gerechnet haben: In all den Jahren kein Lebenszeichen von mir, keine Spur von meinem Vater. Wie muss sie fernab der Heimat unter dieser Ungewissheit gelitten haben? Mir wurde in diesem Augenblick klar: Die Situation muss für sie fürchterlich gewesen sein und war es noch immer.

»Du musst ihr sofort schreiben«, sagte Tante Grete.

Ich nickte.

»Es wird ihr wie ein Traum vorkommen, wenn sie einen Brief von dir bekommt«, sagte Liane. »Damit rechnet sie bestimmt nicht.«

»Aber schick ihr auch ein Foto, damit sie sieht, wie du heute aussiehst«, fügte Heinrich hinzu.

Ich ging in mein Zimmer und setzte mich an meinen Schreibtisch, um den Brief zu schreiben. Ich war jetzt allein und es war sehr still. Ich betrachtete das Hochzeitsfoto meiner Eltern, das mir Tante Grete geschenkt hatte. Beide sahen darauf sehr jung und sehr glücklich aus. Mein Gott, ich konnte keinen vernünftigen Grund erkennen, warum sie für ihre Liebe und ihren Idealismus mit Trennung und Deportation bestraft worden waren. Aber jetzt gab es zumindest wieder einen Hoffnungsschimmer. Ich konnte hoffen, bald wieder mit meiner Mutter zusammen zu sein. Und vielleicht würden wir dann gemeinsam auch meinen Vater finden. Nach allem, was ich erlebt hatte, kam es mir wie ein Traum vor, dass meine Mutter am Leben war. Ich berichtete ihr von meiner wundersamen Rettung in Russland, dass ich schon 1942 in Bonn eingetroffen war und dass ihre Mutter den Bombenangriff nicht überlebt hatte. Am nächsten Morgen brachte ich den Brief mit einem Passfoto von mir zur Post.

Das Ende einer Odyssee

Ich bekam bald wieder Post von meiner Mutter. »Dein Foto ist das schönste Geschenk, das du mir machen konntest«, schrieb sie mir. »Ich kann mein Glück noch gar nicht fassen. Ich hatte dich schon tot geglaubt. Die Jahre ohne dich waren stumm und leer. Ich hoffe jetzt, dass wir bald wieder beieinander sind.«

Aber diese Hoffnung sollte in den nächsten Jahren zur Qual werden. Denn alle Versuche meiner Mutter, eine Genehmigung zur Ausreise nach Deutschland zu bekommen, scheiterten. Die russischen Funktionäre auf der zuständigen Kommandantur in Putschkovo zeigten ihr die kalte Schulter. Es wäre besser, wenn ich nach Russland einwandern würde, erklärten sie. Schließlich besäße ich die russische Staatsangehörigkeit. Aber meine Mutter wollte von diesem Angebot nichts wissen. Sie würde lieber einsam in Russland sterben, erklärte sie den russischen Behörden, als mich nach Putschkovo kommen zu lassen. Uns war klar, dass der beiderseitige Briefverkehr der russischen Zensur unterlag und wir nichts Verfängliches schreiben durften. Auch Bonner Regierungsstellen, die ich um Hilfe bat, sahen sich außerstande, etwas für die Freilassung meiner Mutter zu tun. Das Verhältnis zwischen der Bundesrepublik Deutschland und der Sowjetunion war nach wie vor gespannt. Es gab faktisch keine diplomatischen Beziehungen.

Das Ende einer Odyssee

Die UdSSR gehörte zu den Siegermächten. Anfang der 50er Jahre hielt sie noch Tausende deutscher Kriegsgefangener und Zivilverschleppter fest und die Herrscher im Kreml weigerten sich strikt, über deren Freilassung zu verhandeln. Der Osten Deutschlands war von den Russen besetzt und im Herbst 1949 war ein kommunistischer Staat etabliert worden: die Deutsche Demokratische Republik (DDR). Die Bundesregierung hatte die Anerkennung verweigert. In dieser Situation konzentrierten sich alle meine Hoffnungen auf Bundeskanzler Konrad Adenauer, als dieser am 8. September 1955 an der Spitze einer Delegation der Bundesregierung nach Moskau flog. Er wollte mit der sowjetischen Seite über die Freilassung von 7326 Kriegsgefangenen, 2626 Internierten und 5588 Zivilverschleppten verhandeln. Nach zähen Gesprächen mit Bulganin und Chruschtschow kam es schließlich zur Einigung. Zum Gelingen der Verhandlungen soll angeblich eine kleine Wodka- und Weinrunde beigetragen haben. Am 7. Oktober trafen die ersten Kriegsgefangenen im Grenzdurchgangslager Friedland ein. Aber meine Mutter war nicht unter den Freigelassenen. Ihr Schicksal blieb weiterhin ungewiss.

Inzwischen war der wiederaufgebaute Karthäuserhof zu neuem Leben erwacht und es ging dort wie in alten Zeiten zu. Tante Trautchen und Onkel Klaus sorgten im schmucken Gasthof »Nikolaus Kickel« für das leibliche Wohl der Gäste. »Russeneier« mit selbst gemachtem Kartoffelsalat gab es schon für 3.50 DM und den Schoppen Wein sage und schreibe für 40 Pfennig. Die Leute standen Schlange, um einen Platz in der Gaststube zu ergattern.

Im Sälchen stand sogar ein Fernseher, eine absolute Attraktion für die damalige Zeit. Mit den heutigen »Glotzen« kann man das nicht vergleichen. Der Bildschirm war winzig und natürlich lief die Übertragung in Schwarz-Weiß. Im Karthäuserhof habe ich das Endspiel zur Fußballweltmeisterschaft 1954 in Bern erlebt. Der Saal drohte aus den Nähten zu platzen. Viele Gäste, die keinen Platz an einem Tisch gefunden hatten, saßen auf den Fensterbänken oder auf dem Boden zwischen den Stühlen. Die Qualität der Übertragung war miserabel, manchmal fiel das Bild aus. Aber die Pannen konnten unserer Begeisterung keinen Abbruch tun. Jeder spielte ja quasi mit in Bern. Und dann, als das Spiel gewonnen war, kannte der Jubel keine Grenzen. Alle umarmten sich: Deutschland ist Weltmeister. Wir waren wieder wer!

Während meine Mutter weiter in Sibirien ein karges Leben fristen musste, wurde ich vom Fieber der 50er Jahre befallen: Pettycoats und Nylonhemden, Pomadenfrisuren und Pferdeschwänze, Jeans und Lederjacken, Musiktruhe und Eierlikör auf Nierentischen, Sissi und Bill Haley waren der letzte Schrei. Und als erste Boten des beginnenden Wirtschaftswunders rollten BMW-Isettas und Messerschmidt-Kabinenroller durch Bonn. In der Innenstadt gab es ein Kellerlokal, das »Tabu«. Da haben wir Bebop und »Rock around the clock« getanzt. Die Mädchen trugen Petticoats oder Jeans. Damit die Hosen auch schön eng saßen, legten sie sich in die Badewanne und ließen sie anschließend am Köper trocknen. Wir wurden »Halbstarke« genannt und der Film »… denn sie wissen nicht, was sie tun« war unser Kultfilm. Es waren Jahre des Verdrängens. Aber mir wurde schon bald klar, dass man die Erin-

Das Ende einer Odyssee

nerung nicht verdrängen kann. Während ich inzwischen an der Ingenieursschule für Bauwesen in Köln studierte, saß meine Mutter immer noch in Putschkovo fest und wartete auf ein Wunder.

Das Wunder geschah wirklich: Nach 15 Jahren der Verbannung in Sibirien erhielt sie 1956 von den russischen Behörden die Ausreiseerlaubnis in die Bundesrepublik. Wahrscheinlich bekam sie die Papiere nur, weil ich in Deutschland mit der Präsidentin der DFU (Deutsche Friedensunion), Frau Prof. Klara-Marie Fassbender, Kontakt aufgenommen hatte. Sie war die Bundestagskandidatin der DFU für den Wahlkreis Bonn und hatte in einem Zeitungsartikel berichtet, dass sie bei einem Treffen mit dem sowjetischen Außenminister Semjonow über die Ausreise von Deutschen verhandelt habe. Der russische Politiker habe ihr geantwortet, dass ihm ausreisewillige Deutsche nicht bekannt wären. Sie möge ihm doch welche nennen. Faktum ist: Wenige Wochen nach dem Treffen mit Prof. Fassbender kam ein Brief von meiner Mutter, in dem sie mir mitteilte, dass ihre Ausreiseerlaubnis jetzt endlich genehmigt worden sei. Nur den genauen Zeitpunkt ihrer Ankunft in Bonn könne sie nicht mitteilen. Ein paar Tage später klopfte es morgens an mein Fenster. Es war der Tag, an dem ich mein Ingenieursstudium bestanden hatte und mein Zeugnis in Köln abholen wollte. Als ich die Vorhänge zurückzog, sah ich eine große, hagere Frau in einer Wattejacke. Ich blickte in ihr Gesicht, ein breites und doch zartes Gesicht unter grauen Haaren. Sie lächelte mich glücklich an und da wusste ich, es konnte nur meine Mutter sein! Nach anderthalb Jahrzehnten der Trennung schloss ich sie in die Arme. Ich war neun, als ich durch Stalins Geheimpolizei von ihrer Seite gerissen wurde. Jetzt war ich vierundzwanzig und überragte sie um Haupteslänge. Sie war sechsundfünfzig Jahre alt. Ich schämte mich meiner Tränen nicht. Endlich war unsere Odyssee beendet.

Sakljutschonnaja

Ich besorgte meiner Mutter eine kleine gemütliche Wohnung im Karthäuserhof. Wenn sie aus dem Küchenfenster schaute, fiel ihr Blick auf die grünen Wiesen des Venusberges, dem Paradies ihrer Kindheit, und dann war sie unendlich glücklich, wieder daheim in Bonn zu sein. Ich besuchte sie täglich. Aber die Schrecken ihres qualvollen Marsches durch stalinistische Gefängnisse und Todeslager hinderten sie lange am Sprechen. Wie hunderttausend andere Frauen war sie deportiert worden. Viele von ihnen wurden vergewaltigt und gingen im Gulag an den unmenschlichen Lebensbedingungen und der Sklavenarbeit zugrunde. Meine Mutter hatte durchgehalten. Aber das Leben hinter Stacheldraht hatte ihrer Seele schlimme Wunden zugefügt, an denen sie bis an ihr Lebensende litt. Selbst wenn sie lachte, lag auf ihrem Gesicht immerwährend ein Schatten von Traurigkeit, der mich ahnen ließ, dass sie Furchtbares erlebt hatte: unerträgliche Angst und Einsamkeit, Hunger und Krankheiten, Schmutz und Kälte. Ich sah die Qual der Erinnerung in ihren Augen. Das Schicksal meines Vaters bedrückte sie am meisten. Würden wir jemals erfahren, was mit ihm geschehen war? Die Angst und die beschämenden Demütigungen, unter denen sie gelitten hatte, waren so schrecklich, dass sie zunächst nicht darüber sprechen konnte. Doch eines Tages überwand sie sich und begann, aus ihrem »Tagebuch der Hölle« zu erzählen.

Als Helene in Jaropolec von den NKWD-Leuten zum »Verhör« abgeholt wurde, war ihr sofort klar, dass es sich in Wirklichkeit um eine Verhaftung handelte. Sie machte sich keine Illusionen: War sie erst einmal in den Fängen der stalinistischen Terrorpolizei, dann drohten auch ihr Deportation und Verschleppung. Ihre größte Sorge galt in dieser Situation mir: So schrecklich ihr die Trennung auch fiel, sie wollte unbedingt, dass ich in Jaropolec zurückblieb. Denn sie war überzeugt, dass dies für mich besser sei, als den Leidensmarsch durch die Gefängnisse und Lager mitzumachen. Sie schaffte tatsächlich das Unmögliche und konnte die NKWD-Leute überreden, mich zu verschonen.

»Die Trennung von dir war furchtbar«, erzählte sie mir. »Aber ich war mir sicher, dass du bei den russischen Familien in Jaropolec besser aufgehoben warst als in der schmutziggrauen Düsterheit der Gefängnisse oder Arbeitslager.«

Sie sollte mit ihrer Weitsicht leider Recht behalten. Und was geschah weiter an diesem schrecklichen Tag ihrer Verhaftung?

»Auf der Polizeistation in Wolokolamsk ging alles sehr schnell«, berichtete sie stockend.

Man nahm ihr sämtliche Papiere und die wenigen persönlichen Habseligkeiten ab und brachte sie in die Lubjanka, die Zentrale des gefürchteten sowjetischen Geheimdienstes in Moskau, nur wenige Minuten vom Kreml entfernt. Man muss sich die Situation von damals vorstellen: Für fast alle deutschen Emigranten, die Opfer der stalinistischen Verfolgung wurden, begann an diesem Ort der Leidensweg. Mit unmenschlichen Verhören und auch Folterungen wurden Scheingeständnisse und Schuldbekenntnisse erpresst, dann folgte meistens die Verbannung in sibirische Straflager oder der Tod durch Erschießen. Auch mein Vater war in diesem großen düsteren Bau spurlos verschwunden. Wie konnte das Leben nur so grausam sein: Jetzt wurde Helene von zwei NKWD-Leuten in ein großes, kahles Vernehmungszimmer geführt, in welchem vermutlich schon mein Vater verhört und verurteilt wurde. Sie war entsetzt.

Hinter einem Schreibtisch saß ein schmächtiger Mann mit dunklen Augenringen. Er blätterte in einem Aktenordner und blickte auf, als sie den Raum betrat: »Hallo, was haben wir denn da für einen hübschen Fisch?«

»Eine deutsche Agentin«, sagte einer der NKWD-Leute.

»Ich bin keine Agentin«, antwortete Helene.

Der Untersuchungsführer hinter dem Schreibtisch beugte sich etwas vor: »Du bist aber Deutsche?«

»Ja.«

»Wie heißt du?«

»Helene Tilemann.«

»Wie alt?«

»41 Jahre.«

»Beruf?«

»Kinderkrankenschwester.«

»Wo geboren?«

»In Bonn.«

»Konfession?«

»Katholisch.«

Der Kommissar verschärfte den Ton seiner Stimme: »Du hast in deiner Umgebung Organe des NKWD verleumdet?«

»Das stimmt nicht«, sagte Helene. »Ich habe nur darüber gesprochen, dass mein Mann vollkommen unschuldig verhaftet worden ist.«

»Du lügst«, sagte der Untersuchungsbeamte. »Uns ist zu Ohren gekommen, dass du profaschistische und defätistische Äußerungen gegenüber der Sowjetunion im Krieg mit Deutschland verbreitet und die Hoffnung geäußert hast, dass Hitler die Macht in der UdSSR übernimmt.«

»Das ist eine Verleumdung«, sagte Helene. »Ich habe niemals etwas Gutes über Hitler gesagt. Das Gegenteil ist der Fall. Mein Mann und ich sind vor Hitler in die Sowjetunion geflohen.«

»Wann bist du in die Sowjetunion eingereist?«

»1933.«

»Was wolltest du in der UdSSR?«

»Mein Mann ist überzeugter Kommunist. Er wollte beim Aufbau der Sowjetunion helfen.«

Der NKWD-Mann lachte: »Glaubst du, dass du mich zum Narren halten kannst?«

»Aber es ist die Wahrheit«, sagte Helene. »Wir glaubten an eine bessere Zukunft in der Sowjetunion.«

»Du lügst schon wieder«, sagte der Beamte. »Du wirst weiter beschuldigt, dass du dich ein Jahr in Berlin aufgehalten hast, bevor du in die Sowjetunion gekommen bist. Dort hat man dich zur Agentin ausgebildet. Mit welchem Auftrag hat man dich geschickt?«

»Diese Anschuldigungen sind absurd«, sagte Helene. »Ich war damals in Berlin gerade schwanger.«

»Du lügst wie eine Faschistin«, sagte der Ermittler. »Wir wissen, dass dein Mann seit Jahren ein faschistischer Spion gewesen ist und dass du ihn bei seiner konterrevolutionären Tätigkeit und terroristischer Verschwörung gegen das Vaterland der Werktätigen unterstützt hast.«

»Das ist nicht wahr!«, protestierte Helene.

»Dein Mann hat aber ein Geständnis abgelegt.«

Helenes Nerven lagen blank: »Das ist unmöglich! Karl Gustav war kein Spion. Er ist unschuldig. Was haben Sie mit ihm gemacht? Wo ist er?«

»Ich stelle hier die Fragen«, sagte der Kommissar.

»Bitte«, sagte Helene. »Sagen sie mir, wo er ist.«

Der NKWD-Mann lehnte sich zurück: »Mach dir keine Sorgen, es geht ihm gut. Wir sind doch keine Sadisten.« Dann fuhr er fort: »Kommen wir zur Sache: Wer sind deine Auftraggeber?«

»Ich habe keine Auftraggeber!«

»Dein Mann hat gestanden, dass er für Hitler spionierte. Ich habe hier Auszüge aus seinen Akten. Es wäre besser, wenn auch du gestehen würdest, dass du im Dienst des deutschen Geheimdienstes stehst.«

»Ich habe in meinem Leben noch nie etwas mit Geheimdiensten zu tun gehabt.«

Der Beamte verzog das Gesicht. »Du lügst. Wer hat dich nach Moskau geschickt? Wie viel Agentenlohn hast du dafür erhalten, dass du Spionage gegen die Sowjetunion betrieben und Sabotageakte vorbereitet hast?«

»Ich habe von niemandem Geld bekommen.«

»Hast du jemals die deutsche Botschaft in Moskau besucht?«

»Nein.«

»Wovon hast du in der Sowjetunion gelebt?«

»Ich habe meinen Lebensunterhalt zuletzt in einer Wäscherei verdient.«

»Eine raffinierte Tarnung für eine deutsche Spionin«, sagte der Beamte. »Aber unsere Ermittler haben dich schon seit längerer Zeit beschattet. Wir wissen, dass du Mitglied einer faschistischen Spionagegruppe bist.«

»Das bin ich nicht!«

Der NKWD-Funktionär starrte Helene an: »Ich kann dir nur einen guten Rat geben: Es wäre besser, wenn du gestehen würdest. Also sei vernünftig. Du kannst mit einem milden Urteil rechnen, wenn du ein Geständnis unterschreibst.«

»Ich unterschreibe kein falsches Geständnis. Um keinen Preis.«

»Wirklich?« Der Kommissar machte eine Pause und wartete ab. Dann sagte er: »Willst du, dass ich deinen Sohn nach Moskau holen lasse und ihn verhöre?«

Helene fühlte sich wie ein verwundetes Tier in einer Falle: »Bitte, lassen Sie meinen Sohn aus dem Spiel.«

Der Ermittlungsbeamte lächelte sie an: »Ich freue mich, dass du kooperativ sein willst. Hier, unterschreib das.« Er legte ihr ein Protokoll vor. Sie wusste, dass sie keine andere Wahl hatte: Wenn sie mein Leben retten wollte, musste sie unterschreiben.

»Das genügt«, sagte der NKWD-Mann. »Abführen.«

Irrfahrt in den Gulag

Ohne nähere Begründung und ohne irgendwelche Beweise wurde Helene wegen Spionage zu Zwangsarbeit verurteilt. Im Gefängnis erfolgte, die übliche Aufnahmeprozedur: Abnahme der Fingerabdrücke, Gefangenenfoto, Leibesvisitation. Nach dieser Behandlung wurde sie in einen anderen Raum gebracht. Sie musste sich splitternackt ausziehen. Ein Wärter tastete sie ab. Dann wurden ihr die Körperhaare abrasiert und sie musste zur Desinfektion ins Bad. Auch ihre Kleider wurden desinfiziert. Erst dann durfte sie sich wieder anziehen und man brachte sie in eine schmutzige, stickige Massenzelle, wo Frauen verschiedener Nationalitäten wie Sardinen in einer Konservendose zusammengepfercht waren: Frauen, die als »normale Kriminelle« galten und politische Gefangene. Es herrschte eine strikte Rangordnung: Denn die »kriminellen Frauen« besaßen zum Teil langjährige »Knastererfahrung« und führten in den Zellen das Kommando. Die »politischen Frauen« wurden als »Faschisten« beschimpft und mussten sich den hafterfahrenen »Knackis« unterordnen. Die eisernen Betten reichten selten für alle Häftlinge. Wer keine Pritsche fand, musste auf dem Zementboden schlafen. Matratzen, Decken oder Kissen gab es nicht. Die Essensrationen, eine wässrige Suppe und 300 Gramm Brot am Tag, reichten kaum aus, um einen Menschen satt zu bekommen.

Die Aufseher erklärten Helene, dass die russischen Soldaten auch nicht mehr zu essen hätten und dass die deutschen Faschisten für die Missstände verantwortlich seien. Die Deutschen hätten Russland angegriffen und Städte, Dörfer und Felder verwüstet. Der Hunger war schon schlimm genug, aber noch viel demoralisierender empfand Helene die hygienischen Haftbedingungen. Als Toilette diente den Frauen ein stinkender Kübel. Klopapier stand nicht zur Verfügung. Zum Waschen gab es täglich kaum mehr als einen Becher Wasser. Aber es kam noch schlimmer: Nach ein paar Tagen wurde Helene mit anderen »politischen Frauen« wie Vieh zum Bahnhof getrieben und in einen Waggon verladen. Ein Eimer mit Wasser wurde hereingestellt und ein Kübel für die Notdurft. Dann wurde die Schiebetür geschlossen und der Zug setzte sich in Bewegung.

Helene wusste nicht, wohin die Reise ging. Tagsüber war die Hitze in den stickigen Waggons fürchterlich. Sie waren mit feuchtem, schmutzigem Stroh ausgelegt, ein Eldorado für Ungeziefer. Aber die Frauen kämpften um jeden Millimeter Stroh. Denn ein Strohlager bedeutet etwas Komfort. Nur wenn der Zug gelegentlich auf freier Strecke anhielt, konnten die Frauen ihre Fäkalienbottiche ausleeren. Funkelnde Fliegen umschwirrten die stinkenden Waggons. Hin und wieder hatten die Frauen Glück, wenn sich ein Bach oder Teich in der Nähe befand. Dann wurde ihnen manchmal gestattet, sich notdürftig zu waschen und Trinkwasser nachzufüllen. Wenn die Kanister mal voll waren, versuchte jede Frau auf Vorrat zu trinken. So blieben für die anderen oft nur ein paar Tropfen übrig. Während der qualvollen Irrfahrt über Tausende von Kilometern wurden viele Frauen krank. Wer nicht aufstehen konnte, entleerte sich im Stroh. Der Gestank in dem überfüllten Viehwagen raubte Helene den Atem. Auch sie wurde schwer krank. Medikamente gab es keine. Schließlich wurde sie aus dem Transport herausgenommen und in ein Lazarett gebracht. Nachdem sie sich einigermaßen erholt hatte, bekam sie von einem Arzt eine Spritze verpasst, die sie in der nächsten Zeit von den Monatsblutungen »befreien« und auch vor Schwangerschaften schützen sollte. Den entwürdigenden Grund für diese Maßnahme erfuhr Helene erst nach ihrer Ankunft im Lager: Gesunde Frauen wurden dort nicht nur als Arbeiterinnen gebraucht. Nach den Gesetzen des Gulag waren sie Freiwild für die Aufseher und männlichen Häftlinge.

Als Helene durch das mit einem Sowjetstern gezierte Lagertor schritt, fühlte sie sich, als würde sie für alle Zeiten im Rachen eines Molochs verschwinden. Hier komme ich nicht mehr raus, dachte sie. Und egal, was mit mir geschieht, es wird aller Welt verborgen bleiben. Ich bin jetzt eine »Sakljutschonnaja«, eine Gefangene Stalins. Die trostlosen Baracken lagen flach in die Steppe geduckt und waren von elektrisch geladenem Stacheldraht und Wachtürmen umgeben. In den nächsten Tagen musste sich Helene dem unerträglichen Lageralltag anpassen: Etwa 200 Frauen teilten sich eine Baracke, die mit Ungeziefer verseucht war. In den Fenstern fehlten die Scheiben, oder sie waren durch Lumpen ersetzt. Zum Schlafen standen Pritschen in zwei Reihen übereinander: 50 cm breite Holzfaserplatten. Strohsäcke und Decken fehlten. Dafür gab es andere Plagegeister: Wanzen. Sie quälten Helene vor allem in der Nacht und sie machte die Erfahrung, dass der Kampf gegen sie genauso aussichtslos war, wie sich den Normen des Lagerregimes zu widersetzen. Die Norm hieß Zwangsarbeit, Hunger, Einsamkeit: von Sonnenauf- bis Sonnenuntergang schwere körperliche Arbeit auf den Feldern. Erde hacken, Pflüge ziehen und Kartoffelsäcke schleppen. Hunger bedeutete den täglichen Kampf um ein feuchtes Stück Brot, um wässerige Kohlsuppe und dreckige Kartoffelschalen. Einsamkeit bedeutete über Tausende von Kilometern von Kindern und Angehörigen abgeschnitten zu sein, ohne jegliche Information und zu wissen, wie es ihnen ging.

»Fast jede Nacht habe ich von dir geträumt«, sagte meine Mutter. »Und täglich habe ich zu Gott gebetet, dass er dich beschützen soll. Diese Träume und Gebete halfen mir, am Leben zu bleiben.« Aber ein Leben wie in der Hölle: In schmutzige Lumpen gehüllt und mit Tretern aus Autoreifen an den Füßen lernte Helene unter menschenunwürdigen Bedingungen zu überleben.

»Der Hunger war unser schlimmster Feind«, berichtete sie. »Er war unerträglich. Er vernebelte mein Gehirn und trieb mich fast zum Wahnsinn.« Aber sie zwang sich dazu, die morgendliche Brotration so einzuteilen, dass sie für den ganzen Tag reichte. Unverzehrtes Brot versteckte sie im Ärmel ihrer Jacke. So besaß sie immer eine kleine Notration. Auch überwand sie sich, die fast ungenießbare Kohlsuppe hinunter zu würgen, die es jeden Mittag gab. Sie wollte überleben. Trotzdem sah sie bald ganz schrecklich aus, bekam Hungergeschwüre und magerte bis auf achtzig Pfund ab. Andere Frauen überlebten die Torturen nicht. Sie bekamen Skorbut, das Zahnfleisch wurde faulig, ihre Brüste schrumpften, sie wurden schwächer und schwächer, verfielen in tödliche Apathie und stanken bald nach Leiche. »In den Krankenrevieren herrschen furchtbare Zustände«, berichtete Helene. »Es gab weder Medikamente noch Wäsche. Den Kranken wurden die Brotrationen geklaut. Wer zu schwach war, um auf die Toilette zu gehen, verrichtete seine Notdurft im Bett. Die toten Frauen wurden auf Karren weggeschafft und in Gruben verscharrt. Särge gab es nicht.«

Und die überlebenden Frauen? Sie waren ständig den sexuellen Übergriffen des Wachpersonals und der männlichen Häftlinge ausgeliefert. Sie konnten sich nicht dagegen wehren. Eine so genannte »Lagerehe« war für die Frauen die einzige Möglichkeit, um eventuell an eine saubere Pritsche mit Bettwäsche und einer Matratze zu gelangen, an einen eigenen Toiletten- und Waschkübel, an eine Extraportion Essen und eine Arbeit, die nicht kaputtmachte. Bisher hatte meine Mutter ohne zu stocken erzählt. Jetzt schwieg sie. Ich konnte verstehen, dass es für sie schwer war, sich in jene Zeit von damals zurückzuversetzen und dass sie nicht alles erzählen wollte, jede beschämende Einzelheit. Ich wartete, bis sie sich gesammelt hatte.

»Im Frühjahr 1942 kam ich in ein Gefängnis in der Nähe von Omsk«, berichtete sie weiter. »Nach ein paar Tagen musste ich vor der Gefängnisleitung erscheinen. Der Direktor erklärte mir ohne weitere Begründung, dass ich nun frei sei.«

Im ersten Augenblick konnte sie es nicht fassen, dass das Leben ihr eine zweite Chance gegeben hatte. Sie erhielt einen Ausweis und eine Aufenthaltsgenehmigung. Aber schnell stellte sich heraus, dass sie nicht wirklich frei war. Sie musste weiter in der Verbannung leben. Die Aufenthaltsgenehmigung war auf das Gebiet von Omsk beschränkt. Als sie das Gefängnis verließ, besaß sie nur die Kleidung, die sie am Leibe trug. Die wenigen Habseligkeiten, die man ihr bei ihrer Verhaftung abgenommen hatte, waren nicht mehr vorhanden. Wovon sollte sie jetzt leben? Im Lager hatte sie wenigstens täglich eine Essensration erhalten. Wie sollte sie ihr Brot verdienen? Ihr erster Gedanke war, dass sie versuchen könnte, in Omsk eine Arbeit und eine Unterkunft zu finden. Die Stadt lag an der transsibirischen Eisenbahn und galt als das administrative Zentrum Westsibiriens. Während des Krieges waren Dutzende von Fabriken aus dem westlichen Teil Russlands nach Omsk evakuiert worden. Man produzierte hier Jagdflieger, T-34-Panzer und zahlreiche andere Waffen. Die Geschichte Omsks begann im Mai 1716, als Zar Peter der Große den Oberstleutnant Dmitriewitsch Buchholz auf eine Expedition nach Sibirien schickte, um nach Gold zu suchen. Der Gardeoffizier ging mit seinen Kosaken am Zusammenfluss der Flüsse Om und Irtysch ans Ufer und baute eine Festung, die sofort »Omsk« genannt wurde. Wegen seiner Beteiligung an einer Verschwörung gegen den Zaren verbrachte der große russische Schriftsteller Dostojewski hier vier Jahre im Exil. Er ließ kein gutes Wort an der Stadt: »Omsk ist ein mieses Städtchen. Fast keine Bäume. Im Sommer Hitze und Wind mit Sand, im Winter Schneestürme. Ich habe hier keine wahre Natur gesehen. Die Stadt ist dreckig, zu stark militarisiert und unzüchtig bis zum Gehtnichtmehr.« Meine Mutter wusste, dass Omsk auch unter Stalin ein Verbannungsort für Tausende von Menschen war. Würde sie dort eine menschenwürdige Bleibe und Arbeit finden? Sie ging zögernd zur nächsten Bahnstation, die eigens für das Gefängnis angelegt war. Während sie auf den Zug wartete, wurde ihr plötzlich bewusst, dass sie gar kein Geld für eine Fahrkarte besaß. Sie ging in die Haftanstalt zurück und fragte den Gefängnisleiter um Rat. Außerdem bat sie ihn um etwas Geld. Der Direktor führte einige Telefonate und schlug ihr dann vor, sie solle in das Dorf Putschkovo fahren. Dort lebten viele deutsche Mennoniten, die schon zu Beginn des 19. Jahrhunderts in das Gebiet eingewandert waren. Sie betrieben Landwirtschaft und Viehzucht. In Putschkovo könne sie eventuell auch auf Verwandte stoßen, erklärte der Gefängnisleiter weiter. Ihm sei bekannt, dass dort eine Familie Thielmann lebe. Auch gab er Helene so viel Rubel, dass sie sich eine Fahrkarte kaufen konnte. Sie verbrachte noch eine letzte Nacht im Gefängnis. Dann trat sie am nächsten Morgen die Reise nach Putschkovo an.

Im schlafenden Land

In Putschkovo angekommen ging Helene zum Vorsitzenden des Dorfes, um sich nach der Familie Thielmann zu erkundigen. Da sie wusste, dass unter Stalin alle Russlanddeutschen nach Sibirien evakuiert, verschleppt und umgesiedelt wurden, hatte sie die Hoffnung, dass sie mich oder sogar meinen Vater hier wiederfinden würde.

Der Dorfvorsitzende war ein freundlicher Mann um die fünfzig mit einem runden Kopf, der auf breiten Schultern saß. »Bitte nehmen Sie Platz«, sagte er und wies auf einen Stuhl in seinem Arbeitszimmer. »Was kann ich für Sie tun?«

»Ich heiße Helene Tilemann.«

In diesem Augenblick betrat ein ca. sechs Jahre alter Junge den Raum. Er starrte Helene wie ein fremdes Wesen an. In ihrer verschlissenen Kleidung sah sie müde, blass und abgekämpft aus.

»Ich suche meinen Sohn«, sagte sie und heftete ihren Blick auf den Jungen. »Er ist etwa genauso groß wie dieser Junge.« Helene stockte, dann fuhr sie fort: »Mein Sohn und mein Mann sind verschollen. Man hat mir berichtet, dass in Putschkovo eine Familie Thielmann lebt. Können Sie mir sagen, um wen es sich dabei handelt?«

Der Mann nickte: »Die Thielmanns, die hier leben, sind Mennoniten. Sie sind wie viele andere Familien im Dorf schon vor Generationen von Deutschland in die Ukraine ausgewandert und später nach Sibirien zwangsumgesiedelt worden.«

»Sind Sie sicher?«, fragte Helene.

»Ganz sicher«, sagte der Mann. »Es tut mir Leid, dass ich Sie enttäuschen muss.«

»Ich danke Ihnen trotzdem«, sagte Helene. Plötzlich fühlte sie sich unendlich leer. Ihre ganze Hoffnung, mich und meinen Vater wiederzufinden, war weg. Wohin jetzt? Ohne fremde Hilfe würde sie in Sibirien umkommen.

Der Mann schien ihre Verzweiflung zu spüren. »Was haben Sie jetzt vor?«

»Ich suche Arbeit und eine Unterkunft.«

Der Junge räusperte sich.

»Was ist los, Hans?«, fragte der Mann.

»Die Frau kann doch bei uns bleiben!« Ohne eine Antwort abzuwarten, lief der Junge aus dem Raum. Helene blickte den Dorfvorsitzenden erstaunt an.

Er lächelte: »Die Mennoniten hier sind es gewohnt, Fremde aufzunehmen, egal wer er ist und wo er her kommt. Das gehört zu ihrer Tradition. Die Kinder lernen das schon sehr früh.«

Nach einer Weile kam der Junge zurück: »Ich habe mit meiner Mutter gesprochen. Die Frau kann bei uns wohnen.« Er fasste Helene an der Hand. Sie zögerte einen Augenblick. Der Mann nickte ihr freundlich zu: »Sie können das Angebot eines Kindes nicht ausschlagen.«

Helene folgte dem Jungen zu einem Bauernhaus, wo sie von einer Frau erwartet wurde. »Ich bin die Helene Neufeld«, stellte sich die Frau vor. »Kommen Sie herein.« Sie führte meine Mutter in den Wohnraum. »Ich bringe Ihnen erst mal etwas zu essen.« Die Frau ging in die Küche und kam mit einem Teller voller dampfender Suppe zurück.

Helene aß.

»Woher kommen Sie?«, fragte die Frau.

Meine Mutter erzählte in kurzen Zügen, was ihr in Russland widerfahren war, auch die Geschichte unserer Trennung. »Es war die schlimmste Stunde in meinem Leben«, sagte sie und blickte die Frau hilflos an. »Jetzt werde ich meinen Sohn wohl nie wiedersehen.«

»Ich kann Ihre Verzweiflung gut verstehen«, sagte die Frau. »Auch ich habe meinen Mann und meinen ältesten Sohn durch Verhaftung verloren. Aber wir dürfen die Hoffnung nicht aufgeben und müssen versuchen, das Beste aus der Situation zu machen.«

Meine Mutter nickte stumm.

»Sie sehen ziemlich schlimm aus«, sagte die Frau. »Sie brauchen unbedingt neue Kleider. Ich werde Ihnen ein paar Sachen von mir geben.«

»Warum tun Sie das alles für mich?«

»Das ist selbstverständlich. Wir sitzen doch alle in einem Boot.«

»Danke«, sagte meine Mutter.

Die Mennoniten

Die Hilfsbereitschaft und das Verständnis der Mennoniten-Familien in Putschkovo ließen meiner Mutter in den nächsten Wochen und Monaten die schwere Zeit in Sibirien leichter erscheinen. Sie bekam das Gefühl, dazuzugehören und sie fand in Helene Neufeld eine Freundin, die alles mit ihr teilte: Essen und Kleider, Arbeit und Unterkunft. Beide Frauen mussten in der Kolchose Dienst tun. Die Arbeit im Garten und im Haushalt teilten sie sich mit den drei Kindern Hans, Walter und Hilde. Meine Mutter konnte die Schrecken der Vergangenheit zwar nicht vergessen, aber zum ersten Mal seit Wochen spürte sie trotz aller Mühsal und Entbehrungen so etwas wie Zuneigung und Schutz. Und sie begann sich für die Geschichte der Mennoniten, ihre Sprache, Religion und Kultur, zu interessieren.

Helene erzählte ihr, dass die Mennoniten Christen sind, die ihre Tradition auf Menno Simons zurückführen, einen holländischen Priester. Bevor Martin Luther seine legendären 95 Thesen über Buße und Ablass verfasste, hatte Simons von sich reden gemacht und seine Anhänger wurden bald nach ihm »Mennoniten« genannt. Sie sprachen »Plautdietsch«, im Wesen ein Niederpreußisch mit einem niederländischen Akzent. Die pazifistische Überzeugung der Mennoniten wurde nicht überall akzeptiert. In Preußen mussten sie als Ersatz für den Militärdienst hohe Geldbußen an den König zahlen. Als die religiösen Verfolgungen zunahmen, machten sich viele auf die Suche nach einem Land, wo sie in Frieden leben und ihren Glauben frei ausüben konnten. Das gelobte Land hieß Russland. Bereits unter der Herrschaft Ivans des Schrecklichen waren Deutsche nach Russland gekommen. Sie waren als Fachkräfte begehrt und bauten für den Zaren Paläste und Kathedralen.

Im Jahre 1763 ließ Katharina II. ganz gezielt deutsche Siedler anwerben. Die Zarin wollte im großen Stil die menschenleere Ukraine besiedeln und brachliegendes Land südöstlich von Moskau entlang der Wolga erschließen lassen. Für diesen Zweck wurde in Petersburg die so genannte »Tutel Kanzlei« eingerichtet, eine Sonderkanzlei für die Anwerbung und Unterbringung der Einwanderer. Ihr Präsident war Graf Grigorij Orlov. Katharina II. versprach den Einwanderern zahlreiche Privilegien: Steuerfreiheit, Selbstverwaltung, Religionsfreiheit und die Befreiung vom Militär- und Zivildienst auf Lebenszeit. Die Ländereien sollten ihnen auf ewig überlassen werden, allerdings nicht als persönliches Eigentum, sondern als Gemeingut jeder Kolonie. Im Unterschied zu den russischen Bauern waren die Kolonisten keine Leibeigenen, sondern Freie, denen zugesichert wurde, dass sie das Zarenreich jederzeit ungehindert verlassen dürften. Es dauerte nicht lange, bis die ersten deutschen Einwanderer kamen, darunter viele verfolgte Mennoniten aus Holland und Norddeutschland. Sie siedelten sich vor allem auf der Krim und im Kaukasus an, gründeten dort Dörfer und große Kolonien, bauten Straßen, Schulen und Krankenhäuser. Durch ihren

Die Mennoniten

Fleiß, ihren Gemeinsinn und ihre Kenntnisse der Landwirtschaft genossen sie das Wohlwollen der russischen Regierung. Zwar lebten sie abgesondert in ihren Siedlungen, aber sie galten als loyale Bürger und brachten es bald zu beachtlichem Wohlstand. Ihre Religion, Nationalität und Selbstverwaltung wurde akzeptiert.

Dies änderte sich schlagartig, als 1917 der Kommunismus die Macht in Russland übernahm. Von einem Tag auf den anderen verloren die Mennoniten ihre bisherigen Privilegien und ihre Freiheiten. Die Kommunisten betrachteten sie als Feinde: Man raubte ihnen die Existenz, nahm ihnen die Höfe, die Kühe, die Pferde sowie die Maschinen. Viele Männer und Frauen wurden in Gefängnisse gesperrt oder in Arbeitslager verschleppt. Andere flohen vor dem Kommunismus in den sibirisch-asiatischen Raum bis an die Grenze Chinas. Nur wenigen gelang es, in Moskau ein Ausreisevisum zu erwirken. Sie fanden in Kanada, Brasilien und Paraguay Asyl. Die meisten wurden verhaftet. Wenn sie Glück hatten, durften sie mit ihrer Familie in ihr Dorf zurückkehren und man ließ ihnen das Wohnhaus mit kleinem Gemüsegarten, einen kleinen Stall, eine Kuh und ein paar Hühner. Aber sie standen jetzt unter ständiger Kontrolle und durften sich nicht das Geringste zuschulden kommen lassen. Bei dem kleinsten Vergehen wurden sie verhaftet und ins Gefängnis oder Arbeitslager gesteckt. Bis in die 70er Jahre wurden sie selbst für kirchliche Zusammenkünfte bestraft. Dennoch haben sie an ihrem Glauben unerschütterlich festgehalten und sich in ihrem Gemeinschaftssinn nicht beirren lassen. Viele, die keine Ausreisebewilligung bekamen, wurden in Viehwagen hinter die Uralberge nach

Sibirien in das Gebiet von Omsk verfrachtet. Das »schlafende Land«, wie Sibirien von den Ureinwohnern genannt wurde, war als Verbannungsort besonders gefürchtet. Unter den Kommunisten sollte hier ein riesengroßer Gulag entstehen, in dem Millionen schuldlose Menschen verschwanden. In den russischen »outbacks« gab es außer ein paar kleinen Birkenhainen und Seen nur Steppe und im Norden die nur sehr dünn besiedelte Taiga. Zudem war die Gegend für ihr mörderisches Klima berüchtigt: heiße Sommer und eisige Winter.

Dies waren die Bedingungen, die meine Mutter in dieser fremden Welt vorfand. Sie war in Putschkovo eine Verbannte unter vielen. »Aber ich traf sehr gute und ehrliche Menschen, die mir halfen«, erzählte sie mir nach ihrer Rückkehr aus Sibirien. »Ständig grübelte ich und musste daran denken, wie es dir wohl ergangen sein mochte. Es ist keine Stunde in all den Jahren vergangen, in der ich nicht an dich gedacht habe. Die quälende Ungewissheit hat mich fast verrückt gemacht. Jede Nacht habe ich von dir geträumt. Es war immer derselbe Traum. In der Ferne sah ich einen Jungen deines Alters. Ich lief im Glauben hin, dass du es sein könntest. Plötzlich fiel ich hin und bekam keine Luft mehr. Dann wachte ich auf. Danach konnte ich nicht mehr einschlafen und lag bis zum Morgen wach. In der Nachbarschaft wohnte ein Junge, der viel Ähnlichkeit mit dir hatte. Jedes Mal, wenn ich ihn sah, musste ich ihn berühren, um mich zu überzeugen, dass du es auch wirklich nicht bist.«

Ein Hoffnungsschimmer

Trotz aller Beschränkungen schrieb sie an alle erdenklichen staatlichen Stellen, um etwas über meinen Verbleib zu erfahren. Doch in den Kriegsjahren war dies ein hoffnungsloses Unterfangen. Die zuständigen Sowjetbehörden reagierten nicht. Im Laufe des Krieges wurden die Lebensbedingungen in Putschkovo immer härter. Frauen, die in der Kolchose abkömmlich waren, wurden als Zwangsarbeiterinnen für den Dienst in der Kriegsindustrie eingezogen. Zwar gelang es einigen immer wieder, sich unerlaubt zu entfernen und ins Dorf zurückzukehren, aber sie wurden meistens schnell gefasst.

»Eine Frau schloss mit der Miliz einen Handel, sodass ich anstatt ihrer eingezogen wurde«, erzählte meine Mutter. »Es dauerte ein paar Monate, bis die Angelegenheit geklärt und ich von der Zwangsarbeit befreit und nach Putschkovo entlassen wurde.« Nach Angaben meiner Mutter war die Versorgungslage katastrophal: »Die einzige Kuh, die eine Familie halten durfte, musste morgens als Zugtier zur Kolchose gebracht werden. Und da das Tierfutter äußerst knapp war, gab es nur wenig magere Milch. Selbst von ihren privat im kleinen Garten erwirtschafteten Produkten mussten die Kolchosebauern Abgaben leisten. Immer mit dem Hinweis, dass Krieg herrschte und dass wegen der deutschen Aggressoren die Soldaten der Roten Armee auch nicht mehr hätten.

Der tägliche Kampf um ein Stück Brot beherrschte das Leben der Menschen in Putschkovo. Selbst die Mennoniten, die durch ihre Religion zu absoluter Ehrlichkeit verpflichtet waren, sahen manchmal keine andere Möglichkeit, als sich durch Mundraub das Allernotwendigste zum Überleben zu beschaffen.

Meine Mutter erinnerte sich: »Beispielsweise wurde beim Aussäen von Weizen ein kleiner Beutel Saatgut, das ja per Hand ausgebracht wird, in einem unbeobachteten Moment im Feld vergraben und abends, wenn es dunkel war, ausgebuddelt und sofort gegessen oder zu Hause, wenn man ganz sicher unbeobachtet ist, zu einem Brei bereitet. Dabei waren sich alle im Klaren darüber, dass solcher Diebstahl sehr hoch bestraft wurde. Ohnehin wurde alles, was nicht dringend gebraucht wurde, verkauft und in Lebensmittel umgesetzt. Dabei wurde auch keine Rücksicht darauf genommen, ob es sich um persönliche und andenkenswürdige Geschenke handelte, die man versetzte.«

Ausgerechnet im letzten Kriegsjahr, als die Vorschriften und die Strafen immer strenger wurden, passierte meiner Mutter ein Malheur, das um ein Haar erneut ihre Verbannung in ein Zwangslager zur Folge gehabt hätte: »Der große Hühnerstall, der ähnlich wie ein Soldatenunterstand in die Erde eingegraben war und nur wenige mit Glas überdeckte Lichtöffnungen hatte, war im Frühjahr über Nacht mit Schmelzwasser so voll gelaufen, dass am Morgen, als ich nach dem Rechten sehen wollte, alle Hühner ertrunken waren. Sofort wurde ein Verfahren gegen mich und den Tierarzt der Kolchose eingeleitet. Die Schuld wurde zunächst hin und her geschoben. Schließlich ließ der Richter die Anklage fallen. Nicht zuletzt, weil ich versicherte, dass die Hühner ›ehrlich‹ gestorben sind: ›kurizy tschestno sdochly‹.«

Durch die mangelhafte Ernährung und die schlechten sanitären Verhältnisse blieb auch meine Mutter nicht von Krankheiten verschont. Eines Tages begann sie unter den typischen Symptomen der Ruhr zu leiden: Erbrechen, Kopfschmerzen, Bauchkrämpfe, Durchfall und mehr als 40 Grad Fieber. Nach wenigen Tagen war sie so schwach, dass sie kaum noch gehen konnte. »Mir war alles egal«, erinnerte sie sich. »Auch das Sterben. Vielleicht habe ich es mir in diesem Augenblick sogar gewünscht. Ich hatte inzwischen kaum noch Hoffnung, dass ich dich wiedersehen würde.«

Aber Abram Kasdorf, ein Mennonite, holte sie ins Leben zurück: »Denken Sie an Ihren Jungen. Sie wollen doch hier nicht sterben und begraben werden. Ich bringe Sie nach Isylkul zum Arzt.« Er legte meine Mutter auf die offene Ladefläche eines Pferdewagens, deckte sie mit seiner Jacke zu und fuhr mit ihr nach Isylkul. Der Arzt erkannte sofort den lebensbedrohlichen Zustand, in dem sich meine Mutter befand, und veranlasste, dass sie mit der Eisenbahn nach Omsk ins Krankenhaus gebracht wurde. Es dauerte mehrere Wochen, bis sie genesen war. Sie überlebte, weil sie eine starke Frau war und weil sie in der Verbannung Menschen fand, die ihr freundschaftlich beistanden: Nicht nur Abram, der in der Nähe eine Schulung als Pferdezüchter absolvierte, kümmerte sich in dieser Zeit fürsorglich um sie. In diesen schweren

Stunden stand ihr auch eine Deutsche aus Omsk bei. Sie wurde »Liesel« genannt und hatte wie meine Mutter ihren Mann verloren. Beide Frauen unterstützten sich gegenseitig in ihrem Hoffen auf ein Ende der Verbannung. Nach Kriegsende verbesserten sich langsam die Lebensbedingungen in Putschkovo und meine Mutter schrieb wieder an alle möglichen Stellen, um etwas über mein Schicksal zu erfahren. Die Sowjetbehörden hatten keine Eile. Aber schließlich teilte man ihr mit, dass man mich nach ihrer Verhaftung in einem Heim in Wolokolamsk untergebracht habe. Während des Krieges seien die Kinder dann in die Nähe von Omsk evakuiert worden. Aus dem »Nichts« erschien plötzlich ein Hoffnungsschimmer. »Ich hatte immer diesen Traum«, erzählte meine Mutter. »Und ich war mir jetzt ganz sicher, dass ich dich in Omsk wiederfinden würde.«

Sie fuhr nach Omsk und konnte es kaum erwarten, ins Büro des Heimleiters vorgelassen zu werden. Der Mann berichtete ihr, dass ich tatsächlich in den ersten Kriegswochen in einem Heim in Wolokolamsk gewesen war. Nach dem ersten Fluchtversuch sei ich wieder eingefangen worden, beim zweiten Mal sei es mir aber gelungen, abzuhauen und man habe meine Spur verloren. Am gleichen Tag seien die anderen Heimkinder evakuiert worden. Aber ein deutsches Mädchen, das mich von damals kennen würde, sei immer noch da und wenn meine Mutter wolle, könne sie es befragen. Das Mädchen bestätigte die Geschichte des Heimleiters. Meine Mutter bedauerte einerseits zutiefst, dass ich nicht im Heim geblieben war, andererseits tröstete sie sich damit, dass ich mich den Schikanen entzogen hatte. Das Schicksal wollte es so, dass sie auch in den nächsten Wochen und Monaten mit der quälenden Ungewissheit weiterleben musste, nicht zu wissen, ob ich den Krieg überlebt hatte. Aber das Schlimmste stand ihr noch bevor.

Man schrieb inzwischen das Jahr 1947. Seit der Verhaftung meines Vaters waren zehn Jahre vergangen. Meine Mutter musste sich jeden Monat auf der Kommandantur melden. Eines Tages wurde ihr kurz und bündig mitgeteilt, dass ihr Mann 1944 in Moskau verstorben war. »Ich wünschte damals, ich wäre auch tot«, sagte sie leise. »Russland hatte mir meinen Mann und meinen Sohn genommen. Ich konnte das Leben hier nicht länger ertragen.« Sie verfiel in tiefe Apathie und Depression: »Als ich eines Tages die Erlaubnis erhielt, nach Deutschland zu schreiben, mochte ich zunächst überhaupt nicht schreiben. Auf ein Wunder hoffend habe ich es dann doch getan und einen Brief an meine Mutter in Bonn geschrieben. Ich wusste ja nicht, dass sie bei einem Bombenangriff getötet worden war. Als ich dann deinen Brief bekam mit dem beigelegten Foto, konnte ich es anfangs gar nicht fassen. Dann dachte ich: Im Leben geschehen doch noch Wunder.«

Ringen um die Ausreise

Bei der örtlichen Miliz stellte Helene sofort einen Antrag auf ein Ausreisevisum nach Deutschland. Aber ihre Hoffnung auf eine zügige Bearbeitung sollte auf eine harte Bewährungsprobe gestellt werden. Zunächst musste ihr Antragsformular die vielen bürokratischen Hürden der sowjetischen Dienststellen nehmen, bis es der entscheidenden Instanz vorgelegt wurde. Und dies waren damals letztlich das ZK der KPdSU und der KGB, die jede Ausreisegenehmigung absegneten. Jahre vergingen. Immer wieder wurde Helene von den Behörden vertröstet. Sie begann zu verzweifeln. Wie lange musste sie noch warten? Sie war froh, dass sie in jener Zeit unter den Mennoniten Freunde hatte, die ihr zur Seite standen und ihr immer wieder Mut zusprachen, um die quälende Wartezeit durchzustehen. 1950 war Abrams Mutter gestorben. Darauf hatte er Helene gebeten, ihm im Haushalt zu helfen. Er musste zur Ausbildung in einen anderen Ort. Seine neunzehnjährige Schwester Maria, die in der Kolchose arbeitete, schaffte es nicht, den Haushalt mit Garten allein zu bewältigen. Abram entstammte einer Großfamilie. Sein Vater hatte vor der kommunistischen Bodenreform einen stattlichen Bauernhof besessen. Er war nicht nur enteignet worden, man hatte ihm auch die Ausreise verweigert. Er starb im Gefängnis.

Ringen um die Ausreise

Meine Mutter zog also in Abrams Haus. Bald darauf wurde Maria krank, ein Pflegefall, um den sie sich aufopferungsvoll kümmerte. 1953 starb Maria, dennoch blieb meine Mutter bei Abram im Haus. Er heiratete ein Jahr später. Im gleichen Jahr wurde seine vierte Schwester aus dem Arbeitslager entlassen. Darauf lebten sie jetzt zu viert in dem Haus. In den nächsten Jahren sprang meine Mutter in verschiedenen Haushalten von Mennoniten ein, wo dringende Hilfe gebraucht wurde. Aber immer wieder kehrte sie zu Abrams Familie zurück und wurde hier bereitwillig aufgenommen. Während dieser Zeit freundete sie sich mit einem allein stehenden Mann an. Nach all den Jahren des Schmerzes und der Trauer glaubte sie, jemanden gefunden zu haben, von dem sie sich als Frau verstanden fühlte. Dieser Mann war Lette und er arbeitete als Imker.

»Aber die Beziehung war nicht von Dauer«, erzählte sie mir später. »Schnell stellte ich fest, dass er nicht zu mir passte und ich trennte mich wieder von ihm. Ich habe ihn nicht geliebt.«

1956 geschah dann das Unmögliche: Ihre wiederholten Anträge hatten endlich Erfolg, sie durfte ausreisen und bekam auch gleich die notwendigen Papiere und Fahrkarten. Schnell setzte sie ihre wenigen Habseligkeiten in Rubel um, was sie nicht mitnehmen konnte, verschenkte sie. So schwer ihr einerseits der Abschied von ihren Freunden in Putschkovo fiel, umso glücklicher war sie, dass sie jetzt nach fünfzehn Jahren der Verbannung Russland verlassen konnte: Abram brachte sie mit seinem Motorrad zur Bahnstation nach Isylkul. Nach einigen Kilometern musste er noch mal zurückkehren, weil meine Mutter in der Aufregung den Schlüssel von ihrem Köfferchen vergessen hatte. Aber sie trafen noch rechtzeitig am Bahnhof ein.

»Alles Gute«, sagte Abram zum Abschied. »Und viel Glück in Bonn.«

Liebe und Tod

Ist die Familie zusammen, dann ist auch die Seele an ihrem Platz.« Dieses russische Sprichwort passte zur Gemütslage meiner Mutter, als sie in den Karthäuserhof zurückkehrte. Bis auf meinen Vater war die Familie fast wieder vollständig. Aber so idyllisch war das Leben in den 50er Jahren wiederum auch nicht. Eine neue hektischere und geschäftige Zeit hatte begonnen. Ich war inzwischen fünfundzwanzig Jahre alt und als Architekt im Wohnungs- und Verwaltungsbau tätig. Mich reizte die Vorstellung, nach dem Krieg beim Wiederaufbau zu helfen und Wohnungen zu bauen. Dies war nicht nur eine Herausforderung für mich, sondern ich rechnete mir auch gute berufliche Chancen für die Zukunft aus. Meine Mutter kam von der Vergangenheit nicht los. Zwar war ihr Haar weiß geworden, aber sie sah in mir immer noch den neunjährigen Jungen, den man ihr vor fünfzehn Jahren entrissen hatte und den sie jetzt endlich bemuttern konnte. War das verwunderlich? Sicherlich nicht. Aber damals empfand ich ihre Fürsorge fast wie einen Zwang. Ich wollte unabhängig sein. Ich war kein »Nesthäkchen« mehr. Ich konnte ihr nicht die kindliche Anhänglichkeit entgegenbringen, die sie offensichtlich von mir erwartete. Eine Rolle spielte dabei auch, dass mir durch die lange Trennung gleichfalls meine Verwandten sehr nah ans Herz gewachsen waren. Dieser Gefühlskonflikt verstärkte sich noch, als ich Vera, meine erste große Liebe, kennen lernte. Wir waren jung und träumten von einer gemeinsamen Wohnung und Zukunft. Aber unsere Pläne stießen auf wenig Gegenliebe. Meine Mutter und fast alle Verwandten lehnten zunächst meine zukünftige Frau ab. Allen Widerständen zum Trotz haben wir 1957 geheiratet. Die Beziehung zu meiner Mutter normalisierte sich schlagartig, als mein Sohn Kay geboren wurde. Schon als Baby war er mir wie aus dem Gesicht geschnitten. Meine Mutter fand in ihm offenbar das »Nesthäkchen« wieder, das sie in mir verloren hatte. Sie verwöhnte ihn bis zu seinem viel zu frühen und tragischen Tod. Dank Kay hat sie auch meine Frau akzeptiert. Mein zweiter Sohn Uwe, der ebenso charmant wie Kay ist, konnte bei ihr niemals den Rang seines Bruders erreichen.

Ich hatte mich inzwischen darum bemüht, dass meine Mutter eine angemessene Versorgung erhielt. Obwohl die kommunistische Partei wieder verboten war, wurde ihre Flucht vor den Nazis und ihre Verbannung in Russland anerkannt. Die Bearbeitung ihres Falles dauerte ein gutes Jahr, dann wurde ihr eine Frührente bewilligt, da sie als 57-jährige Frau nicht mehr auf dem Arbeitsmarkt zu vermitteln war. Sie war froh, wieder in ihrem geliebten Karthäuserhof zu sein, wo sie mit ihren Geschwistern eine glückliche Kindheit verbracht hatte. Ihre beiden Schwestern hatten hier eine kleine Wohnung und auch die verwitweten Brüder Gerhard und Toni lebten dort. Tante Trautchen hatte ihren Mann nach schwerer Krankheit verloren und die Wirtschaft ihrem Sohn Hans übergeben. Da saßen dann oft drei stattliche, weißhaarige Damen beim Kaffeekränzchen zusammen und erzählten von der guten alten Zeit,

Liebe und Tod

als der Karthäuserhof noch das »Dreimädelhaus« war und sie den jungen Burschen in Kessenich die Köpfe verdreht hatten. Alte Geschichten, oft erzählt, aber sie halfen, die erlittenen Enttäuschungen und Schicksalsschläge zu vergessen. Abgesehen von einer Blinddarmoperation, die meine Mutter in den ersten Jahren nach ihrer Ankunft in Bonn glänzend überstand und den Nachwehen einer Malariainfektion, einem alten russischen »Souvenir«, hatte sie keine gesundheitlichen Probleme.

Erst in den letzten ihrer sechsundneunzig Jahre verließ sie immer mehr ihr sonst so zuverlässiges Gedächtnis.

1996 plante ich mit meiner zweiten Frau eine Urlaubsreise nach Südfrankreich. Ich schlug meiner Mutter vor, sie für diese Zeit in einem Seniorenheim unterzubringen. Dies war nicht das erste Mal. Sie war einverstanden, zumal sie damit rechnen konnte, täglich Besuch von ihren Bekannten und Verwandten zu erhalten, die sie während meiner Abwesenheit betreuten.

»Es ist ja nur für kurze Zeit«, sagte ich, als ich sie in das Seniorenheim brachte. Sie war nun schon sechsundneunzig Jahre alt, aber sie ging noch aufrecht und ungebeugt.

»Es wird dir gut tun, mal aus Bonn heraus zu kommen«, sagte sie. »Zwei Wochen vergehen schnell.«

Wenige Tage vor dem Urlaubsende rief die Heimleiterin an und teilte mir mit, dass meine Mutter in der Nacht zuvor verstorben war. Ich war auf diese Situation in keiner Weise vorbereitet. Trotz allem, was meine Mutter erlebt hatte, schien sie mir unverwüstlich.

»Du wirst hundert Jahre alt«, hatte ich stets prophezeit.

Sie protestierte jedes Mal: »Walter, du bist verrückt.«

Dritter Teil

Jetzt hatte sie für immer ihre Augen geschlossen. Obwohl sie viele Verwandte und Bekannte überlebte, kamen scharenweise Gäste zur Beerdigung und bei der anschließenden Trauerfeier in ihrem geliebten Karthäuserhof ging es fast so festlich zu wie an ihren runden Geburtstagen. An diesem Tag wurde mir so richtig bewusst, wie lang ihr Leben war und dabei doch so kurz.

Das Schicksal meines Vaters sollte noch lange ungeklärt bleiben. Alle meine Nachfragen beim Suchdienst des Deutschen Roten Kreuzes blieben zunächst ohne Erfolg. Die russischen Archivakten über politische Emigranten, die wie mein Vater unter Stalin Repressionen ausgesetzt waren, blieben auch nach dem Tod des Diktators 1953 zunächst verschlossen. Im gleichen Jahr teilte mir die russische Botschaft in Bonn mit, dass mein Vater 1945 in Moskau verstorben sei. Aber ich konnte und wollte das nicht glauben.

Erst 1992 unterzeichneten der damalige Bundeskanzler Helmut Kohl und sein russischer Amtskollege Boris Jelzin eine gemeinsame Erklärung, in dem sie die Herausgabe von Informationen vor allem über verurteilte und verschollene Deutsche vereinbarten. Im März 1988 wurde ein Abkommen zwischen dem Föderalen Sicherheitsdienst FSB und dem Deutschen Roten Kreuz unterzeichnet und das FSB verpflichtete sich, die Dokumente zu übergeben.

Aber es sollten noch weitere zehn Jahre vergehen, bis ich erfuhr, was damals mit meinem Vater in Moskau wirklich geschehen war. Am 28. Januar 1999, drei Jahre nach dem Tod meiner Mutter, teilte mir der Suchdienst des Deutschen Roten Kreuzes Folgendes mit:

Liebe und Tod

»*Auf unsere Anfrage an das Rote Kreuz in Moskau erhielten wir jetzt die Auskunft, wonach Ihr Vater Herr Karl Gustav Tilemann, geb. 1901 in Limburg, deutscher Volkszugehörigkeit, sowjetischer Staatsbürger, beschäftigt als Übersetzer und Redakteur des Verlags der ausländischen Arbeiter in der UdSSR, am 08. 10. 1937 verhaftet und am 26. 12. 1937 durch das Militärkollegium des Obersten Gerichtshofes der UdSSR, wegen Spionage für den deutschen Geheimdienst und Organisierens von terroristischen Gruppen, aufgrund Art. 58-6 und 17.58-8 StGb der RSFSR zum Tode durch Erschießen bei Beschlagnahme seines Eigentums verurteilt wurde. Das Urteil wurde am 26. 12. 1937 vollstreckt. Der Ort seiner Beisetzung konnte nicht ermittelt werden. Ihr Vater wurde im Jahre 1989 rehabilitiert.*«

Es war eine Qual, diese nüchterne Nachricht zu lesen. Inzwischen ist es fünfundsechzig Jahre her, dass mein Vater in Moskau getötet wurde. Ich bin jetzt beim letzten Kapitel meiner Lebensgeschichte angelangt. Ich weiß, dass ich meine Kindheit und Jugend in Russland nie vergessen werde, auch nicht die Träume und das Leiden meiner Eltern. Sie wurden von zwei Diktatoren verfolgt, Hitler und Stalin. Aber sie hatten einen Traum. Nur: Dieser Traum passte absolut nicht in eine Zeit des Hasses, der Grausamkeiten und der Intoleranz.

»Vieles lässt sich denken, doch nicht alles wird Wirklichkeit«, sagt ein russisches Sprichwort. Und ein anderes: »Was sein wird, wird sein, dem entgeht man nicht.«

Was ist aus ihnen geworden?

Walter Tilemann hat in den 70er Jahren als »Bonn-Macher« die politische Bühne der Bonner Republik architektonisch mitgestaltet. Eine ganze Reihe von Bundesbauten tragen seine Handschrift. Als Projektleiter der »Planungsgruppe Stieldorf« baute er das Bundeskanzleramt, das durch gläserne Transparenz und Funktionalität auffiel. Helmut Schmidt, der die Regierungszentrale an der Adenauerallee 141 einweihte, sprach zwar von »Sparkassenarchitektur«, aber Tilemann hielt dagegen: »Machtvolle Demonstration und Größenwahn der Vergangenheit war uns damals suspekt.« Nach dem Umzug der Bundesregierung nach Berlin war Tilemann auch an der Spree tätig, wo er zusammen mit einem Kollegen das »Estrel«, Europas größtes Hotel, baute. Er arbeitet nach wie vor als selbstständiger Architekt und lebt mit seiner Frau Monika und seinen beiden Söhnen Felix und Uwe in Bonn.

Willy Heine wurde 1914 in Hamm geboren. Sein Leben scheint untrennbar verknüpft mit dem Schicksal von Walter Tilemann. Gemeinsam überlebten sie das Inferno in Russland und Heine blieb in der Nähe seines Schützlings. Wie ein roter Faden zieht sich diese Erfahrung durch ihr weiteres Leben. Willy ließ sich nach dem Krieg in Bonn nieder. Dieser Entschluss war die Grundlage einer langen Erfolgsgeschichte –

der Willy Heine KG. In einer kleinen Garage fing er sein Eisenwaren- und Baugeschäft an, quasi im Hinterhof. Dem Motto der Fünfziger »gehen Sie mit der Konjunktur« entsprechend, expandierte sein Geschäft mit dem Bauboom des neuen Regierungssitzes Bonn. Schnell war der erste eigene Mercedes erwirtschaftet und mit den Jahren wurden die blauen LKW und Firmenwagen mit dem »WH«-Emblem weit über die Grenzen der Bundeshauptstadt Bonn hinaus bekannt. Geschäftlich war Heine so erfolgreich und kompetent, dass er auch ohne Universitätsstudium Burschenschaftsmitglied wurde, was dem gläubigen Katholiken den Spitznamen »Ferro« einbrachte. Die Geschäfte hat der westfälische Geschäftsmann und Wahlbonner inzwischen in großen Teilen seiner Tochter Margret und seinem Sohn Wilfried übergeben, die den Firmensitz vom Stammhaus in den Bonner Norden verlegten und weiter expandierten. Seine Tochter Elisabeth ist Pädagogin an einem Bonner Gymnasium. Mit 86 Jahren ist Willy Heine immer noch als Chef der renommierten Firma für Metall und Werkzeughandel in Bonn aktiv. Im Jahre 2000 feierte er das 50-jährige Betriebsjubiläum.

Heinrich Jakobs, Jahrgang 1913 und Obersteuermann der Kriegsmarine, arbeitete nach dem Krieg zunächst als Schreiner in dem Betrieb eines Vetters in Alfter bei Bonn. Mit dem Militär wollte er nichts mehr zu tun haben. »Nie wieder Uniform« – das war seine Lehre aus dem Krieg und diesem Motto blieb er treu. Auch nach dem Neuaufbau der Bundeswehr lehnte er das Angebot ab, wieder zur See zu fahren. Zu prägend waren die Erlebnisse der letzten Kriegsjahre. Vielmehr entschloss er sich, seine Meisterprüfung als Schreiner nachzumachen, um einen eigenen Betrieb zu eröffnen. 1958 zwang ihn ein Arbeitsunfall zur Umschulung. Er startete eine Laufbahn als Beamter bei der Post, um seiner Frau und den drei Kindern Annegret, Peter und Martina eine sichere Perspektive bieten zu können. Nach seiner Pensionierung eröffnete sich für ihn noch einmal eine interessante berufliche Perspektive: Er wurde Mitarbeiter im Architekturbüro Walter Tilemann, der Firma seines einstigen Zöglings. Heinrich starb im April 1990 im Alter von 76 Jahren.

Abram Kasdorf musste nach dem Krieg sein mit viel Engagement aufgebautes Anwesen in der Mennoniten-Siedlung in Putschkovo aufgeben. Er kehrte notgedrungen nach Deutschland zurück und fing noch einmal bei null an. Seinen Traum von einem eigenen Haus konnte er trotz seines Fleißes nicht verwirklichen. Er lebt heute als Rentner zusammen mit seiner Frau in einer bescheidenen Sozialwohnung in Siegburg.

Danksagung

Willy Heine, Liane Jakobs, Peter Jakobs, Abram Kasdorf und Dr. Günter Wind bereicherten dieses Buch mit wichtigen Hinweisen und Informationen.

Literatur zum Buch

Cartier, Raymond: Der Zweite Weltkrieg, München
Müller, Reinhard: Menschenfalle Moskau. Hamburg 2001
Meinhard Stark: »Ich muss sagen, wie es war«, Berlin 1999
Schukow, G.K.: Erinnerungen und Gedanken, Berlin 1976
Wasser, Nikolaus: Bonner Kommunist und Widerstandskämpfer, Bonn 1999
Gefechtsbericht des V. Korps vom 17. November 1941

Archive:
Stadtarchiv Bonn
Bonner Generalanzeiger
Goethe-Institut
Moskauer Deutsche Zeitung
Spiegel
Tagesspiegel

Internetseiten:
Beethoven-Gymnasium
Lexikon-der-Wehrmacht
Jungle-World
NS-Schulzeit-Bonn
Zeitreisen
Iwanowka

Hasso G. Stachow
Der kleine Quast

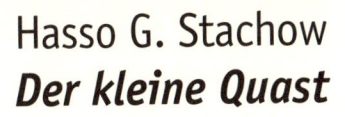

»... müsste in allen deutschen Schulen zur Pflichtlektüre erklärt werden.« *Bunte*

Dieser Roman gibt Antwort auf die Frage, die auch heute noch von der Nachkriegsgeneration ihren Vätern und Großvätern entgegengeschleudert wird: »Warum habt Ihr das alles mitgemacht?« In der schlichten Sprache der jungen Soldaten schildert Stachow, was Herbert Quast als Jungvolkpimpf, Hitlerjunge, Kriegsfreiwilliger an der Ostfront erlebt hat.

»In der Aussage pazifistisch, ein großes Kriegsbuch.« *Abendzeitung*

»Da klingt keine Heldengloriole, da lodert kein Hass ... Überzeugender kann keiner dartun, wie es zu allem kam.« *Literatur*

»Erinnert an Remarques' *Im Westen nichts Neues*.« *Prisma*

304 Seiten, ISBN 3-7766-2386-1
Herbig

Lesetipp

BUCHVERLAGE
LANGEN MÜLLER HERBIG NYMPHENBURGER
WWW.HERBIG.NET